한국을 사랑한

세계작가들

2

일러두기

1. 번역서에서 인용한 부분의 지명이나 맞춤법 등은 표준국어대사전에 맞게 수정하였으며, 한자의 오류와 오자는 바로잡았습니다.
2. 작가의 약력이나 업적은 원서와 번역서 그리고 위키백과 등을 참고하여 편저하였음을 밝힙니다.
3. 각 해당 작가의 작품들은 번역서가 있는 경우 번역서의 제목과 함께 원서의 제목을 기재하였고, 번역서가 없는 경우 저자의 번역으로 원서의 제목과 함께 한국어 제목을 괄호 안에 기재하거나 원서 제목만 기재하였습니다.

한국을 사랑한
세계작가들

세계의 책 속에 피어난 한국 근현대 **2**   최종고 지음

와이겔리

머리말

———

세계의 명저들 속에서 우리 문화를 발견하다

'세계화', '세계 속의 한국, 한류'를 말하고 있는 지도 이젠 상당히 오래되었는데, 문학계에서도 '한국문학과 세계문학'을 열띠게 논의하고 노벨문학상도 갈망하고 있다. 그런데도 우리 자신을 솔직히 돌아보면 세계문학이라는 큰 바다에서 한국은 작은 섬이고 무엇보다 그 섬이 어떤 섬인지를 세계인들은 많이 모르고 있다.

나는 거의 평생을 법학자로 살다 문학은 인생의 대도(大道)라는 생각으로 문학을 사랑하여 정년 후에도 틈만 나면 도서관에서 문학 주변을 찾아보고 있다. 그런데 얼마 전부터 이런 의구심이 들었다. 한국문화의 위상이 높아졌는데, 세계의 작가들은 자신의 작품에 한국문화를 과연 얼마나 담아냈을까? 세계의 작가들이 출간한 책들 속에서 우리 문화의 흔적을 찾아본다면 어떨까? 그래서 나는 도서관에서 그 흔적들을 찾아 헤매기 시작했다.

이럴 수가! 한국에 대해 흥미를 갖고 작품화한 외국작가들이 생각보다 훨씬 많았다. 예컨대 펄 벅(Pearl S. Buck, 1892~1973)이 자신의 작품 속에 한국을 무대로 쓴 대하소설『살아 있는 갈대*The Living Reed*』(1963) 외에도 두 편의 장편소설집을 내었다는 사실을 알게 되었다. 이런 중요한 사실을 왜 우리는 지금까지 모르고 있었는지를 생각하다가 문득 한국을 담아낸 작가가 더 있을지 의문이 들었다. 그렇지만 이러한 의문을 풀어주는 책이나 자료가 없었다. 혼자서 조금씩 조사해 보니, 자신의 작품 속에 한국을 담아낸 외국작가가 무려 70인에 이른다는 사실을 알게 되었다.

많다면 많고 적다면 적지만 왜 우리는 이런 작가들과 그들의 작품에 관심을 갖지 않았을까? 그동안 한국 현대사가 급변하고 불안정했기 때문에 본의 아니게 망각했다고 변명할 수 있을지 모른다. 우리 문학을 해외에 알리는 데 급급한 나머지 정작 중요한 세계의 명저들 속에 담겨 있는 우리 문화를 찾는 데는 소홀했던지도 모른다.

지금까지 찾아낸 70인은 소설가 등 문학가를 비롯해 선교사, 기자, 학자, 여행가 등 다양하다. 그들은 서양에 문호를 개방한 구한말에는 '은자의 나라' 조선에 호기심을 갖고 여행했으며, 일제하에 억압받던 한국인을 연민했고, 해방 후 6·25전쟁의 실상을 목도했으며, 그 이후 분단국가로서의 실상을 본 대로 느낀 대로 다양하게 적었다. 이들의 글을 읽으면서 우리 자신의 참모습을 바르게 볼 수 있을 것이다.

이 책은 문학평론집 같은 학술서를 쓰기 위해 쓴 것이 아니다. 그저 한국과 한국인, 한국문화를 담아낸 작품을 쓴 작가들을 소개하기 위해 쓴 것이다. 하나 첨언할 것은 한국인들이 생각하는 '작가'의 개념은 소설가나 시인 같은 창작가로만 한정되어 있다는 사실이다. 독일의 경우 '작가'(Schriftsteller)란 뭐든지 글로 쓰는 사람을 통칭한다. 그리고 소설 외에도 이야기(Erzählung), 즉 사실에 근거한 서술의 장르가 많이 발달되어 있다. 그래서 노벨문학상을 받은 독일 작가 중에는 우리가 '역사가' 또는 '철학자'라고 부르는 사람도 포함되어 있다. 결국 문학이든 비문학이든 글을 쓰는 사람들은 모두 작가이다.

하나만 더. '한국을 사랑한 세계작가'라 할 때 '사랑'의 의미에 대해 말하고 싶다. 솔직히 조국보다 한국을 더 사랑한 작가가 어디 있겠는가? 우리는 우물 안 개구리식 혹은 자기 붓 대롱 속에 비치는 것만으로 재단하는 태도는 버려야 한다. 한국만을 사랑해 달라 누가 강요할 수 있겠는가? 노벨상 수상 작가 르 클레지오(Le Clézio)처럼 세계를 두루 다니다 보니 한국에도 오고 애착을 느껴 작품으로 쓸 수도 있다. 아무튼 어떤 모티브이든 한국을 주제로 글을 써준다는 것 자체는 고맙고 아름다운 일이다. 생각하면 세상의 수억 인구 중에서 글을 통해 영원히 한국과 인연을 남기는 것은 보통 인연이 아니다. 글로 쓴 것만 영원히 남는다. 오늘날 세계로 자유자재 여행을 하면서 외국을 주제로 작품을 쓴 한국인이 얼마나 있는가? 외국을 작품화한다는 것은 그만큼 모국의 문학과 문화를 풍부하게 만드는 것이다.

이 책을 쓰면서 크게 세 번 놀랐다. 첫째는 한국을 사랑한 외국작가가 의외로 많다는 사실에 놀랐고, 둘째는 그들이 이렇게까지 한국을 속속들이 알고 글로 썼다는 사실에 놀랐고, 셋째는 우리가 이런 사실을 잊고 있었던 사실에 놀랐다. 어쨌든 이들을 잊지 말고 친밀하게 친구로 여기고 활용하여야 할 것이다. 참고로 이 책(1권과 2권)에 소개된 70인 중에는 18인이 여성이고, 미국인이 23인, 영국인이 13인, 독일인이 8인, 프랑스인이 7인, 일본인이 5인, 캐나다인이 3인, 이탈리아인이 2인, 인도인이 2인, 러시아인이 1인, 오스트리아인이 1인, 헝가리인이 1인, 중국인이 1인이다. 앞으로 더 많이 발굴될 것이며, 빠른 시일 내에 『한국을 사랑한 세계작가들』 3권으로 독자와 다시 만날 수 있기를 희망한다.

이 책이 한국문화 및 한국문학의 발전에 다소나마 도움이 될 수 있기를 기원한다. 우리도 외국을 많이 알고 소화하여 작품화할 수 있다면 그만큼 한국문화가 비옥화되고 발전할 것이라 생각한다. 여러모로 도움을 주신 분들, 특히 서울대학교 중앙도서관에 감사한다. 그리고 예쁜 책으로 제작하기에 최선의 노력을 기울인 와이겔리 발행인과 직원 여러분의 노고에 무척 고맙다.

2019년 5월
최종고

차례

36

이탈리아 외교관 출신 수집가
카를로 로세티
Carlo Rossetti, 1876~1948

『꼬레아 꼬레아니 *Corea e Coreani*』(1904)

구한말에 서양인들이 한국에 관해 쓴 책들이 많이 나왔지만 분량이나 사진 등 자료가 가장 풍부한 대작은 카를로 로세티(Carlo Rossetti)의 『꼬레아 꼬레아니 *Corea e Coreani*』라고 할 수 있다. 442쪽에 이르는 이 책에는 집안의 일상사를 비롯해 서울의 신기한 유적들, 황제와 황실, 국민들의 기묘한 행동 등 한국의 풍물과 문화를 가득 담았다. 이탈리아인의 열정적 기질 덕분인지 모르겠으나 외교관으로 8개월간 머무르면서 어떻게 이런 엄청난 수집과 기록을 했는지 놀라울 뿐이다. 좀 심하게 얘기하면, 한국에 대해 이렇게 속속들이 알아냈다는 사실이 무섭기마저 하다. 이 책은 오랫동안 묻혀졌다가 뒤늦게 발견되어 1996년에 서울시립대학교 부설 서울학연구소에서 완역해 출간하였다.

작가의 생애

———

카를로 로세티(Carlo Rossetti)는 1876년 10월 18일 이탈리아에서 태어났다. 1889년 리보르노 해군사관학교에 입학해 5년 동안 교육받은 뒤 1894년 6월에 이학사 학위를 받고 해군 소위로 임관했다.

대한제국과 이탈리아의 외교 관계는 1884년 조이수호통상조약을 체결하면서 성립되었다. 한동안 이탈리아는 외교통상업무를 대영제국 공사관에 맡기다가 1901년 12월부터 자국의 외교관을 파견하였다. 초대 대한제국 주재 이탈리아 영사는 로세티의 친구인 우고 프란체세티 디 말그라(Ugo Francesetti di Malgra, 1877~1902) 백작이었는데, 1902년에 발진티푸스로 사망하여 양화진의 서울외국인묘지공원에 묻혔다가 어머니 말그라

궁궐에 방문하기 위해 가마를 탄 로세티

백작 부인이 두 달 후 서울에 와서 이탈리아로 이장하였다. 그가 묻혔던 양화진의 무덤 터에는 아직도 묘비가 남아 있는데 이렇게 적혀 있다.

"He the young and strong who cherished noble longings for the strife by the roadside fell and perished. (투쟁을 위한 숭고한 갈망을 소중히 여기던 그 젊고 강한 자는 삶의 고달픈 행진에 지쳐 길가에 쓰러져 사라졌도다)"

이것은 미국 시인 롱펠로(Henry Wadsworth Longfellow)의 「천사들의 발자국 *Footsteps of Angels*」이란 시의 구절이다. 이 구절 아래에는 "Consummatus in brevi, explevit tempora multa. (짧은 생애 동안 완성에 다다른 그는 오래 산 것과 다름없다)"라는 성경 외경 지혜서 4장 13절이 적혀 있다. 격변의 시대에 한국에 머물렀던 한 외국인의 삶과 문학을 엿볼 수 있는 묘비명이다.

이렇게 말그라가 세상을 떠난 뒤 당시 해군 중위였던 로세티가 2대 대한제국 주재 이탈리아 영사로 부임하게 되었다. 로세티는 1902년 11월 6일부터 1903년 5월 15일까지 대한제국 주재 이탈리아 영사로 부임한 뒤 이탈리아로 귀국해 1904년부터 1905년까지 『꼬레아 꼬레아니 *Corea e Coreani*』, 『*Lettere dalla Corea* (한국에서의 서한)』 등 여러 책과 논문을 발표하였다.

1906년부터 정치인, 외교관, 학자들로 구성된 이탈리아 식민연구소를 설립하는 데 기여하고 기관지 《*Rivista Coloniale* (식민회보)》의 편집장으로 활동하였다. 제1차 세계대전 중에 수훈을 세워 십자훈장을 받았으며, 해군 소장까지 진급한 군인 출신이었음에도 문학성을 타고났으며, 지리학과 지도 제작에도 조예가 깊었다. 1948년 9월 26일 사망하였다.

작품 속으로

『꼬레아 꼬레아니 *Corea e Coreani*』는 23장으로 구성된 책이다. 이 책은 '1. 간략한 예비지식, 2. 집안일의 일상사, 3. 서울, 4. 서울의 신기한 유적들, 5. 황제와 그의 궁정, 6. 국민들의 기묘한 행동, 7. 유교, 8. 불교, 9. 샤머니즘, 10. 한국의 개방, 11. 관계, 12. 일본의 지배, 13. 구제도와 근대질서의 혼효, 14. 한국의 풍물, 15. 서울의 위기, 16. 한국의 형벌, 17. 국가방위, 18. 옛날의 교육, 현대교육, 19. 한국과 그 축일, 20. 놀이와 시간 보내기, 21. 예술과 수공업, 22. 근대의 한국, 23. 부록/서울조약' 순으로 되어 있다.

이 책은 문학작품은 아닌지라 딱딱해 보일 수도 있지만 막상 읽어보면 의외로 재미가 있다. 서울대 국사학과 이태진 교수(전 국사편찬위원장)는 이

Corea e Coreani (1904) 초판본

책에 "로세티의 이 책은 대한제국의 개혁상을 고스란히 글과 사진으로 담아 흔히 대한제국이 무위도식의 제국으로 비쳐진 잘못된 견해를 반박할 수 있는 좋은 자료"라고 추천사를 썼다.

서문에서 로세티는 이렇게 적었다.

1902년 10월이 끝나갈 무렵 나는 중국의 즈푸(芝罘)에 정박 중인 이탈리아 해군의 '뿔리아'호에 머물고 있었다. 그 무렵 뿔리아호는 호주와 중국 등지의 바다에서 18개월에 걸친 항해를 성공리에 마치고, 이탈리아로 귀환하라는 명령을 받았다. 항해자들에게 더 이상 사랑스러울 수 없는, 그리고 멀리 떨어져 있는 가족과 만날 즐거움을 예고하는 상징인 귀환의 깃발이 온통 축제 분위기 속에 게양되던 바로 그날, 뜻밖에 나는 뿔리아호를 떠나 롬바르다호에 승선하라는 명을 받은 것이다. 롬바르다호는 나를 프란체세티 디 말그라(Francesetti di Malgra) 백작의 사망으로 공석이 된 서울 주재 이탈리아 대사직을 승계하도록 한국으로 데려다 주었다. 이리하여 고국의 해안이 가장 가깝게 느껴지던 그때 운명은 당시 내 눈에는 암울하게 비칠 수밖에 없는 한국 땅으로 데려다 주었다. (…) 그때 중

국에서는 서울에 극심한 전염병이 퍼지고 있다는 말이 나돌았다. 하루에
도 콜레라 발생이 수백 건에 이르며 발진티푸스가 엄청난 인명을 앗아가
고 있다는 것이다. 프란체세티를 잔인하게 앗아간 것도 발진티푸스였다.
(…) 별다른 의도 없이 쓰여진 이 글은 매우 흥미롭고 충분히 연구할 만한
가치가 있는 주제에 관한 나의 인상을 그저 기록한 것일 뿐이므로 충실한
자료 이상의 것은 아니다. 또 이 글은 시사성을 가진 것도 아니다. 내가
그동안의 기록들을 정리하여 책으로 엮으려 했을 때는 한국에 대해 얘기
하는 사람이 거의 없었다. 따라서 나는 머나먼 제국에 대하여 완전하고
충실한 인상을 제시할 수 있는 글을 평온한 상태에서 인내심을 가지고 쓰
려고 하였다.

카를로 로세티는 1902년 11월 6일부터 1903년 5월 15일까지 7개월가
량 한양에서 지내다 이탈리아로 돌아갔다. 비록 한국에서 지낸 기간이 그
리 길지는 않지만 이탈리아로 돌아간 뒤 1904년 러일전쟁이 발발하자 서
양에 한국을 알리기 위해 『꼬레아 꼬레아니』를 썼던 것으로 보인다.

이 책이 특히 주목받는 이유는 저자가 직접 촬영한 사진 자료를 200여
장이나 수록했기 때문이다. 그는 당시 대한제국 황제와 황실, 국민들의 기
묘한 행동 등 한국의 풍물과 문화에 관심을 기울여 사진으로 남겼는데, 많
은 조선 사람들을 직접 사진기 앞에 모델로 세워놓고 촬영을 했다. 그래서
이 책에 실린 사진들은 당시 모습을 엿볼 수 있는 소중한 자료가 되고 있다.

이 책은 한국인의 특성에 대해 다음과 같이 쓰고 있다.

한반도에 거주하는 민족은 의심의 여지없이 몽고족의 특성을 두드러지
게 보여주고 있지만 중국, 일본과는 뚜렷이 구분되며 이들보다 육체적으

Corea e Coreani(1904)에 실린 서울의 정동지역 사진

궁 안쪽에서 바라본 광화문

중국 사신들을 맞이했던 영은문

로 매우 우수하다. 모든 가능성을 고려해 볼 때 한국 민족은 한반도의 초기 거주자들과 몽고족의 교섭에 의한 산물로 생각된다. 한국학 연구자들은 인류 대부분의 이주 방향과는 반대로 북쪽으로 이주한 남방계의 인도 말레이족이나 카나(Kanaka)족인 것으로 보고 있다. (7쪽)

로세티는 이 책에서 '샤머니즘'이라는 장을 따로 만들 정도로 한국의 무당굿에도 관심을 가진 것으로 보인다. 그는 "일반인이 무당이나 판수에게 도움을 청하는 일이 34가지가 된다"고 열거하면서, "당시 사람들이 생활 대부분을 무속에 의지하고 있다"고 말하고 있다.

그의 말대로 한국의 샤머니즘은 당시 한국의 종교, 정치, 예술 등에 크나큰 영향을 끼쳤다. 당시 한국에는 무당, 박수, 판수 등 세 종류의 샤먼이 있었다. 무당은 여성 샤먼이고, 박수는 남자 샤먼이며, 판수는 눈먼 예언자이다. 무당은 악한 귀신을 쫓아낼 때, 죽은 사람의 영혼을 위로할 때, 복을 얻고자 할 때, 병을 고치려 할 때 등에 굿을 했는데, 사람들은 자신들이 일상에서 바라는 것을 굿을 통해 이룰 수 있다고 믿었다. 이 책의 저자는 이러한 샤머니즘이 한국인의 종교는 물론 일상생활까지 지배한 것을 눈여겨본 것이다.

37

러일전쟁을 취재한 미국 소설가

잭 런던

Jack London, 1876~1916

『잭 런던의 조선사람 엿보기 *La Corée en feu*』(1905)

잭 런던(Jack London)의 작품들은 80개 이
상의 언어로 번역되었고, 미국 문학사에서
가장 대중적인 작가로 손꼽힌다. 연간 1만
통이 넘는 팬레터를 받을 정도로 유명한 세
계적 소설가, 그것도 사회 현실을 신랄히
고발한 작가로 알려진 잭 런던이 한국에
친히 왔고 한국에 관한 책을 썼다면 놀라
는 사람이 많을 것이다. 그는 1904년 러일
전쟁을 취재하는 종군기자로 한국에 와서
5개월간 머물렀다. 당시 조선의 사회와 문화를 체험하고『잭 런던의 조선
사람 엿보기 *La Corée en feu*』라는 책을 썼다. 아쉽게도 이 책은 일본의 시

각에서 러일전쟁 당시의 상황을 기술했다. 전쟁 중의 비참한 한국과 한국인을 처참하게 묘사했는데, 당시의 한국과 한국인이 처한 현실이 참담한 것은 사실이었고, 결국 러일전쟁은 일본의 승리로 돌아갔다. 오늘날 우리는 이러한 역사적 서술을 반면교사로 삼아야 할 것이다.

잭 런던은 1904년 러일전쟁을 기록하기 위해 조선에 가기 10여 년 전에 물개 가죽을 얻고자 일본해 주변을 잠시 항해한 적도 있지만, 이번에는 미국 언론잡지사들로부터 두둑한 후원금을 받고 전쟁 소식을 미국 독자들에게 신속하게 보도하기 위해 정식으로 조선에 파견되었다. 증기선을 타고 일본으로 향할 때까지만 해도 그는 스티븐 크레인(Stephen Crane)의 소설이나 시에서 영향을 받아 낭만주의적 전쟁에 고무되어 있었다. 하지만 격렬한 전쟁터 소식을 고국에 신속하게 전달하려던 시도가 일본군에 의해 번번이 검열당하자, 그는 나중에 미국으로 돌아오는 배 위에서 "인생의 5개월을 허비했다"고 분노했다. 또한 그는 조선인을 열강의 침입에 속수무책으로 당하는 무기력한 민족으로 묘사했다. 런던다운 솔직한 직설이라 하겠다.

후에 얘기할 님 웨일스(Nym Wales)가 쓴 『아리랑』에는 주인공 김산

부인과 행복했던 한때를 누리는 작가 런던

이 잭 런던을 얼마나 좋아했는지를 묘사한 대목이 나온다. 뒤에 인용해
보겠다.

　샌프란시스코와 연결된 오클랜드시의 서쪽 끝에 위치하는 잭 런던 스
퀘어 부둣가는 유명한 관광지가 되었는데 한쪽에는 잭 런던의 단골 술집이
있고 맞은편에 그의 동상이 서 있다. 이곳에서 자란 런던은 1904년에 특파
원으로 조선에 갔지만 일반 미국인들은 별관심이 없었다. 런던은 부산에서
목포, 인천, 평양을 거쳐 압록강까지 돌아다니며 러일전쟁 당시의 한국실
상을 취재하였다. 지금과는 많이 다른 당시의 전시상황에서 동서양이 어떻
게 서로의 소식을 전했는지를 알 수 있다.

작가의 생애

___

잭 런던(Jack London)은 1876년 1월 12일 미국 캘리포니아 주 샌프란시스코에서 태어났다. 사생아로 태어난 그는 의붓아버지 존 런던의 성(姓)인 런던을 따랐는데, 본명은 존 그리피스 체이니(John Griffith Chaney)이다. 가정형편이 안 좋아 학교를 제대로 다니지 못한 채 신문배달, 얼음배달, 통조림공장일 등 온갖 노동을 하면서 소년 시절을 보냈다. 19살에 오클랜드중학교에 들어가 18개월 만에 공부를 마쳤고, 1896년 버클리대학에 입학하고 사회노동당원으로 활동하면서 니체, 다윈, 마르크스, 스펜서 등을 탐독하였다. 그러나 집안 사정으로 한 학기 만에 학업을 포기하고, 1897년 알래스카를 여행하던 중 돈을 모으기 위해 골드러시 대열에 합류했지만 노다지를 발견하지 못했다.

이런 다양한 경험들은 그의 글에 자양분이 되었고 1898년부터 본격적으로 글을 쓰기 시작했다. 출판사들로부터 수백 번의 퇴짜를 맞으면서도 포기하지 않고 계속 집필활동을 이어간 그는 1900년 『늑대의 아들 The Son of the Wolf』을 펴내고, 1903년에 『야성이 부르는 소리 Call of the Wild』로 베스트셀러 작가가 되었다. 1902년 영국 런던의 슬럼가에서 생활하고 『밑바닥 사람들 The People of the Abyss』을 썼고, 1904년 러일전쟁 특파원으로 일본군을 따라 조선을 방문하고 『잭 런던의 조선사람 엿보기 La Corée en feu』를 출판하였다. 이 책은 당시의 조선인에 대한 서양인들의 일반적 인식을 살펴볼 수 있는 귀중한 사료로 평가받고 있다. 또한 어렸을 때부터 겪어 온 미국의 가혹한 노동환경에 대한 강력한 불신을 바탕으로 1908년에 소설 「강철군화 The Iron Heel」를 발표했다. 그는 이 소설에서 자본가들의 횡포가 노동자 정권을 무너뜨리는 과정을 묘사했다.

런던과 그의 작품들

그는 짧은 생애 동안 『비포 아담 *Before Adam*』(1907), 『강철군화 *The Iron Heel*』(1908), 『마틴 이든 *Martin Eden*』(1909), 『버닝 데이라이트 *Burning Daylight*』(1910), 『달의 계곡 *The Valley of the Moon*』(1913), 『별 방랑자 *The Star Rover*』(1915) 등 19편의 장편소설과 500여 편의 논픽션, 200여 편의 단편소설을 창작했다. 그중 『야성이 부르는 소리 *The Call of the Wild*』(1903), 『바다 늑대 *The Sea-Wolf*』, 『늑대개 화이트팽 *White Fang*』(1906)은 현대 고전으로 평가받고 있으며 『늑대개 화이트팽 *White Fang*』은 에단 호크 주연의 영화로도 제작되었다.

잭 런던은 작가뿐만 아니라 전 세계를 여행한 모험가, 스포츠맨, 대중
연설자로서 열정적으로 살다가 1916년 11월 22일 자살로 마흔 살의 생을
마감했다. 오늘날 그가 살았던 글렌 앨런의 땅은 역사공원이 되어 있으며,
1966년에 미국 국가 사적지(U. S. National Register of Historic Places)로
지정되었다.

작품 속으로

———

잭 런던은 1904년에 샌프란시스코 신문사의 러일전쟁 특파원 자격으
로 요코하마에 도착했다. 이후 조선에 도착한 그는 러일전쟁 당시에 발발
한 압록강전투를 지켜보았는데, 당시의 경험을 살려 조선에 대한 글을 썼
다. 이 글은 1982년 프랑스에서 *La Corée en feu*라는 제목으로 출판되었고,
이후 한국에서도 1995년에 『잭 런던의 조선사람 엿보기』라는 제목으로 출
판되었다. 이 책에는 구한말의 몰락한 조선 사회와 조선인의 나태와 무기
력, 양반계급의 수탈을 비판하는 내용이 실려 있고, 전쟁이 벌어지자 피난
에 급급한 조선인들과 달리 압록강 너머 중국인들이 부지런히 생업에 임하
는 모습을 대조적으로 보여주었다. 그러면서 서양문물을 받아들이는 데에
성공한 일본이 중국의 개화에 자극을 준다면 장차 중국이 서양인들에게 큰
위협이 될 것으로 보기도 했다.

이 책의 역자 서문에는 다음과 같은 내용이 있다.

독자들은 이 책을 접하면서 어쩌면 큰 실망감이나 모멸감을 느끼게 될
지도 모른다. 일본군을 따라서 러일전쟁을 취재한 종군기자로서 바라본

조선, 조선인은 이제 곧 제국주의의 먹이가 될 수밖에 없는 허약한 모습 그대로였던 것이다. 잭 런던은 나약한 조선인에 대한 특별한 동정심도 없었고, 조선문화에 대한 이해심도 없었다. 차라리 그는 동양의 새로운 강자로 성장하고 있는 일본에 대해 일종의 경외감을 가지고 있었다.

그렇지만 잭 런던이 당시의 현실을 냉철하게 바라보았다는 것에 대해 크게 부정할 수 없을 것이다. 1904년부터 1905년까지 러시아와 일본은 만주와 한국의 지배권을 두고 러일전쟁을 벌였는데, 이 전쟁에서 승리한 일본은 1905년 을사늑약을 체결하여 한국에 대한 지배권을 확립하고 만주로 진출할 수 있었던 것이다.

이 책은 1904년 2월 3일부터 7월 1일까지의 상황을 일기 형태로 서술하고 있다. 1904년 2월 9일 일본은 인천 앞바다에 있던 두 척의 러시아군함을 격침시키고 다음 날인 10일에 선전포고를 하였다. 이후 한국을 거쳐 북진한 일본군이 압록강을 건너 만주로 진입하였다. 이 책은 당시 상황을 이렇게 묘사한다.

제물포에는 모든 것이 붐비고 있었다. 모든 사람들이 들썩거리고 있었는데도 질서가 있었다. 혼잡하지도 않았고 지체되는 일도 없었고 길이 막히는 일도 없었다. 날마다 일본에서 수송선이 도착했다. 외항에 닻이 내려지면 사람들과 말과 포병들이 뭍으로 내려오고 거기서 43km 떨어진 서울로 가는 기차를 타는 것이었다. 이들이 도착하기까지 가는데 동력에 몸을 맡기고 앉아서 갈 수 있는 것으로서는 마지막인 셈이었다. 서울에서부터 그들의 행군은 시작되었다. 북쪽으로 300km 떨어진 평양까지 간 후에 더 북쪽으로 눈 덮인 산야로 난 좁은 길로 러시아 군대들이 기다리

잭 런던의 사진기에 포착된 한국인의 모습

고 있는 압록강 주변에 있는 의주로 가는 것이었다. 나는 일본군대보다 더 질서정연하고 조용한 군대는 본 적이 없다. 민간인들 중에 그 어느 누구도 일본군대를 무서워하는 것 같지 않았다. 여자들을 건드리지 않았고 돈도 빼앗지 않았으며 물건도 약탈하는 법이 없었다. 일본은 1894년에 얻은 명성, 즉 그들이 가져가는 모든 것을 돈으로 보상해 준다는 법칙을 지금도 증명해 보이고 있는 중이었다. "만약에 러시아군 같았으면……" 하고 한국인들은 말하고 있었으며 그곳에 주재하고 있는 유럽인들과 미국인들도 불안한 기색으로 머리를 흔들었다. (33쪽)

이처럼 일본을 옹호하는 듯한 표현들이 눈에 띄어 거슬릴 것이다. 이 책에는 러일전쟁 당시의 모습을 그린 그림이 실려 있는데, 이 그림들 역시 일본의 시각에서 그린 것들이다. 그러니까 모두 일본군의 승리 장면을 그린 것이다. 일본은 이렇게 선전용 그림을 그려 대외홍보를 잘했다. 이승만은 이러한 일본의 야욕을 간파하고 일본의 미국 침공을 예견한 『일본내막기 *Japan Inside-Out*』(1941)를 썼다.

한편 러일전쟁을 중재했다는 명분으로 테오도르 루스벨트 미국 대통령은 노벨평화상을 받았다. 한때 플리머스에서 이 선전화의 전시회가 열렸는데, 나는 그 전시회의 안내서를 보고 기가 찰 수밖에 없었다.

아무튼 당시의 한국은 외세라는 강한 바람에 흩날리던 촛불 신세였는데, 잭 런던은 그대로 묘사하고 있었던 것이다.

한국인은 섬세한 용모를 갖고 있다. 그러나 중요한 것이 빠져 있는데 그것은 힘이다. 더 씩씩한 인종과 비교해 보면 한국인은 매가리가 없고 여성스럽다. 예전에는 용맹을 떨쳤지만 수 세기에 걸친 집권층의 부패로 인하여 점차적으로 용맹성을 잃어버리게 된 것이다. 한국인은 무척이나 겁이 많다. 행동에 대한 두려움이 게으른 취미를 낳았다고 볼 수 있다. 한 언어에서 어떤 단어의 존재는 그 단어에 대한 필요와 상응하는 법이다. 속도를 내야 한다는 필요성으로 인해 한국어에는 적어도 20개의 단어가 만들어졌는데, 몇 개를 인용하면 바삐, 얼른, 속히, 얼핏, 급히, 냉큼, 빨리, 잠깐 등이다. 키플링이 동양에선 서둘러 일할 필요가 없다고 했지만 서양인이 가장 먼저 배우는 단어는 바로 이런 것들이다. (40쪽)

그런데 이 책은 개화기에 한국을 찾아왔던 외국인들, 이사벨라 비숍, 선교사 마펫 등 우리에게 익숙한 인물들도 언급하고 있다. 저널리스트답게 한국인들의 행동과 성격을 여과없이 묘사했다.

조선인들은 이미 그들을 점령해 지금은 주인의 눈으로 그들을 바라보는 그들의 상전인 '왜놈'들의 몸집을 훨씬 능가하는 근육이 발달한 건장한 민족이다. 그러나 조선인들에게는 기개가 없다. 일본인을 훌륭한 군인으로 만들어주는 그러한 맹렬함이 조선인에게는 없다. (…) 실제로 조선인은 의지와 진취성이 절대적으로 부족한 지구상의 모든 민족 중에서 가장 비능률적인 민족이다. 하지만 딱 한 가지 뛰어난 점이 있는데 그것은 짐을 지는 능력이다. 그들은 짐 끄는 동물처럼 완벽하게 일을 해낸다. 그렇다 하더라도 나는 우리 민족이 이들을 능가할 것이라고 장담할 수 있다. 왜냐하면 우리 민족은 짐을 진 채로도 일하고 걷기 때문이다. 여기서는 가래질을 한번 하려면 인부 세 명이 필요하다. (61쪽)

조선인의 특성 가운데 비능률적인 점 다음으로 꼽을 수 있는 것은 호기심이다. 그들은 기웃거리는 것을 좋아한다. (…) 그들은 내가 나와서 세수하는 것을 보고 놀라 경탄을 금치 않았다. (…) 내가 가장 인기 있었던 때는 면도를 할 때였다. 만영이가 뜨거운 물을 날라다 주고 내가 얼굴에 비누칠을 하자 많은 사람들로 길이 막혀 행진하는 군대가 구경꾼을 밀치고 나가야 할 정도였다. (107쪽)

그는 조선의 지형이나 조선인을 인색하리만치 중요하게 다루지 않는다. 더구나 "일본 경찰의 조사를 받다", "러시아군이 일본군에 접근하다", "일본군은 왜 서양인들에게 아부하는가" 혹은 "카자크군의 갑작스러운 진격과 후퇴"와 같은 각 장의 제목이 암시하는 것처럼 런던의 관심은 신속하게 러일전쟁 소식을 미국 신문사에 보고하는 데 있었다.

런던은 여행의 끝자락에 조선인을 인종간의 전쟁에서 사라질 민족으로 판단한다. 그에 따르면 조선인들은 "우연히 자기 나라에 들어오는 외국인에게 반항하지도 않은 채 두들겨 맞거나 가진 걸 전부 빼앗"기기 때문에 열강들끼리 쟁탈전을 벌이는 와중에 결국 패망할 것이었다. 그리고 "영혼"이 없는 조선인에게 "정의, 바른 양심, 삶에 대한 책임감, 동정심, 우정, 인간의 정"과 같은 백인만의 가치는 가르칠 수 없다. 압록강 너머로 대포를 겨눈 일본과 러시아군을 뒤로한 채, 그는 5개월 동안 지속된 조선여행을 마치고 미국으로 갔다.

이 책은 부록으로 '1. 잠자는 호랑이 중국, 2. 일본이 중국을 깨운다면'이라는 두 글이 실려 있다. 일본에 오래 살며 왕성하게 집필한 라프카디오 헌(Lafcadio Hearn, 1850~1904)의 예를 들면서 일본인의 영혼을 이해하기는 힘들며 중국인도 마찬가지라고 기술한다. 그리고 이렇게 결론짓는다.

한 가지 사실은 확실하다. 만약에 언젠가 우리의 꿈이 갈색인종과 황색인종의 꿈과 그리고 우리 자신의 꿈의 풍선이 그들에 의해서 터질 경우 적어도 한 민족은 놀라지 않을 것인데 그것은 바로 러시아일 것이다. 러시아는 그들의 꿈으로부터 깨어났다. 그러나 우리는, 우리는 아직도 꿈을 꾸고 있다. (249쪽)

김산(장지락)은 님 웨일스가 쓴 『아리랑』에서 잭 런던의 소설에 대하여 이렇게 고백하고 있다.

나는 잭 런던의 저서들을 다시 읽었다. 런던은 내가 언제나 좋아하던 사람이었다. 그 사람은 내가 알고 있는 미국 작가 중 유일하게 보편적 경험이란 형태를 가지고 프롤레타리아적 해석을 제시한 인물이다. 그의 문장은 간결하면서도 힘이 넘치며, 다른 나라 말로 쉽게 번역될 수 있다. 노동자에 대한 그의 이야기는 어느 나라의 경우에도 그대로 들어맞는다. 그는 가난과 힘든 투쟁의 의미를 알고 있으며 사람들의 성격을 이해하고 있다. 『흰 송곳 White Fang』(역자는 『늑대개 화이트 팽』을 이렇게 번역했다)에서는 한 마리의 개가 삶의 투쟁을 하기 위하여 늑대가 되는데, 사람도 역시 그렇게 되지 않으면 안 된다. 런던의 작품에서는 동물의 생활 하나하나가 살아서 움직이고 생기가 넘쳐 흐른다. 생명력과 극적인 성격을 느낄 수 있다. 그가 지식인이 아니라 자기 작품 속에 감정과 실제경험을 이입시키는 행동인이라는 느낌이 들고, 그 주제는 언제나 실패와 새로 시작하는 투쟁이라 느끼게 된다. 일본노동자와 조선노동자들은 런던의 작품을 다른 어느 작품 못지않게 쉽게 읽고 또 이해하고 있다. 어느 곳에서 살든 가난한 노동자들은 런던을 통하여 미국의 무산자들에게 친근감과 유대감을 가지게 된다. 나는 고리키(Goriki)보다는 런던을 더 좋아한다.
(233쪽)

김산은 런던과 만나지는 못했지만 그의 소설은 김산이라는 독립운동가에게 투쟁의 힘을 제공했다.

미국 여성 선교사 작가

엘라수 캔터 와그너

Ellasue Canter Wagner, 1881~1957

『김서방 이야기 외 *Kim Su bang and Other Stories of Korea*』(1909)

『한국의 아동 생활 *Children of Korea*』(1911)

『한국의 어제와 오늘 *Korea The Old and The New*』(1931)

『*The Dawn of Tomorrow* (내일의 여명)』(1948)

유교문화가 지배적이었던 조선에서는 "남자는 하늘, 여자는 땅"이었다. 이런 조선 여성의 지위를 향상시키는 데 크게 기여한 서양인이 있었는데, 바로 한국 이름으로 '왕래(王來)'였던 엘라수 캔터 와그너(Ellasue Canter Wagner)였다. 와그너는 1904년부터 1940년까지 조선에서 선교사이자 교육자로 활동했다. 그녀는 송도의 개성여학당에서 교사로 활동한 것을 시작으로 태화여자관과 여선교회에서 전도와 교육, 사회복지 일을 하며 우리나라 여성의 지위를 향상시키는 데 기여했다.

1911년에는 『한국의 아동 생활 *Children of Korea*』이라는 책을 출간했는데, 와그너는 뛰어난 그림솜씨를 발휘하며 개화기의 우리 어린이들의 모

습을 생생히 담아냈다. 또 1931년에는『한국
의 어제와 오늘 *Korea The Old and The
New*』을 출간했는데, 이 책은 1904년부
터 1930년까지 벌어진 한국의 변화를 다
루었다. 이밖에도『김서방 이야기 외
Kim Su bang and Other Stories of Korea』
(1909),『*The Dawn of Tomorrow*(내일의
여명)』(1948) 등의 책을 출간했다.

작가의 생애

———

엘라수 캔터 와그너(Ellasue Canter Wagner)는 1881년 미국 버지니아
주의 헌터빌에서 태어났다. 그녀는 매리온초급대학과 마르타워싱턴대학을
졸업하고 밴더빌드대학교 스카릿대학원에서 석사학위를 받았다. 1904년
에 홀스턴선교회(Holston Conference Area)의 선교사로 한국의 송도에 와
서 캐럴(Arrena Carroll)이 세운 개성여학당에서 학생들을 가르쳤다. 이 학
교는 오늘날 대전광역시 중구 용두동에 있는 사립고등학교인 호수돈여자
고등학교의 전신이다.

1920년에 어머니의 건강 때문에 3년간 미국으로 돌아갔다가 다시 내
한해 교육가로 활동했고, 1931년에는 기독교감리회 연합회에서 최초의 여
성목사가 되었다. 1931년부터 1935년까지는 서울에 머물면서 지방의 여
선교회와 태화여자관에서 전도와 교육, 사회복지 등에 힘썼다. 1938년부
터 호수돈고등여학교의 교장으로 재직했는데, 1940년 일제 당국으로부터

강제 출국을 당했다. 귀국 후에는 테네시 주의 브리스톨에서 살다 1957년에 여생을 마쳤고, 버지니아 주 에모리의 홀스턴 컨퍼런스묘지(Holston Conference Cemetery)에 안장되었다. 감리교 양주삼 감독은 그녀를 일컬어 "한국의 14인의 여성 선교사 중의 제1인자요, 지난날의 한국을 사랑하고 자랑스러운 마음으로 새로운 한국을 바라보았다"고 하였다.

작품 속으로

선교사이자 논픽션, 희곡, 소설을 쓴 작가이기도 했던 엘라수 캔터는 《한국선교보 *Korean Mission Field*》의 편집자를 지냈고, 종교극 「은자의 문에서 *At the Hermit's Gate*」의 희곡을 집필했으며, 『한국의 어제와 오늘 *Korea The Old and The New*』(New York, 1931), 『*Korea Calls*(한국의 부름)』, 『*The Dawn of Tommow*(내일의 여명)』, 『김서방 이야기 외 *Kim Su bang and Other Stories of Korea*』(1909), 『*Pokjumie: A Story of the Land of Morning Calm*(복점이)』(1911), 『한국의 아동 생활 *Children of Korea*』(1911) 등 많은 책을 썼다.

Korea The Old and The New(1931) 초판본

『한국의 아동 생활』은 1911년 송도에서 쓴 책으로 '1. 시골과 그 주민들, 2. 가정생활, 3. 한국의 어머니, 4. 어린이의 옥내외 놀이, 5. 미신, 6. 어린이의 울음, 7. 동화, 8. 서당생활, 9. 결

Children of Korea(1911) 초판본

혼, 10. 선교사들의 입국, 11. 우리가 아는 몇몇 소년소녀들'의 순서로 되어 있다. 저자는 이 책의 서문에서 이렇게 적고 있다.

선교사들이 한국인에게 정신적 복지를 실질적으로 가르쳐준 점은 말할 필요도 없고 향상된 생활 규범을 도입하는 면에 있어서도 많은 일을 했다. 한일합방 이후 일본 총독부는 전반적으로 볼 때 조선의 물질적인 개명과 향상에 많은 일을 했다. 그러나 나는 이 책에서 몇백 년 전 한국인들이 외국으로부터 아무런 영향을 받지 않고 변하지도 않았던 본래의 한국인의 가정과 생활을 그려보고자 노력하였다.

『한국의 어제와 오늘』(1931)은 총 9장으로 '1. 새것과 옛것의 충돌, 2. 한국의 전통, 3. 자연환경, 4. 일상생활, 5. 가정생활, 6. 어린이의 생활, 7. 학교생활, 8. 종교생활, 9. 새날의 빛' 순으로 되어 있다.

『한국의 어제와 오늘』은 1904년부터 1930년까지 벌어진 한국의 변화를 다루었는데, 한국의 전통과 역사, 자연환경, 의식주 등 일상생활과 가성생활의 변모를 비롯하여 옛것과 새것이 충돌하는 한국의 모습을 이야기하고 있다.

특히 와그너는 한국에서 여성의 지위가 달라진 것에 관심을 기울였다.

이제 많은 직업이 여성에게 열리고 있다. 최고의 가게들에서는 밝은 표정의 젊은 여자 직원이 유능하고 친절하게 손님을 맞는다. 여성 전화 교환수는 바로 도움을 준다. 서울 거리를 지나는 많은 버스의 안내원은 한국 여자다. 이들은 좀 건방지고, 자신이 새 한국의 현대적 산물임을 매우 의식한다. 병원에서는 최신식 의사와 간호사들이 있고, 이들은 유능하고

Children of Korea 본문에 실린 그림

아주 전문가답게 이러운 임무를 행한다. 그리하어 모든 계급에서 한국은
여성에게 문 여는 데 느리지 않았음을 알게 될 것이다. (95~96쪽)

　　신식 문물이 한국에 유입되면서 다양한 직업이 생겨났는데, 많은 여성들
이 전화 교환수, 버스 안내원 등 새로운 형태의 직업을 갖게 되었다. 또한 와그
너는 아무래도 교육자였기 때문에 한국 부모들이 딸에 대한 교육열을 갖게 된
것에 주목했다. 당시 상류층 부모들은 딸을 서울의 여학교에 보내려 했다.
　　한편 이 책은 일제강점기 한국인들의 다양한 생각과 태도를 이야기하
고 있다. 당시 한국에는 어떤 희생을 치르더라도 한국의 자유를 위해 투쟁
해야 한다는 사람들뿐만 아니라 일본제국에 병합되어 물질적 이익을 얻고
자 하는 사람들도 있었다.

Children of Korea 본문에 실린 그림

한쪽에는 일본 정부에 충성하고, 강력하고 번영하는 일본제국에 병합
돼 물질적으로 큰 이익을 얻을 것이라고 보는 이들이 있다. 어떤 이들은
일본이 과거에 심각한 실수를 저질렀으나 이를 시정했다고 보고 개혁, 일
본 의회 안에서 한국을 대변하는 것, 한국이 일본제국의 진정한 일부인 것
을 바란다. 반면, 다른 이들은 영영 '조국을 잃었다'고 느끼고, 한국이 민
족이나 국가로서 미래의 희망이 없다고 본다. 그리고 "현 정부나 일본 정
부의 어떤 개혁 문제에도 관심 없고," "완전한 국가적 독립만이 유일한 목
표라고 마음을 굳혔다." 어떤 이들은 아직은 자신들이 바라는 것을 이룰
때가 아니라고 본다. 어떤 이들은 한국인들이 지배와 지도 면에서 먼저
교육과 훈련을 받아야 한다고 믿는다. 어떤 이들은 어떤 값을 치르더라
도 자유를 얻고자 한다. 또 어떤 이들은 평화와 안락을 누리기보다는, 명

Children of Korea 본문에
실린 그림

예를 위해 차라리 이 나라가 전쟁, 혁명, 유
혈사태로 고통받는 것이 낫다고 생각한
다. (175쪽)

　　이 책에는 글뿐만 아니라 어린이들의 모
습을 그린 컬러 그림이 여러 장 실려 있다. 이
그림들은 현대의 어린이 동화책들의 컬러 그
림들과 비교해도 전혀 뒤처지지 않는데, 와
그녀 자신이 그린 것인지는 모르겠다. 아무
튼 이 그림들을 보면 한국의 어린이들이 얼
마나 예쁘고 즐겁게 살았는지를 알 수 있다.
지금은 볼 수 없는 꽃지게 장수의 모습도 인
상적이다.

39

독일에 한국학을 심은 신부 출신 교수
안드레아스 에카르트
Ludwig Otto Andreas Eckardt, 1884~1974

『에카르트의 조선미술사 *Geschichte der Koreanischen Kunst*』(1929)

『조선, 지극히 아름다운 나라 *Wie ich Korea erlebte*』(1950)

『*Unter dem Odongbaum*(오동나무 아래서)』(1951)

『*Die Ginsengwurzel*(인삼뿌리)』(1955)

안드레아스 에카르트(Ludwig Otto Andreas Eckardt) 혹은 옥낙안(玉樂安)이란 이름은 한국을 연구하는 사람들에게는 매우 익숙한 이름이다. 그는 원래 독일 베네딕트 수도회의 신부로 한국에 왔지만 경성제국대학에서도 라틴어와 독일어를 가르쳤고, 독일로 귀국한 뒤에는 뮌헨대학교에서 한국학을 처음 가르친 선구자로 활동했다. 물론 우리나라에도 그의 『에카르트의 조선미술사 *Geschichte der Koreanischen Kunst*』(1929) 등이 번역되어 있다.

서울 혜화동 분도회 수도원 정원에서의 옥낙안 신부

    그렇지만 너무 학자로만 알려져 실상 그의 문학 작가로서의 면은 가려져 있는 것 같다. 나는 이번 기회에 그의 『*Unter dem Odongbaum*(오동나무 아래서)』(1951)와 『*Die Ginsengwurzel*(인삼뿌리)』(1955)를 서울대도서관에서 빌려 읽어보고 깜짝 놀랐다. 문학적으로 뛰어난 작품이었기 때문이다. 그는 한국에서 20여 년간 살면서 여러 한국인을 만나 이야기를 듣고 채록하여 책으로 만들었던 것이다.

나는 2019년 7월 11일 독일 상트 오틸리엔 수도원을 방문했는데. 그곳 선교박물관에서 발간한 책자 『독일 상트 오틸리엔수도원 선교박물관 소장 한국문화재 *Koreanische Kunstsammlung im Missionsmuseum der Erzabtei Sankt Ottilien*』를 발견했다. 이 책자는 이곳에 다수 기증한 인물로 노르베르트 베버 등 4인을 소개하면서 이렇게 적고 있다. "에카르트는 지대한 학구열로 인해 한국어와 한국문화를 알리는 전문가가 되었다. 선교박물관의 일부 작품들은 에카르트가 한국에서 모은 것들이고, 베버가 한국 현지에서 구매했던 상당부분의 유물들도 그의 추천에 의해서 수집된 것들이다. 장상(長上)과의 갈등으로 인해 그는 1931년 베네딕트 수도원을 떠나 수많은 저서를 발간하기 위해서 한국학에만 몰두했다. 1957년부터 뮌헨대학의 동아시아학과에서 이미륵(1899~1950)의 뒤를 이어 가르쳤으며, 독일 한국학의 선구자로 크게 이바지하였다"(10쪽). 이런 해설을 읽고 에카르트에 대해 좀 더 알 수 있었다.

작가의 생애

———

안드레아스 에카르트(Ludwig Otto Andreas Eckardt)는 1884년 9월 21일 독일 뮌헨에서 태어났다. 아버지는 화가이자 교사인 요한 니콜라스 에카르트였고, 어머니는 바바라였다. 뮌헨대학에서 철학과 종교학, 미술사, 민속학을 공부하고 1905년에 상트 오틸리엔에 있는 베네딕트수도원에 들어갔다. 1909년에 신부 서품을 받았다.

그가 한국 땅을 밟은 것은 1909년 12월이었다. 한국에 온 그는 서울에 새로 설립된 베네딕트수도원에서 일하기 시작했다. 현지 문화를 이해하

덕원의 새 가톨릭신학교

면서 선교 활동을 하는 베넥딕트회(분도회)의 취지에 따라 한국어를 습득
하면서 독일식 직업학교를 세워 지리, 물리 등 서양 학문을 가르치기 위해
직접 교과서를 만들기도 했다.

　　1926년에 수도원은 서울에서 함경남도 원산으로 옮겨졌고, 수도원의
이름을 에카르트의 제안에 따라 덕원수도원으로 했다. 1924년부터는 경성
제국대학이 설립되자 희랍어, 라틴어와 미술사를 강의했다. 1928년에 독
일로 돌아가 공부를 계속하여 1930년에 뷔르츠부르크대학에서 「*Das
Schulwesen in Korea*(한국의 학교 제도)」라는 논문으로 박사학위를 받았다.
1931년 브라운슈바이히에 있는 국제 교육연구소의 동아시아 담당 연구원
겸 소장대리가 되었다. 1933년에 나치스에 의해 폐쇄되자 고향 뮌헨으로
돌아와 뮌헨대학에서 한국어와 한국문화를 가르쳤다.

　　1944년에 마리안네 로트(Marianne Roth, 1902~1990)와 결혼하였다.
1957년부터 뮌헨대학에서 또다시 한국어와 한국문화를 가르쳤다. 그의 전

임자는 이미륵(1899~1950) 박사였다. 1962년 윤보선 대통령으로부터 문화훈장을 받았다.

그는 1974년 1월 3일 독일 투칭(Tutzing)에서 사망했다. 그를 기념하여 한독협회에서는 '에카르트메달'을 제정하여 지금까지 한독교류에 기여한 인물에게 수여하고 있다. 이 메달의 수여자로는 그의 제자이자 본대학의 한국학 교수인 후베(Albrecht Huwe) 박사도 있다.

작품 속으로

『*Unter dem Odongbaum*(오동나무 아래서)』(1951)는 독일 아이제나흐(Eisenach)에서 발간되었는데, 'Koreanische Sagen, Märchen und Fabeln, Während eines zwanzigjährigen Aufenthaltes in Korea gesammelt (20년간 체류해서 모은 한국의 전설, 동화, 우화)'라는 부제가 붙어 있다. 서문에서 저자는 20년간 한국에서 지낼 때 한국인들로부터 많은 얘기를 듣고 글씨와 그림을 나눌 수 있었다고 쓰고 있다. 특히 서울의 김봉제, 평양의

Unter dem Odongbaum(1951)
초판본

유염조, 수원의 권계량, 대구의 오창식 씨의 이름을 밝히고 있다. 당시에는 한글 활자를 인쇄하지 못해 손으로 직접 써야 하는 어려움이 있었다고 적고 있다. 또 한국인은 자연의 아름다움을 사랑하고, 수시로 이야기를 시로 나타내는 것이 인상적이라고 하였다.

김봉제는 1865년 서울에서 태어났는데, 저자와 도서관에서 함께 일했다. 이 책에 따르면《조선신문》에 그의 시가 다수 발표되었지만 책으로

나오지는 못했다고 밝히며, 그의 시들을 독일로 갖고 오다가 다른 짐들과 함께 배에서 분실되었다. 김봉제는 1932년에 죽었고, 가족은 북간도로 떠났다.

오창식은 대구에서 태어나 학식 있는 아버지에게 한문을 배웠다. 권계랑은 1885년에 태어나 중학교를 졸업하고, 일본에서 유학하여 문학과 신문학을 공부한 뒤 잡지에 글을 발표하였다. 1929년에 가족과 일본으로 갔고 1934년에 작고하였다.

유염조는 평양에서 태어나 서울에서(1904~1909년) 한성법어학교를 다녔고 프랑스어를 번역하였다. 그의 스승은 에밀 마르텔(Emil Martel)이었고, 이 책의 저자 에카르트는 그와 즐거운 시간을 보냈다. 가난했던 그는 병들어 1928년에 세상을 떠났다.

이 책은 특히 권말에 실린 '한국문학사'에(Zur Koreanischen Literaturgeschichte)'라는 글이 있기 때문에 가치가 크다. 여기에는 이지연, 한설야, 이태준, 이북문, 김남천, 최문치의 이름도 언급되어 있다. 그러면서 이 책으로 세계문학(Weltliteratur)에서 한 빈자리가 메어지기를 바란다고 적었다.

이 책의 첫 번째 장인 김봉제의 이야기는 '장님 노래꾼(Der blinde Sänger)'으로 시작된다. 옛날에는 판수라 불리는 장님 가수가 마을을 다니며 노래도 부르고 만담도 했는데 부녀자와 아이들이 좋아했다고 적고 있다. 이어서 제주도 3성굴 설화를 소개하고 있다. 그리고 단군 설화, 무학대사가 한양을 도읍지로 택한 이야기를 적고 있다. 그러고는 '산천 구경'이란 노래를 독일어로 번역하여 싣고 있다. 최영 장군의 제주 피난 이야기도 소개했다. 또한 다리 없는 사람, 낙랑공주와 바보 온달, 왕의 꿈, 선조대왕의 피난을 얘기하고 있다. 장님 얘기가 끝나자 사람들은 "좋다. 좋다"고 박수를 치고 장님은 다시 "태산이 높다 하되"라는 노래를 부른다.

두 번째 장은 오창식의 이야기인데, 그중 몇몇은 1928년부터 1932년 까지 《동아일보》에 연재되었다. 마을선물, 기적 아이, 유령호랑이, 인삼 뿌리 아이, 사슴의 감사, 영생불멸의 술잔의 순서로 기술되어 있다.

이어서 권계랑의 이야기를 다루고 있는데, 동네 어른, 교활한 여우, 재 판받는 개와 여우, 토끼의 판결, 미련한 까마귀, 친절한 호랑이, 병든 호랑 이, 감사하는 거미의 순서로 기술되어 있다.

마지막으로 유영조의 이야기는 숲속 움막에서, 기사 최명길 이야기, 나 르는 사슴, 도둑재판, 선비이야기, 말꼬리 이야기의 순으로 되어 있다.

흥미 있는 것은 이 책의 참고문헌인데, 호러스 알렌(Horace Newton Allen)의 『*Korean Tales*(한국 고전소설)』(1889)와 제임스 게일(James Scarth Gale)의 『*Korean Folk Tales*(한국 민속 이야기)』(1913) 등 몇 권밖에 안 된다. 그만큼 이 책은 한국학과 관련된 선구적인 책이다. 우리는 한국학이 이런 선구자들의 노력으로 발전하게 되었다는 사실을 알아야 할 것이다.

『조선, 지극히 아름다운 나라 *Wie ich Korea erlebte*』(1950)는 1909년 12월 말 25세의 젊은 나이로 내한한 에카르트 신부가 20년간의 한국 생활을 돌아보며 쓴 회고록이자 체험기 다. 저자가 조선이라는 나라에 온 1909년은 대한제국 이 종말을 맞이하기 바로 직전이었다. 그는 독일식 직 업학교의 교장으로 취임했지만 조선총독부의 문화말살 정책 때문에 학교는 얼마 되지 않아 문을 닫아야 했다. 이후 경성제국대학에서 여러 과목을 가르치며 서구의 학문을 전하려 했지만 이 역시 문화말살정책 때문에 여 의치 않게 되었다.

Wie ich Korea erlebte(1950) 초판본. 친필 한글로 장식되어 있다.

저자는 제2의 고향이 된 한국이라는 나라와 한국인의 사고방식과 행동에 대해 자신이 보고 듣고 느낀 것을 이야기하고 있다. 뛰어난 관찰력으로 한국인의 의식주와 풍속을 생생하게 기술한 저자의 글을 통해 당시 우리나라의 생활상을 마치 눈앞에 있는 것처럼 생생히 그려볼 수 있다. 총 11장으로 되어 있는데 '제1장 남국의 바다를 항해하다, 제2장 '깨끗한 아침의 나라'를 향하여, 제3장 조선과 조선인들이 준 첫인상, 제4장 내가 경험한 서울, 제5장 초학자로서 열심히 글을 배우다, 제6장 평민과 양반 집에 초대받다, 제7장 조상 숭배를 접하다, 제8장 불교의 낙원, 제9장 강도를 만나다, 제10장 또 다른 경험, 제11장 작별과 회고'의 순이다.

Geschichte der Koreanischen Kunst(1929) 초판본

『에카르트의 조선미술사 *Geschichte der Koreanischen Kunst*』는 1929년에 독일에서 발행되었다. 이 책은 한국 미술을 일본어 이외의 언어로 소개한 최초의 책으로, 같은 해에 영문판 *History of Korea Art*도 런던에서 발행되었다. 또 이 책은 최초의 한국미술통사라는 점에서 가지가 있다. 이에 앞서 안확(安廓)의 「조선미술」(1915), 박종홍(朴鍾鴻)의 「조선미술의 사적 고찰」(1922)과 같은 글이 발표되긴 했지만 이 글들은 한국미술 전체를 아우르지는 못했다. 아울러 이 책에는 500여 점의 한국미술 도판이 수록되어 있다.

저자는 이 책의 서론에서 한국미술에 대한 자신의 견해를 다음과 같이 말하고 있다.

과거 조선 예술가들의 작품들을 보고 있으면 그것들이 평균적으로 세련된 심미적 감각을 증명하고 있으며, 절제된 고전적인 아름다움을 가지고 있음을 인정하게 된다. 그리고 그 아름다움은 동아시아 미술 분야에서 직접 조선미술 발달과정의 한 특징이 된다. (…) 때때로 과장되거나 왜곡된 것이 많은 중국의 예술형식이나, 감정에 차 있거나 형식이 꽉 짜여진 일본의 미술과는 달리, 조선이 동아시아에서 가장 아름다운, 더 적극적으로 말한다면 가장 고전적(古典的)이라고 할 좋은 작품을 만들어냈다고 단언해도 좋을 것이다. (…) 결국 조선은 항상 아름다움에 대해 자연스러운 감각을 지니고 있으며, 그 아름다움이 극치를 이룰 때 그것을 고전적으로 표현했던 것이다.

그는 이 책의 결론에서 한국미술의 특징은 "과감한 추진력, 고전적인 선의 움직임, 단순하고 겸허한 형식언어, 그리스 미술에서 볼 수 있는 바와 같은 정적과 절도"라고 밝히고 있다.

에카르트는 고고학적 발굴에도 참여하였는데, 그의 권유에 따라 1900년부터 심하게 파괴된 경주 석굴암을 복원하게 되었다.

에카르트는 음악에도 조예가 깊어 25분짜리 한국교향악을 작곡했고, 1994년 9월 10일 고려대학교 오케스트라에서 이건수의 지휘로 공연되었다. 그는 한국 전통 곡조를 서양악기로 공연하기 위해 노력하였다.

1960년 에카르트 교수의 75세 기념논문집이 간행되었는데, 그 책명은 『Koreanica(한국학)』이다.

그림으로 쓴 영국 여성 여행작가

엘리자베스 키스
Elizabeth Keith, 1887~1956

『영국화가 엘리자베스 키스의 코리아 *Old Korea*』(1946)

엘리자베스 키스(Elizabeth Keith)를 '한국을 사랑한 작가'라고 하면 "그녀
는 화가이지 작가는 아니지 않느냐"고 하는 분들이 있을 것이다. 나는 그
런 분들에게 동양전통의 '시서화일체(詩書畵一體)'를 생각해 보시라고 답하
고 싶다. 동양의 선비들은 시와 문학과 회화를 하나로 보았다. 선비라면
세 가지를 모두 할 줄 알아야 한다고 생각한 것이다. 그런 점에서 볼 때 무
엇을 글로 쓰거나 그림으로 그리거나 대상을 작품으로 담으면 작가라고
할 수 있다.

사실 키스의 책은 『영국화가 엘리자베스 키스의 코리아 *Old Korea*』
(1946)라는 한 권만 있을 뿐이다. 이 책에 실린 39점의 그림은 우리의 모습
을 더욱 생생하게 포착했다. 또한 이 책은 그림뿐만 아니라 저자가 한국에
서 경험한 사실을 토대로 쓴 글들이 실려 있다. 저자는 한국인들의 삶의 모

습을 정감 있고 따뜻하게 묘사했고, 재치 있고 유머러스하게 한국인의 단점을 살짝 꼬집으면서 당시 한국인들의 일상을 구체적으로 소개했다.

미국 이스트캐롤라니아대학교에서 정치학과 행정학을 30여 년간 강의한 송영달 교수(1937년생)에 의해 한글판 『영국화가 엘리자베스 키스의 코리아 1920~1940』가 2006년에, 『키스, 동양의 창을 열다』가 2012년에 출간되었고 서울과 지방에서 전시회도 개최되었다. 구한말에서 일제강점기에 몽매한 점이 많았던 한국인과 한국 사회를 서양화가로서 애정을 갖고 현장에서 한 장 한 장 그렸다는 사실은 무척 아름답고 감동적이다. 당시에 찍은 사진들도 중요하지만 그림은 더 나아가 한국인과 마음을 나누는 숨결이 느껴지는 귀중한 결실이다. 더구나 1920년대와 1930년대에 두 번이나 한국에서 전시회를 가졌으니 키스는 한국과 인연이 깊은 화가작가라 하겠다.

엘리자베스 키스의 자화상

작가의 생애

────

엘리자베스 키스(Elizabeth Keith)는 1887년 영국 스코틀랜드의 애버딘서에서 태어났다. 그녀는 미술교육을 정식으로 받지는 않았지만 천부적인 재능이 있었다. 언니 엘스펫과 형부 존 로버트슨 스콧의 초청으로 1915년에 일본에 도착해 일본의 북해도 등 여러 도시를 방문하며 그림을 그렸다. 언니 내외가 영국으로 귀국하기 전에 자매는 1919년 3월 28일 한국 여행을 시작했다. 당시에 한국은 3·1운동으로 전국이 핍박당하고 있었다. 식민지라는 어려운 환경에도 오랫동안 전해 내려온 기품과 자긍심을 잃지 않는 한국 사람들에게 반한 키스는 한국에서 선교사들의 주선으로 모델을 구하고 그림을 본격적으로 그리기 시작하였으며, 언니가 영국으로 귀국한 뒤에도 계속 한국에 머물면서 그림을 그렸다.

키스는 한국은 물론 중국과 동남아의 필리핀 군도를 포함한 여러 곳을 방문하며 그림을 그렸는데, 특히 한국을 그린 작품이 가장 뛰어나다는 평을 받았다. 키스는 "나의 특별한 한국"이라고 말할 만큼 한국을 사랑했다.

그녀는 1921년과 1934년에 한국에서 전시회도 하였으며, 한국인과 한국 풍경을 그린 작품을 80여 점 남겼다. 현재 엘리자베스 키스의 그림은 세계 여러 미술관에 소장되어 있으며, 20세기 초에 동양을 찾아와서 그림을 판화로 남긴 화가로서 인정받았다.

평생 결혼하지 않고 그림을 그리며 살다가 1956년에 세상을 떠났다.

작품 속으로

Old Korea (1946)
초판본

키스는 미술에 천부적인 재능은 있었지만 그리 넉넉하지 못한 집안 사정 때문에 정식으로 미술교육을 받지 못했다. 이러한 그녀가 창작욕을 불러일으키게 된 계기는 아시아의 여러 국가를 방문하면서부터였다. 키스는 1915년 언니 엘스펫과 형부 존 로버트슨 스콧의 초청으로 일본에 머무르게 되었는데, 이때 서양과는 다른 동양의 독특하고 신비로운 색채와 미감에 매료되었다.

키스가 한국을 방문한 것은 3·1운동 직후인 1919년 3월 28일이었다. 그녀는 6개월 정도 한국에 머무르며 곳곳을 다녔다. 그녀가 처음 본 한국의 모습은 비록 일본의 식민지로 핍박받고 있었지만 수려한 자연과 강인한 한국인이 있었다. 그녀가 무엇보다 주목한 것은 한국인의 생활에서 나타나는 정신문화였다. 하지만 당시 일본은 한국 사람들의 성품이 나약하다고 폄훼했다. 세계인들은 그것이 마치 한국의 실상처럼 그대로 받아들였는데, 제대로 된 진실을 알리고 싶었다. 그래서 1936년까지 한국을 소재로 한 수채화, 목판화, 동판화, 드로잉 등 많은 작품을 제작했다.

키스는 금강산 등 명승지와 평양의 대동문 같은 풍경이나 결혼식 등의 전통 풍속 그리고 일상을 분주히 살아가는 사람들의 진솔한 모습 등을 그림에 담았다. 특히 자신의 이름을 '기덕(奇德)'이라고 지어 작품에 적기도 했다. 또한 한국 어린이를 유독 사랑하여 1934년, 1936년, 1940년 세 차례에 걸쳐 자기 그림을 크리스마스실에 사용하게 하는 등 한국 어린이들에게 각별한 관심과 사랑을 베풀기도 했다.

이 책의 서문에서 키스는 이렇게 적었다.

왕릉 앞에 선 시골 선비   운양 김윤식의 초상

이 책에 실린 그림들은 내가 한국을 여러 차례 방문하면서 그린 수많은 그림들 중 수십 점을 선정한 것인데, 개중에는 아주 초기 작품에 속하는 것들도 있다. 어떤 것은 아직 미완성인 것도 있었지만, 주로 한국 관련 그림 중심으로 이 책에 맞는 것만 골라보았다. 이 책은 제2차 세계대전 중에 만들어졌다. 전 세계가 이미 참혹한 일들을 많이 겪고 있었지만 그래도 이 이미지의 작은 나라에 세상의 따뜻한 눈길이 머물 수 있도록 내가 가지고 있는 그림들을 널리 보여주자는 생각이 들었다. 한국을 제대로 보여주려면 그림 전체를 천연색으로 인쇄해야 마땅하겠지만, 사정상 많은 그림을 흑백으로 출판할 수밖에 없었다. (…)

친절하게도 전통의상을 입고 모델을 서준 많은 한국인들 덕분에 나는 한국의 옛 모습을 돌아보며 잘 재현할 수 있었다. 어떤 그림들은 무척 짧

바느질하는 여인

모시 저고리 입은 여인

은 시간 내에 스케치를 해야 했다. 예를 들면 지금은 고인이 된 김윤식 자작을 모델로 한 그림이 그런 경우인데 그는 궁정 예복을 입고 모델을 서주었다. 김윤식 자작은 당시 80세가 넘은 고령이었고 또 감옥에서 풀려나온 지 얼마 되지 않았었다.

한국을 사랑한 엘리자베스 키스는 1920년부터 1940년까지의 한국과 한국인들의 모습을 그림으로 담았다. 이 책에 실린 키스의 그림들은 수채화, 채색 목판화, 컬러 에칭, 스케치 등 기법 면에서 매우 다양하다. 특히 한국에서 만난 다양한 인물과 풍경을 사실적이면서도 구체적으로 묘사하고 있다. 어떤 작품에는 '기덕(奇德)'이란 한국식 예명을 써넣기도 하였다.

연날리기

음식점

한국 여자들은 뼈대가 작으며 얼굴 표정은 부드럽다. 인내와 복종이 제2의 천성이 된 듯하다. 하지만 온순하기만 한 한국 여자들에게도 의외로 완고한 구석이 있다. 가령 이들에게 새로운 문물을 강요한다든지 오랫동안 쌓아온 그들의 생각이나 생활신조를 바꾸려든다면, 차라리 서울을 둘러싸고 있는 산들을 허물어 옮기는 것이 더 쉬울지 모른다. 그러므로 한국 여자들의 마음을 사로잡는 최선의 방법은 오직 한국 풍습을 존경하며 끈기와 친절로 대하는 것뿐이다. (74쪽)

"그들의 생각이나 생활신조를 바꾸려든다면, 차라리 서울을 둘러싸고 있는 산들을 허물어 옮기는 것이 더 쉬울지 모른다"는 문장에서 여느 소설가 못지않은 위트와 유머를 엿볼 수 있다. 이 책은 일제강점기에도 기개를 굽히지 않는 한국인의 자질에 대해 이렇게 말하고 있다.

한국인의 자질 중에 제일 뛰어난 것은 의젓한 몸가짐이다. 나는 어느 화창한 봄날 일본 경찰이 남자 죄수들을 끌고 가는 행렬을 보았는데, 죄수들은 흑갈색의 옷에다 조개모양의 뾰죽한 짚으로 된 모자를 쓰고 짚신을 신은 채, 줄줄이 엮어 끌려가고 있었다. 그 사람들은 6척 또는 그 이상되는 장신이었는데, 그 앞에 가는 일본 사람은 총칼을 차고 보기 흉한 독일식 모자에 번쩍이는 제복을 입은 데다가 덩치도 왜소했다. 그들의 키는한국 죄수들의 어깨에도 못 닿을 정도로 작았다. 죄수들은 오히려 당당한 모습으로 걸어가고 그들을 호송하는 일본 사람은 초라해 보였다. (153쪽)

한국민예를 사랑한 일본 도예가

야나기 무네요시

柳宗悅, 1889~1961

『조선과 그 예술 朝鮮とその芸術』(1954)
『조선을 생각한다 朝鮮人を想ふ』(1920~1934)

1919년 3월 독립 만세의 함성이 전국 곳곳으로 확산될 때 일본의 언론들은 조선에서 일어난 이른바 소요사건에 대해 걱정과 우려, 비난의 목소리만 외치고 있었다. 그런데 그해 5월 20일 한 젊은 학자가 《요미우리신문》에 다음과 같은 글을 발표했다.

조선 사람들이여, 나는 그대들에 대해서 별로 아는 것도 없고 경험도 없다. 그러나 나는 그대들의 나라 조선의 예술을 사랑하고 인정을 사랑하고 조선의 역사가 경험한 쓸쓸한 그 과거에 끝없는 동정심을 가진 사람이다. 그리고 그대들이 예술로 오랫동안 무엇을 구하고 무엇을 호소해왔는가를 마음속으로 듣고 있다. 나는 그것을 생각할 때마다 외로움을 느끼고 솟아오르는 사랑을 그대들에게 보내지 않을 수가 없다. 조선 사

람들이여, 설혹 내 나라 일본
의 식자들이 그대들을 욕하고
또 그대들을 괴롭히는 일이 있
더라도, 그러한 일본인 사이에
이런 글을 쓰는 자도 있다는
것을 알아주기 바란다.

이 글로 인해 야나기 무네
요시(柳宗悅)는 조선과 조선인
의 친구가 되었다. 지금까지도
한국과 한국문화를 사랑한 일
본인으로 알려져 있다.

이 글은 1920년 4월 12일
부터 18일까지 《동아일보》에 우리말로 번역 연재되었다. 뒤이어 4월 19일
부터 20일까지 그의 유명한 글인 「조선의 친구에게 보내는 글」이 염상섭 기
자의 번역으로 《동아일보》에 또다시 연재되면서 더 큰 반향을 불러일으켰
다. 식민지 통치 아래서 고통받던 한국인들은 진정한 친구를 만났다고 생
각하게 되었다.

그런데 그에 대해 비난하는 사람들도 있다. 1974년 최하림 시인은 야
나기의 『조선과 그 예술 朝鮮とその芸術』에 대한 글인 '야나기 무네요시의
한국미술에 대하여'를 썼다. 이 글을 통해 "야나기의 글들이 말 못하는 조
선인들의 상처를 달래 주었음에 틀림 없었다"면서도 야나기의 관점을 "한
국인을 패배감으로 몰아넣으려는 술책과 한국의 역사를 사대로 일관한 비
자주적인 역사로 몰아치려는 일본 제국주의의 정책이 교묘히 버무려진 사

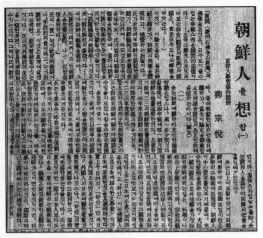

동아일보 1920년 4월 12일자 2면에 실린 야나기의 글

고방식"이라고 비판했다. 이처럼 야나기를 문화정치이데올로그, 비판적 비
애미론(悲哀美論)의 주장자라는 '두 얼굴'로 비판하는 시각도 있다. 언론인
출신 서술가 정일성은 『야나기 무네요시의 두 얼굴: 민예운동가인가 문화
정치 이데올로그인가』(지식산업사, 2007)를 내었다.

　그럼에도 야나기는 오늘날까지 한국을 사랑한 일본 지식인으로 통하
고 있다. 1984년 전두환 정권은 "우리나라 미술품 문화재 연구와 보존에
기여한 공로"를 기려 23년 전에 작고한 야나기에게 문화훈장을 추서했다.

작가의 생애
———

　야나기 무네요시(柳宗悅)는 1889년 3월 21일 도쿄에서 해군 소장인 아
버지의 3남으로 태어났다. 아버지는 일본군함 운양호가 강화도를 침범했

조선의 도자기에 깊은 감명을 받은 야나기

을 때 해군 수로국 책임자였으며 귀족원 의원을 지냈다. 외조부는 해군 대
장과 해군 장관을 역임한 명문가의 후손이었다. 매형은 인천 주재 일본총
영사관에서 근무했다. 그리고 여동생의 남편은 3·1운동 당시 조선총독부
에서 인사권과 경찰권을 쥔 내무국장이었다.

　야나기는 지배층 자녀들이 다니던 가쿠슈인(學習院)을 거쳐 도교제국
대학 철학과에 들어갔다. 도쿄제국대학 재학 중 친구들과 함께 인도주의
를 표방한 문예잡지 《시라카바》를 창간하였다. 야나기는 1912년 가을에
도쿄에서 열린 척식박람회에 갔는데 거기서 조선의 도자기를 처음 보고 매
료되었다.

　그로부터 2년 후인 1914년 9월의 어느 날, 아사카와 노리다카(淺川伯
教)라는 사람이 멀리 경성(서울)에서 들고 온 보자기를 풀자 조그만 백자
항아리가 하나 나왔다. 백자추초문각호(현재 일본민예관 소장)라는 각진
하얀 도자기 몸통 표면에 추초(秋草) 꽃무늬가 그려진 도자기였다. 이것을
본 야나기는 조선의 아름다움에 푹 빠져버렸다. 조선의 역사와 문화에 대
해 열심히 공부하기 시작하였다.

조선민족미술관에서의 야나기

그는 조선의 아름다운 백자 그릇들을 보기 위해 2년 후인 1916년 조
선을 찾았다. 가야산 해인사에서 13세기에 만든 팔만대장경을 보았고, 경
주의 석굴암도 보았다. 이른 아침 6시 반 야나기는 태양이 바다 위로 올라
오면서 불상의 자애로운 얼굴에 밝은 빛을 비추는 광경에서 한없는 감동을
느꼈다.

일본으로 돌아와 몇 년 후인 1919년 조선에서 만세운동으로 많은 조
선인들이 학살되자 5월 20일부터 24일까지 5회에 걸쳐 일본의《요미우리
신문》에 「조선인을 생각한다」라는 글을 발표했다.

조선은 지금 외롭고 괴롭다. 그들의 깃발은 하늘 높이 나부끼지 않고,
봄은 찾아와도 꽃은 봉오리를 싸고 있다. 고유한 문화는 나날이 사라지
고 태어난 고향에서 사라져가고 있다. 수많은 훌륭한 문명의 사적은 단

지 과거의 책에서만 읽혀지고 있다. 지나가는 사람들의 머리는 수그러지고 괴로움과 원한이 얼굴에 역력히 나타나고 있다. 주고받는 말조차 소리에 힘이 없고 백성은 태양을 피해 어두운 그늘에 모여드는 것 같다. 어떠한 힘이 그대들을 이렇게 만들었는가?

그는 중국의 예술은 의지의 예술로, 일본의 예술은 정취의 예술로, 한국 예술을 비애의 예술로 표현했다. 그러면서 일본의 조선통치정책에 대해 비판하는 글을 언론에 잇달아 발표했다.

당시 《동아일보》에서는 야나기의 글을 자주 실어주는 한편 조선을 사랑하는 이 일본인의 아내 가네코가 성악가인 것을 알고 이들 부부를 초청해 서울에서 음악회를 주최했다. 당시 조선에서는 문학동인지 《폐허》가 김억, 황성우, 염상섭, 남궁벽, 변영로, 오상순 등이 주축이 되어 막 태동하고 있었는데, 이들 동인들도 가네코의 음악회를 준비하겠다고 나섰다. 1920년 5월 5일과 7일 《동아일보》 주최로 가네코 독창회가 열렸다. 이후 가네코는 10여 일을 경성에 머물면서 숙명여학교 등에서 일곱 차례나 음악회를 가졌다. 이 음악회의 수익금은 전액 남편이 추진하는 조선민족미술관 건립 사업을 위해 기부되었다.

한편 야나기는 일제가 1922년 조선총독부 건물을 새로 짓기 위해 경복궁의 정문인 광화문을 철거하려 할 때 "이 문을 없애면 안 된다"는 목소리를 크게 내기도 했다. 덕분에 일본 내에서 철거반대 여론이 일어나 광화문의 철거는 취소되었다.

1924년 4월, 야나기 부부는 경복궁 내에 조선민족미술관을 열었다. 이 미술관이 수집한 도자기만 해도 1,000점 이상이며, 그밖에 목공예, 금속공예, 종이공예품이나 자수, 민화 등 수천 점이 수집되었다. 이 미술관은

1946년 국립민족박물관(남산관)으로 옮겨진 후, 1972년 국립중앙박물관에 합류되었다.

이후에도 야나기는 한국의 예술을 알리는 많은 저작 및 강연 활동을 했다. 1933년 7~8월에는 하와이대학에서 조선의 미술 등을 강의했다. 해방이후에도 계속 조선예술에 관한 글을 쓰고 전시회도 가졌다. 1961년 5월 3일에 73세로 사망하였다. 1960년 1월에 아사히신문사에서 제정한 조일상(朝日賞)을 수상하였고, 1984년 9월에 한국 정부는 보관문화훈장을 추서하였다.

작품 속으로
―――

『조선과 그 예술 朝鮮とその芸術』
은 1부와 2부로 나뉘어 있다. 1부는
'조선인을 생각한다, 조선의 벗에게 보
내는 글, 그의 조선행, 조선의 미술, 석
불사의 조각에 대하여, 사라지려는 조

『朝鮮とその芸術』
(1954) 초판본

선건축을 위하여, 조선도자기의 특질, 조선 도자기에 대하여, 조선의 목공품, 낙랑출토의 한대화(漢代畵)에 대하여, 지금의 조선, 전라기행, 사과'로되어 있고, 2부는 '조선미술 연구가에 바란다, 조선에 가다, 낙랑채협 약해, 고려자기와 조선자기, 조선의 찻잔, 조선시대의 민화, 불가사의한 조선의민화, 조선 도자기의 아름다움과 그 성질, 조선자기의 7대 불가사의, 조선의 석공, 조선의 금공, 조선의 민화, 조선에 온 감상, 조선민족과 예술'로 되어 있다.

조선에서 버나드 리치 부부 일행과 함께

「조선에 가다」라는 글에서 저자는 영국 도예가 버나드 리치(Bernard Leach, 1887~1979)와 조선에 함께 온 경험을 이렇게 적고 있다.

간청에 못 이겨 리치를 조선에까지 배웅하기로 했다. 그리고 바쁜 나머지 서로 격조했던 탓에 나누고 싶었던 많은 이야기가 있기도 했으므로 단둘만의 시간을 가질 수 있는 좋은 기회이기도 했다. 5월 7일 밤늦게 도쿄를 출발했다. 리치를 역에까지 나와 전송한 사람이 50여 명은 되는 듯했다. 손을 흔들어 작별하는 사람들의 모습이 시야에서 사라졌을 때 리치는 눈물이 글썽한 얼굴로 침대에 몸을 뉘었다. 마음을 남겨둔 채 떠나는 귀국길이었다. 그날 밤은 두 사람 모두 심신이 피곤하여 곧 잠이 들었다. 잠을 깬 것은 비와꼬(琵琶湖)의 물이 아침햇살에 빛날 무렵이었다. 교토에서도 많은 사람들로부터 따뜻한 환송을 받았다. (223쪽)

리치는 후일 자서전 *Beyond East and West*(1985)에서 한국에서의 체험을 적었는데, 한국에는 "여기저기 고대 페르시아적 미가 보였다(the ancient Persian beauty here and there)"고 하였다. 이 말은 오늘날 우리에게 연구과제를 남긴 셈인데, 아마도 사찰의 단청(丹靑)을 보고 한 말이 아닐까 생각된다. 아무튼 동서양의 두 예술가는 한국의 미를 유심히 관찰하고 애착을 느꼈던 것이다.

야나기의 또 다른 책『조선을 생각한다 朝鮮人を想ふ』는 「조선 사람을 생각한다」, 「석불사의 조각에 대하여」, 「조선의 친구에게 보내는 글」, 「도자기의 아름다움」 등 1920년부터 1934년 사이에 야나기가 발표한 41편의 글들을 수록한 것이다.

야나기는 동양 3국의 예술에 대해 이렇게 말하고 있다. "중국은 강대하니 형태의 예술이고, 일본은 아름다운 자연의 혜택을 보장받고 있으니 색체의 예술이며, 조선은 길고 가느다란 곡선이 주조를 이루는 선의 예술이다." 그런데 「조선인을 생각하다」라는 글을 통해 "그 선의 미는 즐거움이 허용되지 않고 슬픔이나 괴로움이 숙명처럼 몸에 따라다니는 역사 속에서 만들어졌다. 조선의 역사는 슬픈 운명이었다. 그들은 억압을 받으며 3천 년의 세월을 거듭해 왔다. (…) 오직 끝없는 침략과 착취, 억압과 고통과 비참, 슬픔, 쓸쓸함으로 점철됐으며, 그게 예술에 그대로 반영됐다"고 말하고 있다.

그의 말대로 조선의 예술품은 거의 파괴되고 약탈당했다. 야나기는 「조선민족 미술전람회에 즈음하여」를 통해 "지난번 나라를 방문했을 때 호류지에서 놀랄 만한 옛 미술품을 볼 수 있었다. 모두가 국보나 황실 소장품이라고 했다. 그러나 대부분이 조선의 작품이라는 사실을 부정할 수 없었다"고 밝히고 있다.

하지만 야나기는 조선을 약자로 치부하고 한일합병이 정당하다고 주장했다. 『조선을 생각한다 朝鮮人を想ふ』에는 '비평 - 포웰(Powell)의 「일본의 조선 통치정책을 평한다」'도 실려 있는데, 이 글에서 야나기는 "조선민족에게 다소나마 자각이 있었더라면 중국이나 러시아 또는 일본이 넘볼 수는 없었을 것이다. (…) 따라서 도덕적 측면에서는 일본이 비난받아 마땅하지만 한일합병이라는 결과에 대해서는 조선 스스로도 절반은 책임을 져야 한다고 생각한다. (…) 약자는 강자를 원망하기 전에 왜 이런 처지가 되었는지를 스스로 반성하지 않으면 안 된다. (…) 조선 사람들이여, 독립을 갈망하기 전에 인격자의 출현을 앙망하라. 위대한 과학자를 내고 위대한 예술가를 낳아라. 될 수 있는 대로 불평의 시간을 줄이고 면학의 시간을 많이 가져라"고 주장했다. 이 글에 영향을 받은 춘원 이광수(1892~1950)는 친일파로 바뀌었고 '민족개조론'도 주장하였다. 아무튼 야나기는 한국과 한국인을 사랑하고 찬사와 권면을 동시에 한 작가라 할 것이다.

한국동화를 지은 독립운동가
프랭크 윌리엄 스코필드
Frank William Schofield, 1889~1970

「*Korea's Fight for Freedom*(자유를 위한 한국의 투쟁)」(1968)

프랭크 윌리엄 스코필드(Frank William Schofield), 한국명 석호필(石虎弼)은 제암리 학살사건의 참상을 보도하여 '3·1운동의 제34인'으로 불리는 인물이다. 그래서 한국에는 호랑이스코필드기념사업회(사단법인)도 있고, 서울대학교는 매년 그를 기념하는 기념식과 학술강연을 실시하고 있다. 그의 생애와 활동에 대하여 수의과대학의 이장락 교수가 쓴 『우리의 벗 스코필드』(1962)와 『한국 땅에 묻히리라』(1980) 같은 전기도 있고, 그것을 최진영 교수가 번역한 영문판 *I Wish to be Buried in Korea*(2016)도 나왔다. 그리고 기념강연선집

『다시 보는 스코필드』(2016)도 나왔다. 참으로 놀라운 투지력으로 독립운동을 돕고 한국인을 사랑하여 정부에 대하여도 쓴소리를 한 '호랑이'였다.

　그런데 그는 한국을 주제로 하여 많은 글을 썼고, 그중에는 놀랍게도 서양의 어린이들에게 한국을 알리기 위한 동화도 있다. 그는 1919년 영국의 아서 헨리 미(Arthur Henry Mee)에게 「*Korea's Fight for Freedom*(자유를 위한 한국의 투쟁)」이라는 동화를 써 보냈다. 이 글이 근년에 번역되어 『기록과 기억을 통해 본 프랭크 스코필드』(2016)라는 문집에 수록되었다.

　나는 이 문집을 서울대학교도서관에서 빌려 읽고 감동을 느끼는 동시에 평소의 궁금증이 풀렸다. 미국의 소설가 펄 벅(Pearl Buck)은 1960년 11월에 서울에서 스코필드를 만나서 한국 독립운동에 대한 이야기를 듣고 감동을 받았다. 스코필드 덕분에 자신의 소설 『살아 있는 갈대 *The Living Reed*』에 수원 제암리 사건을 자세히 묘사할 수 있었고, 그 후에도 스코필드를 존경하는 편지를 보냈다. 나는 이 편지들을 2018년 9월에 미국 펄벅재단본부에서 보고 무척 놀라고 감동받았다. 역시 한국을 사랑한 이 두 문인은 서로 통했던 것이다.

작가의 생애

─

　선교사이자 수의학자이며 세균학자인 프랭크 윌리엄 스코필드(Frank William Schofield)는 1889년 3월 15일에 영국 워릭셔 주의 럭비에서 태어났다. 1905년에는 고등학교 과정을 마쳤으나 성적도 나쁘고 집안사정이 여의치 않아 진학하지 못했다. 그는 체셔 주의 한 농장에서 식사를 제공받는 조건으로 고용되었고, 이 무렵에 노동자의 비참한 생활과 그들의 앞날

스코필드 박사와 부인 앨리스 여사

에 관하여 깊은 관심을 갖기 시작하였다. 1907년에는 캐나다로 이민하였고, 토론토대학교 온타리오 수의과대학에 입학했다. 그러나 1910년에 소아마비를 앓아 지팡이를 짚게 되었다. 1911년에는 토론토대학교를 졸업하고, 1913년 9월에 앨리스(Alice)와 결혼했다.

1916년 봄에 세브란스 의학전문학교 교장 에비슨(Oliver R. Avison)으로부터 일제강점기의 한국으로 와 달라는 서신을 받았다. 그해 11월에 아내와 함께 한국으로 왔으며, 세브란스 의학전문학교에서 세균학과 위생학을 강의했다. 1917년 그는 한국에 온 지 1년 만에 '선교사 자격 획득 한국어 시험'에 합격했다. 한국 이름도 만들었는데 바로 '석호필(石虎弼)'이다. 한국의 여러 저명인사와 교제를 넓혔는데 특히 YMCA 총무인 월남 이상재(李商在) 선생과 김정혜(金貞蕙) 여사를 존경하고 여사를 수양어머니이자 사모(師母)로 섬겼다.

경무대에서 이승만 대통령과의 환담(1958)

1919년 3월 1일, 3·1운동 현장을 사진으로 찍고 글로 적어 해외에 알렸다. 4월 15일에는 수원 근처 제암리에 가서 일본군이 주민들을 교회에 몰아넣고 학살하는 현장을 찍고 「제암리/수촌리에서의 잔학 행위에 관한 보고서」를 작성하였다. 5월에는 일본인이 운영하는 영자신문《서울프레스 *Seoul Press*》지에 서대문 형무소에 대한 글을 올리고, 유관순 등이 갇혀 있는 서대문 형무소를 방문하고 고문 여부를 확인한 뒤 하세가와 총독과 미즈노 정무총감에게 일본의 비인도적 만행을 중지하라고 요구하였다.

1920년 3·1운동 견문록인 『끌 수 없는 불꽃 *Unquenchable Fire*』이라는 글을 썼다. 그해 4월에 그는 캐나다로 돌아갔지만, 캐나다에서도 한국인을 열심히 도왔다.

1958년 대한민국 정부는 광복 13주년 기념일 및 정부수립 10주년 경축 식전에 국빈으로 스코필드를 초빙하였다. 그는 서울대학교 수의과대학

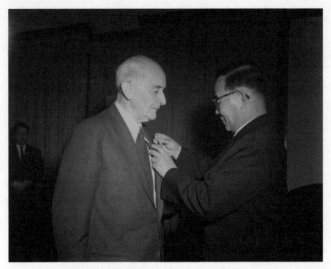
윤보선 대통령에게 문화훈장을 받은 스코필드(1960)

에서 수의병리학 교수를 맡았다. 대한민국의 민주주의에 대한 글을 쓰고 교육의 중요성을 장려하던 그는 1970년 4월 16일 서울의 국립 중앙의료원에서 별세하였으며, 국립서울현충원에 안장되었다. 지금도 매년 기일에는 현충원과 서울대학교에서 기념식이 개최된다.

작품 속으로

스코필드는 1919년 세계적인 아동 잡지를 발간하던 영국의 아서 헨리 미(Arthur Henry Mee, 1875~1943)에게 「*Korea's Fight for Freedom*(자유를 위한 한국의 투쟁)」이라는 동화를 써서 보냈다. 헨리 미는 『*Children's Encyclopedia*(어린이 백과사전)』를 편찬했는데, 그는 이 기획에 한국 편을 넣으려고 했던 것으로 보인다. 아마도 개인적인 친분이 있었기에 이런 일이 이루어졌을 것이다.

우선 이 동화의 첫 부분을 보자.

아동문학가 아서 헨리 미

> 만일 내가 이 잡지를 읽는 나이가 많든 적든 모든 어린 학생들에게 지도에서 코리아를 찾아보라 한다면 과연 그들이 할 수 있을지 궁금하군요. 때때로 어른들까지도 한국을 중국의 한 부분으로 알고 있는 것을 볼 때 유감스럽게 느끼곤 했어요. 여러분은 모두 그런 잘못을 저지르지 않기를 바래요.
>
> 먼저, 여러분에게 한국을 이렇게 소개하고 싶어요. 한국 땅은 하나의 큰 바윗덩어리 또는 비옥한 계곡들을 품고 있는 크고 작은 산들의 총체라고 하겠어요. 한국은 정확하게 만주의 남쪽에 위치하고, 서쪽으로는 중국을 마주 보며 동쪽으로는 무례한 듯이 일본에 등을 돌리고 있어요. 선생님이 반도의 한 예를 들라고 물으시면 한국이라고 답하세요. 한국과 일본 사이에는 동해가 있고 서쪽으로는 보다 고요한 서해가 있지요. 자연이 왜 한국이 일본 쪽으로 등을 돌리고 중국으로 바라보도록 만들었는지는 모르겠지만, 나는 정신적 면에서 오늘날 이 땅의 사람들이 지니고 있는 산과 계곡들이 지형적으로 갖고 있는 태도에 대해 이유를 말해 보고 싶어요.

이렇게 서두를 시작하여 한국의 고대역사부터 간단명료하게 설명하고 이내 일본이 협정을 깨고 황제를 폐위시키고 자유를 강탈했다고 서술한다. 이어서 명성황후 시해 사건까지 이렇게 설명한다.

한국의 왕비는 왕보다 훨씬 강력한 여인이었어요. 그녀는 대한제국 안에서 실세였고 이를 알았던 일본은 그녀가 물러나야 한다고 주장했어요. 이리하여 일본은 어느 날 밤 왕비가 자고 있을 때 침실에서 그녀를 죽일 음모를 꾸몄어요. 그러나 왕비는 이미 이를 두려워하여 밤에는 숙소를 빠져나와 시녀들의 방에서 잤지요. 2천만 국민의 한 나라의 부유한 왕비가 시녀들과 함께 자야 한다는 사실을 상상해 보세요. 그러나 어느 날 일본 모의자들은 그녀가 자는 방을 알아냈고, 그녀는 뒷문을 통해서 재빨리 피신했으나 멀리 가기 전에 궁궐 뒤 언덕에서 잡혀 살해당했어요. 누구보다 잔인한 살인자들은 자신들의 죄를 감추기 위하여 왕비의 시신을 불태우기까지 했어요. 이런 방법을 써서 일본은 반일본적 영향력을 제거했어요. 2천만 한국 백성들에게 그런 범죄가 끼친 영향은 어떤 것이었을까요?

스코필드는 이렇게 호기심을 불러일으키면서 명성황후 시해 사건 이후에 왕이 느꼈던 공포, 내국노, 왕의 죽음, 비통한 국권침탈을 설명하고, 이어서 윌슨 대통령의 민족자결주의 선언에 근거한 한국의 독립선언을 서술한다. 3·1독립선언에 대해서는 자신의 체험을 토대로 자세하게 서술한다. 특히 독립운동에 용감한 소년·소녀들이 참여했다고 말한다.

어느 도시에서 어린 소녀들이 경찰에게 붙잡혀 끌려갔어요. 그들은 태극기를 흔들며 '만세!'를 외쳤기 때문이죠. 경찰서장이 한참 꾸지람을 하고 다시 '만세!'를 외칠 것인가 물었어요. 대답으로 그들은 겉옷을 끌어올리며 배를 가리켰어요. 뱃속에는 태극기가 있었어요! 소녀들과 여자들이 남자들보다 더 용감했어요.

「*Korea's Fight for Freedom*(자유를 위한 한국의 투쟁)」은 마지막으로 이렇게 서술하고 있다.

부디 이 작은 나라의 자유를 향한 위대한 투쟁을 기억해 주세요. 그리고 일본이 자신들의 야만적인 정책의 불의와 죄악을 깨닫도록, 한국인들을 사랑하기를 배우도록, 그 억압을 정의로움으로 바꾸도록 기도해 주세요.

저자는 특히 3·1운동과 제암리, 수촌리 학살사건에 대해 자신이 목격한 대로 매우 사실적으로 서술하였다. 스코필드는 일본의 압력으로 캐나다로 돌아갔다가 해방 후 다시 한국에 돌아와 살면서 때때로 신문 잡지에 한국인을 위한 글을 발표했다.

『기록과 기억을 통해 본 프랭크 스코필드』는 영문판인 *Frank W. Schofield as Remembered in Records and Memory*도 출간되었는데, 이 책의 166~179쪽에는 「*Autobiography*(자서전)」가 영문 그대로 수록되어 있다. 1968년 8월 24일자라고 적힌 이 자료는 문학적 측면에서도 그렇고 내용적으로도 중요하니 반드시 번역되어야 할 것이다. 특히 박정희 대통령에 대한 허심탄회한 고백과 증언은 눈여겨볼 만하다.

오늘날 우리 사회에는 박정희 대통령에 대한 부정론과 긍정론이 팽팽히 맞서고 있다. 펄 벅은 한때 박정희에 대해 부정적으로 생각했지만 긍정적인 면도 생각하게 되었다. 아마도 스코필드의 영향 때문이었던 것으로 보인다. 어쨌든 한국의 역사와 현실을 고민한 두 명사가 문학을 통하여 교제한 사실이 매우 흥미롭다.

43

———

3·1운동 현장을 취재한 미국 기자

나다니엘 페퍼
Nathaniel Peffer, 1890~1964

———

『한국독립운동의 진상 *The Truth about Korea*』(1919)

———

나다니엘 페퍼(Nathaniel Peffer)라는 이름을 아는 한국인은 거의 없을 것이다. 그는 소설가나 시인 같은 문학가가 아니라 저널리스트였고, 여운형과 이광수의 지원을 받아 한국의 3·1독립운동을 취재하러 서울에 와서 한 달간 취재하고 돌아갔다. 그는 앞에서 소개한 스코필드를 만나 자세한 증언과 사진 자료를 제공받아 영문지 언론에 보도하였고, 더 나아가 그것들을 보완하여 *The Truth about Korea*라는 책을 1919년에 상하이에서 출간하였다. 당시 상하이 임시정부는 기관지 《독립신문》을 발행했는데, 춘원 이광수가 이 신문의 사장 겸 발행인이었다. 춘원은 이 책을 후배 김여제(1896~1968)에게 번역을 부탁하여 『한국독립운동의 진상』이라는 책으로 상하이에서 출간하였다.

　나는 이 번역서를 미국의 뉴저지에 사는 육당 최남선의 손자 최학주 박

사의 댁에서 본 적이 있는데, 국내에서는 못 보다가 다행히 국가보훈처에서 1994년에 새 책으로 간행하였다. 페퍼는 한국독립운동사에서 중요한 인물이기 때문에 나는 그에 대해 서울대학교에서 한번 발표하기도 했다. 그는 문학과는 다소 거리가 있는 언론인이요 학자이지만 일제강점기의 처참한 한국의 현실을 사실적으로 묘사했기에 여기에 소개할 만하다.

작가의 생애

나다니엘 페퍼(Nathaniel Peffer)는 1890년 6월 30일 미국 뉴욕의 유대계 가정에서 태어났다. 1911년 시카고대학을 졸업하고 《*New-York Tribune* (뉴욕 트리뷴)》의 중국 주재 기자가 되어 거기에서 25년이나 살았다. 따라서 자연히 중국과 동아시아통이 될 수밖에 없었고, 당시 중국에서 살던 펄 벅과도 알게 되어 후일 펄 벅이 발간하는 《Asia(아시아)》지에 글을 많이 실었다.

미국의 여러 대학들에서 동아시아에 대해 강연하다가 1937년에 뉴욕의 컬럼비아대학교의 정치학 강사가 되었다. 1939년에 같은 대학의 국제관계학 조교수가 되었고, 1943년에 정교수가 되었다. 1946~1947년에는 중국의 대학에서 가르치기도 하였다. 1958년에 정년퇴임하였다. 1964년 4월 12일 74세 때 화이트 플레인즈(White Plains)의 버크센터(Burke Center)에서 사망하였다.

지은 책으로 *The White man's Dilemma—Climax of the Age of Imperialism* (1927), *China-the collapse of a civilization*(1930), *Must we fight in Asia?*(1935), *Japan and the Pacific*(1935), *The Far East: A modern history* (1958) 등이 있다. 특히 맨마지막 책은 근년까지도 서양에서 동아시아학을 공부하는 학생들에게 교과서로 읽히고 있다.

작품 속으로

———

페퍼의 『한국독립운동의 진상 *The Truth about Korea*』은 1919년 상하이에서 여운형과 이광수가 만든 합작품이라 할 만하다. 이광수는 2·8 동경 유학생 독립선언서를 손수 영어로 번역하여 해외에 알리기 위해 몰래 상하이로 갔었다. 거기서 외국 신문을 통해 알리려 하였으나 무척 힘들었다. 그래서 3·1운동만큼은 외국 언론이 직접 취재하여 서양에 알리도록 하기 위해 그곳에서 활동하는 《뉴욕 트리뷴》의 특파원 나다니엘 페퍼 기자를 교섭하였다. 이광수는 이렇게 기록하고 있다.

그래서 우리는《차이나 프레스》에 교섭하여서 페퍼 (Nathaniel Peffer)라는 기자 한 사람을 얻어서 서울로 들여보내었다. 약 3주일 만에 그가 돌아와서, 수원 제 암리 학살사건이며, 기타 많은 기사와 사진을 가지고 와서《차이나 프레스》제1면에 여러 날을 두고 대대적 으로 보도할 수가 있었다. 그는 세브란스병원에 있는 스코필드(Schofield) 박사의 알선으로 이 기사들을 모

The Truth about Korea(1919) 초판본

을 수 있었던 것이다. 스코필드 박사는 그 후 일본 관 헌에게 퇴거명령을 당하였다. (이광수 저/최종고 편, 『나의 일생』, 푸른사상, 2014, 389쪽)

한국독립운동의 진실을 담은 이 책은 한국인들도 읽을 필요가 있어 춘원은 고향후배로서 곁에서 도와 주고 있던 김여제에게 부탁하였다. 김여제는 1918년 평안북도 정주에서 태어났으며 일본 와세다대학교 영 문과를 졸업하였다. 이광수를 따라 상하이 임시정부

『한국독립운동의 진상』(1920)

에서 활동하면서 페퍼의 책을 번역한 후 1920년에 흥사단에 가입하고 미국 유학길에 올랐다. 1929년 컬럼비아대학에서 교육학 박사과정을 밟았다. 1929년 말에 귀국하여 이광수의 주례로 신여성과 결혼하고 베를린대학에 유학 갔다 귀국하여 1931년에 오산학교 교장이 되었다. 1947년 미국으로 건너가 통역관으로 활동하였고, 1959년부터 인하공과대학 교육학 교수로 재직하였다. 1968년 독일 프랑크푸르트의 괴테대학에 체류하는 동안 병사 하였다. 이러한 그의 생애는 그동안 잊혀졌는데, 2003년 미국에 사는 딸 김 향자 박사에 의해 알려지게 되었다. 그는 건국훈장 애족장을 수여받았고,

안창호 기념비 앞에서의 김여제(왼쪽)

대전국립묘지 애국지사묘역에 안장되었다.

1994년에 국가보훈처에서 복간한 『한국독립운동의 진상』은 다음과 같은 경위로 출간되었다. 즉 원본이 러시아의 상트페테르부르크 공립도서관에 소장되었던 것을 1992년 12월 대한민국 국가보훈처 해외사료수집반이 입수하여 복간한 것이다. 원본은 국한문 혼용으로 2단 세로쓰기로 53쪽에 이르는데, 복간본은 순한글 89쪽에 이른다. 순서는 '1. 총론, 2. 한국은 동양의 벨기에, 3. 국사박멸책, 4. 물질상 압박, 5. 정신상 압박, 6. 3월 1일, 7. 소위 총독정치의 개선, 8. 사이토총독의 답변, 9. 한국은 중국의 거울'의 순으로 되어 있다.

맨앞 한 면에는 역자 김여제의 서문 겸 소개글이 실려 있다.

(…) 본서의 원저자 나다니엘 페퍼 씨는 동양에 유일의 세력을 가진 상하이 영문 대륙보(英文 大陸報) 기자이니 씨(氏)는 그 천부의 예민한 관찰력과 공정한 판단을 가지고 작년 가을에 한국에 입국하여 약 1개월간 체재하면서 각 방면으로 실지 사찰을 하고 온 이라 아직도 어두운 안개 속에 싸인 우리의 진정한 충심(衷心)의 요구가 이 글 한 편으로 말미암아 얼마나 많이 세계의 주목을 야기할까 함을 생각할 때 역자는 감회를 이길

한국을 사랑한 세계작가들 2

수 없는 바이다. ─ 대한민국2년(1920년) 3월 김여제

저자 페퍼는 서두에서 이렇게 말한다.

나는 한국에 약 1개월간 머무는 동안 크고 작은 각 도회지와 각 면과 각 동리를 두루 둘러보아 여러 부류의 인물을 친히 대하여 보았다. 위로는 사이토(齊藤) 총독으로부터 아래로는 일반 여염의 촌백성에 이르기까지 나는 만나서 이야기하지 못해본 사람이 없다. 양반계급인 귀족도 보았고, 일개 평민도 보았다. 거상(巨商)과 부자도 보았고, 소상인과 빈민도 보았다. 목사도 보았고, 불교도도 보았고, 남녀학생도 보았다. 당시 옥에서 신음하고 있는 자도 보았다.

나는 될 수 있는 대로 각 방면으로 진상을 관찰하려 하였다. 즉 내가 한국에 간 목적은 순전히 공정한 관찰을 얻고자 함에 있었다. 나는 어떠한 편견을 품고 간 것도 아니고 또 무슨 선입견을 갖고 간 것도 아니었다. 그러므로 이제 다만 내가 친히 목격하고 들으며 또 확신하는 바의 사실을 단지 사실대로 기록코자 한다. 이같이 나는 순전히 객관적 태도를 취하려 하나 그러나 동시에 또한 나 일개인의 감상도 없을 수 없는 것은 물론이다. 왜냐하면 나는 친히 목도한 것이 있기 때문에 따라서 스스로 믿는 바가 없을 수 없기 때문이다. 나는 확신한다. 적어도 공정한 안목을 가진 이는 누구나 다 한국에 한 발자국만 들여놓는 날이면 한국인에게 동정하는 마음을 금치 못하리라는 것을. 또한 누구나 다, 일본의 한국에 대한 통치 방침이 불의하고 무도함을 깨닫지 못할 이가 없으리라는 것을. 일본이 장래에 어떠한 선정(善政)을 시행한다 하더라도 적어도 과거의 실력을 미루어 보건대 일본이 한국을 통치할 능력이 없는 것은 사실이다. (11쪽)

이어서 이렇게 인상적으로 적고 있다.

한일 양국은 옛날부터 견원지간(犬猿之間)이었다. 양국의 역사를 더듬어보면 어떤 때도 서로 친근한 관계로 지낸 적이 없다. 대개 한국은 동양의 벨기에라 칭할 수 있으니 예부터 한국의 국토에는 전쟁이 일어나지 않은 때가 없었으며 한국의 백성들은 어느 때라도 무고한 희생이 안 된 적이 없다. 한국에는 고래로 수백년간을 몽고족, 만주족, 왜족, 또는 부여족이 각축을 계속해왔다. 그러나 우연이라 할지 인위적이라 할지 혹은 운명이라 할지 한국이 그중에서 가장 해독을 많이 입은 것은 왜족을 통해서였다. 저 유명한 풍신수길(豐臣秀吉)의 침입시에 받은 전란의 상처는 3백여년이 지난 오늘에도 오히려 선연하다. (16쪽)

다음 몇 장에는 교육, 여론, 산업 등 분야에서 일본당국이 얼마나 가혹하게 한국인을 압박하고 있는지를 적고 있다. 제6징에는 3월 1일이란 제목으로 독립운동의 실상을 생생하게 적고 있다.

너무 맞아서 피부가 짓물러지기도 한다. 나머지 악형 방법은 너무 흉악하여 차마 기록할 수가 없다. 그러나 이도 한두 번이 아니라 밤낮으로 또는 한 번에 몇 시간씩 계속된다. 그래서 허위든 사실이든 마침내 자백을 하지 않고는 못 배긴다. 그러므로 무슨 일인지도 모르고 그저 "예 예" 하는 자가 허다하다. 평양의 미국 선교사 마우리 씨의 사건도 이렇게 하여 이루어진 것이다. 소위 증거라는 것도 이런 악형의 수단으로 위조해낸 것이다. (59쪽)

7장, 8장에서는 3·1독립운동 이후 새로운 문화통치로 개선하겠다고 말하며 새로 부임한 사이토 총독과 면담을 하고 소감을 이렇게 적었다.

아, 이러니까 한국인은 불만을 나타낼 수밖에 없다. 왜냐하면 그들은 결코 자기들의 신성한 국토가 일본의 한 지방과 같이 간주되기를 조금도 원하지 않는다. 그러나 총독의 설명을 들건대 일본이 비록 사소한 점에서 동화를 부인한다 할지라도 역시 그 본뜻은 여전히 동화를 강요하려 함에 있다. 즉 일본은 장래에 더욱 무력을 사용하려 함이 분명하다. 이는 비단 나뿐 아니라 누구든지 예상한 바이다. 그러나 한국인은 죽어도 동화는 아니 된다 한다. 이것이 어려운 점이다. 아아, 이것이 어려운 점이다. (76쪽)

이 책의 마지막 장의 제목은 '한국은 중국의 거울'인데, 다음과 같은 인상적인 결어로 끝낸다.

법리(法理)상으로 한국독립의 가부라든지 혹은 정치적으로 한국인의 능력의 유무라든지 하는 것은 조금도 문제가 안 된다. 왜냐하면 한국인에게는 도덕상으로 독립할 만한 권리가 있다. 그들이 10년간의 고초와 고통 중에서 얻은 것은 이것이다. 그러므로 한국의 독립은 당연한 것이라 아니 할 수 없다. 또한 일본으로 말하면 그들은 이미 한국의 종주권을 가질 권리가 없다. 저 같은 학정(虐政)과 압박으로는 도저히 다른 국민을 지배할 수는 없는 것이다. 한국인아, 아아! 한국인아, 용진하라! 끝까지 인내하라! (89쪽)

이런 내용의 책이 1919년과 1920년에 상하이에서 영문판과 국문판으로 발간되어 한국인과 외국인이 읽었다는 사실은 매우 고무적이고 뜻있게 보인다. 이런 출판 자체가 독립운동가들의 지혜와 노력으로 이루어졌다는 것이 통쾌하게 여겨질 정도이다. 춘원의 기록을 보면 더욱 비장하다.

나는 여운형(呂運亨)과 함께 페퍼를 칼튼에 청하여서 저녁을 대접하면 서 그가 조선에 가서 애쓴 사례를 하고 또 감상담을 들었는데 그는 우리 에게 비관적인 말을 하였다. "그만했으면 너희 민족이 일본통치에 불복하 고 독립을 원한다는 뜻과, 또 독립을 위하여는 죽기도 두려워 하지 않는 다는 용기도 표시되었으니 더 동포를 선동하여 희생을 내지 말라. 지난 수십년간에 길러내인 지식계급을 다 희생하면 다시 수십년을 지나기 전 에는 그만한 사람을 기를 수 없으니, 앞으로 교육과 산업으로 독립의 실 력을 길러라. 내가 보기에는 현재의 너희 힘으로는 일본을 내쫓고 독립할 힘은 없다고 본다". 페퍼의 이 말은 우리를 슬프게 하고 분개하게도 하였 으나 돌려 생각하면 그는 우리에게 자신의 소견을 솔직히 고백한 것이었 다. 최후의 일인, 최후의 일각까지 나아갈 길밖에 없는 우리라고 우리는 대답하였다. (이광수 저/최종고 편, 앞의 책, 390쪽)

44

한국을 '고상한 민족이 사는 보석 같은 나라'로 부른
펄 사이덴스트리커 벅
Pearl Sydenstricker Buck, 1892~1973

『한국에서 온 두 처녀 *Love and the Morning Calm*』(1951)
『살아 있는 갈대 *The Living Reed*』(1963)
『새해 *The New Year*』(1968)

한국에 대해 가장 심도 깊은 문학작품을
쓴 서양 작가는 펄 사이덴스트리커 벅
(Pearl Sydenstricker Buck, 중국명 사이젠
주賽珍珠, 한국명 최진주崔珍珠)이다. 뿐만
아니라 펄 벅은 한국을 가장 사랑한 작
가이기도 하다. 이런 사실은 얼마 전까지
알려지지 않았는데 2017년 10월 한국펄
벅연구회(Korean Pearl Buck Research
Association)가 창립되어 본격적으로 연
구하면서 비로소 알려지고 있다.

　우리는 『대지 *The Good Earth*』만 생각해서 펄 벅을 중국을 사랑한 작

가운데 선 아이가 펄 벅

가로만 알고 있지만 그녀는 1960년 11월에 처음으로 방한한 이후 여덟 번이나 빙한했고, 도합 1년가량 한국에 살기도 했다. 나는 2018년 9월 펄 벅의 고향 웨스트버지니아에서 열린 국제펄벅심포지움에 참석하여 「*Pearl S. Buck and Korea*」를 발표하고, 마지막 거처인 퍼카시(Perkasie)에서 유품 문서를 조사하면서 펄 벅의 한국 사랑을 더욱 실감하였다. 특히 그녀는 중국과 미국에서 살면서 한국독립운동에 적극 참여하고, 1960년대부터는 한미 혼혈아를 돕기 위한 사업을 전개하기도 했나.

펄 벅은 한국을 강대국 속에서 시달리는 갈대와 같지만 "고상한 민족이 사는 보석 같은 나라이다(Korea is a gem of a country inhabited by a noble people)"고 하였다. 그녀는 1930년대까지 중국에 살면서 한국인 독립운동가들과 접촉하고 그 자녀들을 가르치기도 하였다. 김구, 여운형, 이광수, 엄항섭, 김원봉, 김산(장지락, 1905~1938) 등과 접촉했을 가능성도 있는데, 이는 별도의 연구과제이다. 펄 벅은 1934년 이후 미국에서 살면서 이승만, 유일한, 강용흘 등과 교류하였고, 1950년대부터는 장왕록, 김은국 등과 교류하고, 모윤숙, 김말봉, 박화성, 한무숙, 전숙희 등 여성 문인들과 교류하였다. 한국을 방문해서는 오상순, 김동리 같은 문인들, 정일권 같은 정치인들과도 만났다.

동양화와 서예로 장식되어 있는 펄 벅의 서재

노벨문학상을 받는 펄 벅(1938)

　펄 벅이 1960년 11월 처음 방한하여 윤보선 대통령을 예방하였을 때, 윤 대통령 내외는 『대지』와 같은 소설을 한국을 무대로 써달라고 부탁하면서 영어로 된 한국 관계 서적 몇 권을 선사하였다. 이후 펄 벅은 『살아 있는 갈대 *The Living Reed*』(1963) 등을 세상에 내놓았다. 이런 사실들이 재조명되면서 한국에서 근자에 펄 벅 연구가 새로운 활기를 띠고 있다. 또한 펄 벅이 1년가량 살았던 부천시가 그 명분으로 유네스코 문학창의도시로 동아시아에서 유일하게 지정되어 국제펄벅학술심포지움 등 다양한 행사를 실시하고 있다. 한국인의 정체성을 재발견하면서 세계문학으로 나아가는 통로 역할을 하고 있는 것이다.

작가의 생애

―――

펄 사이덴스트리커 벅(Pearl Sydenstricker Buck)은 1892년 6월 26일 중국에서 활동하던 미국 남장로교 선교사 압살롬 사이덴스트리커(Absalom Andrew Sydenstricker, 1852~1931)와 어머니 캐리(Carie) 사이에서 태어났다. 그녀는 미국의 병원에서 태어났지만 3개월 만에 중국으로 와서 소학교와 충시(崇實)여중에서 공부하며 중국인처럼 성장하였다. 후일 방대한『수호전 水滸傳』을 영어로 번역할 정도였다.

20세가 되자 미국 버지니아 주의 랜돌프 매이컨대학에서 4년간 공부하였다. 어느 날 어머니의 병환 소식을 듣고 다시 중국으로 와서 모교 충시여중에서 교사로 근무하였다. 3년 뒤 1917년에 미국인 농학자인 존 벅(John Lossing Buck)과 결혼하고 벅이라는 성을 얻었다. 그러나 남편은 다정한 남자가 아니었고 선교에만 열중하며 가정에 무책임했다. 더구나 그녀의 딸 캐롤(Carol)은 정신지체아였다. 이러한 고통을 잊기 위해, 당장 입원비가 필요하여 펄은 글을 쓰기 시작했다.

1931년 출판된 소설『대지 The Good Earth』는 작가로서의 명예와 부를 안겨주었다. 이 작품으로 퓰리처상을 받았고, 1937년에 영화화되기도 하였다. 또한 세계 여러 나라에 번역 출판되었고 1938년에 노벨상을 받았다. 그리고 그녀의 작품을 출판한 존 데이 출판사의 사장 월시(Richard J. Walsh)에게 사랑을 느끼고 존 벅과 이혼하고 즉각 재혼했다.

1934년 미국으로 삶의 터전을 옮긴 후 본격적인 집필 활동과 사회 인권운동에 전념하였다. 1941년에는 인종과 민족 간의 편견을 극복하기 위해 동서협회(The East and West Association)를 설립하였고, 1949년에는 특히 전쟁과 가난 속에서 부모를 잃은 아시아의 어린이들을 미국으로 입양시

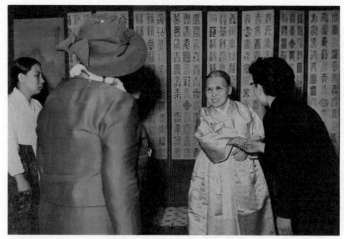

낙선재에서 순정효(윤비)황후를 예방하는 펄 벅(1960)

경무대에서 윤보선 대통령을 예방하는 펄 벅(1960)

한국여성문인들과 펄 벅(1960)

백악관에서 케네디 대통령에게 한국을 변호하는 펄 벅(1962)

한국 고아를 껴안은 만년의 펄 벅

키는 웰컴 하우스(Welcome House)를 창설하였다. 자신도 이 기관을 통해 피부색이 다른 여러 아이들을 입양하였다.

또한 미군 병사들이 아시아 여러 나라에 주둔하여 생긴 혼혈아들을 돕기 위해 1964년 펄 벅 재단(Pearl S. Buck Foundation)을 세웠다. 펄 벅 재단은 한국을 시작으로 현재 세계 11개의 나라에서 운영되고 있으며 본부는 미국 퍼카시에 있는데 현재는 혼혈 아동뿐만 아니라 고아, 지체장애아 등 사회에서 고통받는 소외 아동들을 돕고 있다.

1973년 3월 6일 폐암으로 별세하여 퍼카시(Perkasie)의 그린힐스(Green Hills)에 안장되었다. 지금은 이곳이 펄벅국제본부(Pearl Buck

International)가 되어 있다.

펄 벅은 평생 동안 14개의 명예박사학위를 받았다. 대부분 문학박사이
지만 법학박사와 음악학박사 학위도 포함되어 있다. 세계 10여 개 도시로
부터 명예시민증을 받았는데, 서울과 부산도 포함된다. 1938년에 노벨문
학상을 받았지만 1972년에 대한민국 국회는 노벨평화상 후보로 추천하였
다. 미국에서 가장 사랑받는 여성 제8위로 뽑혔고, 중국의 가장 친한 외국
인 친구 5위로 꼽혔다.

작품 속으로

펄 벅이 한국을 무대로 한 소설을 처음으로 출간
한 것은 1951년 한국전쟁 중이었다. 한국전쟁이 발발
하자 미국에서 한국에 대한 관심이 커져서 이 소설을
쓰지 않았을까 싶다. 1951년에 출간한『한국에서 온
두 처녀』의 원명은『*Love and the Morning Calm* (사랑
과 고요한 아침)』으로, 미국의《*Red Book Magazine*》에
서 1951년 1월호에서 4월호까지 연재된 이 작품을 장
왕록 교수가 서울 수복 후에 중부전선에서 중공군과
치열한 전투를 벌이던 당시에 서울의 일간지《평화일
보》에 번역 연재하고 단행본으로 출간하였다.

Love and the Morning Calm(1951)이 수록된 《*Red Book*》의 표지

20년 전에 한국에 파견된 미국인 선교사 부부 사
이에서 태어나 한국에서 성장하여 17, 18세가 된 두 자
매 데보라와 메리가 한국전쟁이 발발하자 미국의 친

『한국에서 온 두 처녀』
초판본

척에게 보내진 데서 이야기가 시작된다. 두 처녀는 미국인이긴 하지만 서양 풍에 물들지 않은 한국인의 생활철학을 지닌 인물이다. 그녀들이 물질주의 적이며 개인주의적인 미국인 사회에서 갈등을 겪고, 그것을 각기 자기 나름 대로 이겨내는 과정을 담아냈다.

'고요한 아침의 나라(Land of Morning Calm)'에서 온 두 처녀는 순박 하지만 현실적이며 슬기롭다. 그녀들의 사랑의 관념은 미국인과 다르다. 그들은 크리스천이면서도 유교 정신도 몸에 배어 있다. 그녀들에게 훌륭한 사랑이란 "아무런 이익도 기대하지 않고 타인에 대해 느끼는 애정"이다. "한 국은 미국과 어떻게 다른가"라고 묻는 도날드의 질문에 데보라는 "한국에 는 미국에서 볼 수 없는 사랑이 있다"고 대답한다. 그것을 캐묻자 그녀는 "공기와도 같고 햇볕과도 같고 비와도 같은 것"이라고 설명한다. 스웨덴에 서 온 젊은 의사 라르스는 이러한 메리에게 매력을 느끼고 그녀와 결혼하기 로 약속한다. 그녀는 의료기관에서 봉사하기 위하여 한국으로 향하는 그 와 함께 한국으로 돌아가기로 한다. 그녀의 언니 데보라도 도날드와 결혼 하기로 한다.

요약하면, 기독교인이면서도 어느새 한국적 가치관을 익혀 사랑을 서 구적인 것과 차별화시키면서도 결국 결합하여 다시 한국으로 돌아가는 과정을 그리고 있다.

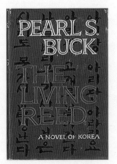

The Living Reed (1963)
초판본

또 다른 소설『살아 있는 갈대 *The Living Reed*』는 한국을 소재로 한 펄 벅의 소설 중 최대의 걸작이다. 이 소설은 1881년부터 1945년에 이르는 구한말과 일 제강점기를 거쳐 대한민국 건국에 이르는 격동기를 살 아간 한 가족의 4대사를 그린 작품이다. 인상적인 것 은 서기 1881년을 예수 이후 1881(1881 after Jesus)

라고 썼을 뿐 아니라 단기 4214(4214 after Tangun)이라 하여 단군시조의 이름을 명기한 것이다.

펄 벅은 유한양행의 설립자 유일한과 친구로 지냈는데, 그를 주인공으로 삼고 성만 안동 김 씨로 바꾸었다. 펄 벅은 유일한과 1930년대부터 교류하고 1965년에 부천 소사의 유한양행 부지를 저렴하게 구입하여 희망원(Opportunity Center)을 설립할 수 있었다. 그런데 우리는 유일한을 모범적 기업인으로만 알지만, 잘 모르는 두 가지 사실이 있다. 첫째는 1940년부터 OSS, 즉 CIA의 전신인 미국 첩보국의 한중독립작전인 독수리작전(Eagle Project)에 펄 벅과 유일한이 고문으로 함께 활동했다는 사실이다. 둘째는 유일한이 1928년에 한국인 최초의 영문 자서전 *When I was a Boy in Korea*(Boston, 1928)를 출간했는데, 그 책을 펄 벅이 읽고 책에 나오는 갈대(대나무) 모티브에 감명을 받고 자신의 소설 제목을 '*The Living Reed*(살아 있는 갈대)'라고 붙였다는 사실이다. 나는 최근에야 유일한의 이 영문자서전을 읽고 그 사실을 알게 되어 무릎을 쳤다.

이렇게 김일한을 주인공으로 삼았는데, 김일한은 여러 인물을 연상케 한다. 그가 명성황후를 업고 피신시키는 장면은 친러파로 알려진 이범진(1851~1911)을 연상시키고, 그가 미국에서 대통령을 알현하는 장면은 유길준(1856~1914)을 연상시킨다. 때로는 윤치호와 이범진, 민영환 그리고 김규식을 연상시키기도 한다. 소설의 인물은 한 인물이 여러 인물의 이미지를 종합할 수도 있는 것이다. 펄 벅이 한국과 관련된 여러 책을 읽으면서 얻은 지식을 바탕으로 이러한 종합적 인물을 탄생시킨 것이다.

주인공 김일한을 중심으로 그의 아버지와 두 아들 연환과 연춘, 손자 사샤와 양(陽)의 이야기를 쓴 이 소설은 한 가족의 4대에 걸친 파란만장한 삶을 통해 한국 근현대사와 문화를 치밀한 고증과 탄탄한 플롯과 탄력 있는 문체로 만들어낸 대작이다.

이 소설은 주인공 김일한이 둘째 아이의 출산 소식을 기다리는 장면부터 시작된다. 왕실의 측근이기도 한 김일한은 중국·일본·러시아가 호시탐탐 한국을 넘보던 격동기의 구한말에 그의 아버지와 함께 조정의 갈등 상황에 개입하게 된다.

이 소설은 한국의 역사적 비극성을 한국인 특유의 열렬하면서도 고상한 사랑으로 극복해가는 과정을 그렸다. 남녀사랑의 관점에서 가장 인상적인 대목은 명성황후(1851~1895)에 대한 김일한의 사랑과 부인의 질투와 사랑을 사실적으로 그리고 있는 점이다. 때로는 명성황후를 펄 벅이 좋아했던 서태후(1835~1908)를 연상시킬 만큼 매력적인 여성상으로 그리고 있다. 명성황후를 질투하는 김일한의 부인 순희는 이렇게 남편을 질타한다.

내 옆에 오지 마세요. 그건 사실이니까요. 당신은 영민한 분이세요. 당신 같은 남자를 사모삽는 네는 굳이 육제가 필요하지 않아요. 그건 제기 잘 알아요. 게다가 난 당신처럼 똑똑하거나 재치가 있거나 영민하지도 못하고 학식은 당신 근처에도 가지 못해요. 당신은 절대로 마마를 갖지 못할 테지만 나는 당신이 소유하고 있으니 날 보잘것없는 인간으로 생각하실 거예요. 아니, 당신은 벌써 그렇게 생각하고 계세요! 그분을 뵙고 그분의 말씀을 듣고 올 때마다 당신은 마치 황홀한 꿈을 꾸다 돌아온 사람처럼 보여요. 그리고 당신은 그분에게 은신처를 구해 드린 사람이고, 그분이 계신 곳을 아는 사람도 당신 하나밖에 없는 지금, 그래요, 말해볼까요? 당신은 꿈을 꾸고 있어요!(장왕록/장영희 역, 141쪽)

홍선대원군 축출사건과 명성황후 시해사건 이후, 한국에 대한 주변 강대국들의 주도권 싸움 끝에 일본에 의한 강제합병이 이루어지자, 김일한은 아내와 함께 고향으로 내려와 두 아들 연춘과 연환에게 학문을 가르치며 지낸다.

성장한 연춘은 독립투쟁을 위해 집을 떠나 지하운동에 가담하고, 학교 교사가 된 연환은 독실한 기독교 신자인 동료 교사와 결혼하고 일제의 탄압에 저항한다. 그러던 중 연환은 3·1운동 때 불타는 교회에 갇힌 아내와 딸을 구하려다 그들과 함께 죽는다. 연환의 자녀 중 유일하게 살아남은 양을 김일한이 키운다.

연춘은 자기에게 모든 여성, 한녀까지도 거절할 수 있는 힘을 준 것은 톨스토이(L. Tolstoy)라고 생각했다. 아무튼 독립운동으로 쫓기며 종말론적 삶을 살아가는 조선 청년의 심리를 펄 벅은 실감나게 그리고 있다. 마치 파스테르나크의 『닥터 지바고』를 연상시키듯 전쟁 중의 사랑과 섹스를 묘사하고 있다.

초봄 어느날 밤, 연춘은 방명객들이 살고 있는 불란서 조계(租界)의 공원을 걷고 있었다. 그때 의열단 청년들이 그곳에서 여자들을 어떻게 만나며 얼마나 대담한 육체적 행위를 나누는지, 그리고 그들의 교제가 얼마나 문란하며 또 얼마나 빨리 잊혀지는지를 목격했다. 연춘도 자극을 받아 자신의 육체 속에서 불길이 타올랐다. 그는 날마다 죽음을 직면해야 하는 저 필사적인 젊은이들이 왜 그 순간적 열정 속에서 위안을 구하는지 이해할 수 있었다. 그의 두 눈은 조선의 독립이라는 목표와 인생에 대한 현명하고 지각 있는 계획을 애타게 찾고 있었다. 그렇다. 이제 또다시 떠나야 할 때가 온 것이다. 봄이 무르익기 전에 그는 상해를 떠나 다시 남쪽으로 내려갔다. (484쪽)

한편 독립운동을 하다 투옥되었던 연춘은 탈옥하여 중국과 만주 일대를 누비며 독립투쟁을 계속하여 '살아 있는 갈대'라는 별명으로 불리는 전설적인 인물이 된다. 연춘은 북경에서 뜻을 같이하는 한녀라는 여성과 함께 지내다가 그녀가 자신의 아이를 가진 것을 알고 남경으로 떠난다. 그 후 한녀는 연춘의 아들 사샤를 낳은 후 병들어 죽고 아이는 고아원에서 자란다. 제2차 세계대전이 일어나자 사샤는 한국으로 돌아오다가 귀국길에 오른 아버지 연춘과 우연히 만나 서울에 있는 할아버지 김일한의 집으로 온다. 귀국한 연춘은 미군의 인천상륙작전 때 일본 경찰에 의해 살해되고, 아들 사샤는 북으로 떠난다. 그리고 의사가 된 연환의 아들 양은 서울의 미국인 병원에 남게 되어 장차 한민족 간에 펼쳐질 이념의 갈등과 민족분단의 비극을 예시하는 것으로 끝을 맺는다.

펄 벅의 또 다른 소설 『새해 *New Year*』는 1968년에 나왔는데, 이때 펄 벅은 한국에 희망원(Opportunity Center)을 세워 이곳에서 원생들과 함께 지내며 틈틈이 글을 썼다. 그러니까 이 책은 펄 벅이 한국을 가장 많이 알고 있을 때 쓴 작품인 것이다.

New Year (1968)
초판본

이 소설은 어느 날 사랑하는 남편과 행복한 생활을 하는 로라의 집에 편지 한 통이 도착하는 것으로 시작된다. '보고 싶은 나의 미국 아버지께'로 시작하는 이 편지는 평온했던 로라의 마음을 뒤집는다. 로라는 모범적인 남편 크리스가 사랑한 한국 여성이 어떻게 생겼는지 직접 확인하고 싶어 한국으로 긴 여행을 떠난다. 쓸쓸한 한국의 잿빛 산들과 지루한 겨울의 혹독한 추위와 전후의 황량함을 묘사하고 있지만, 로라가 결국 찾아낸 김순애는 아름다운 한국 여성이다.

펄 벅은 한국인의 장점은 '노래를 잘하는 민족'이라고 거론한 바 있는데, 여기에서도 순애를 노래하는 멋있는 여성으로 그리고 있다. 로라는 순애와 함께 있는 아들을 보는 순간 남편 크리스와 무척 닮았다고 느낀다. 순애와 여러 대화를 나누고 결국 교육을 위해 순애의 아들 크리스토퍼를 미국으로 데리고 간다. 그렇지만 주지사 선거에 입후보한 남편 크리스에게 숨겨진 아들이 나타난다면 스캔들이 될 수 있기 때문에 멀리 떨어진 곳의 한 학교에 입학시킨다. 거기서도 아들 크리스토퍼가 아버지를 보고 싶다고 편지를 보낸다. 이후 크리스는 주지사 선거에서 당선되고 곧바로 아들을 데리고 와서 연말 파티에 참석한다. 당선 축하에 답하는 연설에서 크리스는 한국전쟁에서 아들 하나를 얻었다고 감동적으로 고백한다. 이어서 아들 크리스토퍼를 소개한다.

"동지들이여, 이 애는 제 아들이자 저희의 아들이올시다. 왜냐하면 저의 아내가 이 모든 일에 저와 함께 있었기 때문입니다. 아내는 한국에 가서 저희 아들 크리스토퍼를 데리고 왔습니다. 이 아이는 아름다운 목소리를 가졌습니다. 그에게 여러분을 위해 노래를 한 곡 부르게 하겠습니다." 그러자 크리스토퍼는 미국 국가를 노래한다. "나의 조국, 아름다운 자유의 나라, 나는 너를 노래한다."

이 작품은 생명에 대한 존중을 가지면 민족적 경계를 뛰어넘는 인류애로 발전시킬 수 있음을 가르쳐준다. 아무튼 이 작품에서 그려진 한국과 한국인은 매우 긍정적이며 우아한 모습이다. 이처럼 한국에 관한 여러 소설을 창작한 펄 벅은 "내가 가장 사랑한 나라는 미국에 이어 한국이다"는 유언을 남겼다.

펄 벅은 이렇게 미국과 한국을 하나로 만들었다. 오해받는 혼혈아들을 위해 이 작품에서 미군과 한국여성의 사랑과 섹스를 이렇게 묘사한다.

얇은 벽 사이에 끼어 있는 그녀의 작은 방에서 몸을 따스하게 할 곳은 이불 속 뿐이었다. 하얀 눈에 뒤덮힌 시베리아 벌판으로부터 차갑고 거센 바람이 북쪽의 치솟은 산봉우리를 거쳐 불어내려와 돌과 흙을 꿰뚫고 살과 뼈에 스며들었다. 당시 그가 가질 수 있었던 유일한 위로는 순애의 몸둥이에 그의 몸을 밀착시키는 것뿐이었다. 그것은 미치지 않기 위해서도 꼭 필요한 위안인 것처럼 생각되었다. (…) 그녀는 그의 요구에 대해 한 번도 거절하는 일이 없었다. 밤이고 낮이고 그들이 단둘이 있을 때는 기꺼이 그의 요구에 응했다. 그녀는 그의 사랑을 즐기고 있었다. 아니 그것은 사랑이 아닐지도 모른다. 아니 그것은 역시 사랑일 것이다. 누가 그 오묘하고도 다양한 여러 모를 가진 사랑에 대해 한두 마디로 간단히 정의를 내릴 수 있겠는가?(254쪽)

한편 당시 1960년대의 상황을 한 미군의 입을 통해 이렇게 묘사한다.

새로운 한일조약의 비준을 반대하는 한국의 학생데모가 거리를 누비고 있던 어느 날 저는 기지(基地)로 돌아가고 있었지요. 학생들은 우리 미국인이 그들에게 그것을 강요하고 있다고 생각했고, 또 그것이 사실이었겠지만 그때 나는 그들의 눈에 띈 유일한 미국인으로 그들에게 붙잡혔습니다. (…) 일본은 반세기 이상을 한국인을 가혹하게 지배했습니다. 그러기 전까지는 그들은 자유민이었죠. 보시다시피 그들은 자존심이 강한 민족입니다. 일본인들은 무슨 일에나 철저한 사람들이죠. 그들은 학교에선 일본어만 쓰게 하는 등 한국문화를 말살하려고 시도했습니다. 한국인은 일본인을 신뢰하지 않습니다. 앞으로도 항상 그럴 것입니다. 그들은 일본인이 다시 한국의 경제적 지배권을 장악한 뒤 전면적인 지배로 들어갈

부천 심곡본동에 있는 펄벅기념관

것으로 생각합니다. 아마 그들의 판단은 옳을지도 모르죠. 여하

간….(343쪽)

45

괴테 전기가이자 이미륵의 친구

리하르트 프리덴탈

Richard Friedenthal, 1896~1979

『*Die Party bei Herrn Tokai*(도카이도 씨 댁에서의 파티)』(1958)

지금으로부터 60여 년 전인 1957년 리하르트 프리덴탈(Richard Friedenthal)이 한국을 방문했다. 그는 친구 슈테판 츠바이크(Stefan Zweig)와 함께 전기작가(biographer)로 유명한데, 그런 그가 한국을 왜 방문했는지를 아는 한국인은 별로 없다.

나는 괴테를 연구하면서 그 많은 괴테전기들 중에서 프리덴탈이 쓴『괴테 *Goethe*』가 가장 권위 있는 전기라는 사실을 알게 되었다. 그리고 2000년 전후 어느 날 베를린의 훔볼트대학 앞에서 한스 바게너(Hans Wagener) 교수가 쓴『*Richard Friedenthal: Biographie des grossen Biographen*(리하르트 프리덴탈: 위대한 전기가의 전기)』(2002)라는 책을 사서 읽고 더욱 흥미를 느끼게 되었다. 무엇보다 그가 유대인으로 영국에 망명해 살았고, 뮌헨에서 한국인 작가 이미륵(Mirok Li, 1899~1950)과 교분이 두터웠다는 사실을 알

고 무척 반갑고 가깝게 느껴졌다. 그리고 그가 1957년에 외국인 작가단과 함께 한국을 방문하여 이승만 대통령을 예방하고 이미륵의 누님도 만났다는 사실을 알게 되었다. 뒤늦게나마 당시의 신문들을 찾아보니 일종의 국민적 센세이션이었다. 그런데 왜 우리는 이러한 사실을 잊고 있는가?

전기작가는 많은 사람을 만나보고 그 인물을 깊이 있게 연구해야 하는데, 유럽과 미국에서는 인물전기가 매우 중요한 문학과 학문의 연구 분야이다. 작가라고 해서 사실을 무시하고 마음대로 써서는 안 되는데, 사실에 충실히 입각할 때 더욱 진솔한 설득력을 가진다. 그리고 좋은 전기작가가 되기 위해서는 폭넓고 깊은 인간 이해가 있어야 한다. 그러기 위해서는 작가도 학자처럼 열심히 연구해야 한다. 그런 의미에서 프리덴탈은 한국에서 진지하게 연구되어야 할 작가이다.

작가의 생애

————

리하르트 프리덴탈(Richard Friedenthal)은 1896년 6월 9일 독일 뮌헨에서 태어났다. 아버지는 의사이면서 인류학자였다. 어려서는 베를린에서 자랐고 제1차 세계대전에 참전하여 부상을 당했다. 전후에 베를린대학, 예나대학, 뮌헨대학에서 문학사와 미술사를 공부했다. 뵈플린(Heinrich Wölfflin), 슈트리히(Fritz Strich), 막스 베버(Max Weber) 등의 스승에게 수학했고, 1922년에 철학박사가 되었다.

1920년대부터 출판사에서 편집인으로 일했고, 1930년부터 베를린의 크나우어(Knaur) 출판사의 사장으로 활동했다. 여기에서 유명한 회화(會話)백과사전을 편집해냈다. 그러나 1933년에 유대인이라는 이유로 저술금지의 처분을 받았다.

1938년에 영국으로 망명하였고, 얼마간 강제수용되기도 했다. 1942년부터 1950년까지 독일어계 펜(PEN)본부 망명작가회의 사무총장으로 활약하였다. 1943년부터 1951년까지 영국 BBC 방송국에서 근무하였다. 또한 1945년부터 1950년까지 스톡홀름에서 간행되는 《신전망 *Neue Rundschau*》지의 편집인으로 활동했다. 그러면서 친구 슈테판 츠바이크의 작품을 편집했고 유작의 사후관리를 맡았다. 1951년에 영국 국적을 취득했지만 1951년부터 1954년까지 다시 독일에서 살았다. 뮌헨에서 한 출판사를 운영하였다. 1957년부터 국제펜클럽 독일본부의 부회장이었고, 1968년부터는 명예회장이 되었다. 1961년에 영독문화교류의 활동을 인정받아 독일공화국 최고공로훈장을 받았다.

1979년 독일 여행 중 10월 19일 키일(Kiel)에서 사망하였다. 유대인이란 운명 때문에 그는 자의반 타의반으로 독일과 영국을 왕복하며 살았던 것이다.

초기에는 심리를 다루는 시와 소설을 발표했다. 1960년대까지 그는 사전편찬과 수필가로 명성을 쌓았다. 그러다 전기작가로 명성을 얻게 되었다. 그가 쓴 전기로 널리 알려진 것은 후스(Jan Hus), 루터(Martin Luther), 디데로(Denis Diderot), 괴테의 전기들이었다. 만년에는 독일계 영국 망명인들의 전기를 썼는데, 그 가운데 칼 마르크스(Karl Marx)의 전기도 있다.

프리덴탈은 루터의 전기도 썼는데, 우리나라에서는 철학자 김형석 교수에 의해 번역되었다. 그를 유명하게 만든 것은 역시 괴테전기(1963)였는데, 많은 독일 작가들이 괴테를 영웅처럼 신성화시키는 것과는 달리 괴테를 키도 작고 병약한 인간으로 그렸다. 이는 영국식 전기 서술방식이기도 해서 독일인들에게 비판을 받기도 했지만, 이 괴테전기는 전 세계에 가장 신뢰받

프리덴탈의 괴테전기
*Goethe - jego życie
i czasy*(1963)

는 책이 되었다. 이 책은 우리나라에서 독문학자 곽복록(1922~2011) 교수에 의해 번역되어 1985년에 출간되었다.

나는 이 책을 쓰는 도중 2019년 6월 20일 독일을 방문하여 마르바흐(Marbach)의 독일문학문서고(Deutsches Literaturarchiv)에 있는 프리덴탈 문서(Friedenthal-Nachlass) 속의 한국관계자료 특히 이미륵과의 관계를 발

프리덴탈 묘지(위)와
필자의 스케치

굴조사하고, 7월 8일 베를린 자유대학에서 〈펄 벅과 한국문화〉 강연을 하고 베를린 니콜라스제(Nicholassee) 묘지에 있는 프리덴탈의 묘를 찾아 꽃다발을 바치고 스케치를 남겼다 (자세한 내용은《국제문예》2019년 가을호에 실린 졸고, 「리카르트 프리덴탈의 한국사랑」을 참조하기 바람).

작품 속으로
———

프리덴탈이 한국을 방문한 것은 1957년 9월이었다. 일본 도쿄에서 열린 국제펜대회에 참석했다가 일주일간 한국 여행을 했던 것이다. 당시 한국은 1954년에 모윤숙이 영국을 방문해 처음으로 국제펜클럽의 존재를 알아 국제펜클럽 한국본부를 조직하고 3년째 되는 해였다. 당시 국제펜클럽 한국본부의 이사장인 정인섭(1905~1983) 교수는 정부와 교섭하여 세계 작가들을 한국에 초청하여 홍보와 관광을 시킨 것이다. 이것은 대한민국 건국 이후 최대의 문화행사였다. 19명의 세계 작가들이 도쿄에서 서울로 날아왔는데, 그중에 프리덴탈도 있었다.

그를 한국으로 향하게 한 것은 무엇보다 재독 한국인 작가 이미륵이었다. 이미륵의 자전적 소설『압록강은 흐른다 *Der Yalu fliesst*』를 읽고, 흰옷

을 입고 사는 신비한 나라 코리아를 동경해 왔던 것이
다. 프리덴탈은 국제펜클럽의 임원인 유명작가이기에
이승만 대통령과도 만났고, 조선호텔에 머물며 이미
특의 누님을 만난다. 흰 한복을 입은 이 한국 여인에게
신비한 아름다움을 느꼈다. 그는 이미특의 죽음을 누
님에게 직접 전해 주었다. 조용히 흐느끼며 받아들이
는 누님의 모습이 무척 인상적이었다고 회고하였다.
그는 독일로 돌아가 출간한 『*Die Party bei Herrn*
Tokaido(도카이도 씨 댁에서의 파티)』(1958)라는 여행기

Die Party bei Herrn
Tokaido (1958) 초판본

에서 두 챕터에 걸쳐 한국에 대해 쓰고 있다. 9월 14일 11시 경무대를 방문
하여 이승만 대통령과 담화를 했는데, 당시 독일은 한국처럼 분단국가였기
때문에 이 대통령의 특별한 관심을 끌었기 때문이었다.

이승만 대통령은 이 자리에서 "펜은 총칼보다 더 강하다"고 역설하고,
참석자 모두와 함께 경무대 정원에 나가서 단체사진을 찍었다. 이때 함께
사진을 찍은 한국인은 최규남 문교부 장관, 정인섭 국제펜클럽 한국지부
회장, 모윤숙 부회장이었다.

방문 작가단은 9월 16일에는 세 그룹으로 나누어 문학강연을 하였다.
프리덴탈은 '독일 생활과 문학'을 강연했는데, 특히 괴테 문학을 인용하면
서 다음과 같이 말하였다. "한국이 오늘날 남북으로 양단되어 있는 것처럼
독일은 동서로 양단되어 있는데 독일은 베를린이라는 운명적 존재를 생각
할 때 한결 심각한 사태에 놓여 있다. 독일이 여기에 이르기까지에는 과거
문학계에서 프랑스와 아랍 및 중국의 영향을 받아 독일의 순수성을 보존
하기 위한 운동이 전개되어 드디어는 괴테와 같은 대작가에 의하여 독특한
문학이 확립되었다. 그러나 근래의 정치적인 공포는 문학에까지 침투하여

프리덴탈이 한국에 전한 이미륵의 붓글씨와 독일에서의 모습

독일 친구들에게 서예를 가르치는 이미륵 박사

연극 운동을 활발하게 만들었는데 야스퍼스(K. Jaspers)나 하이데거(M. Heidegger) 같은 철학자의 세계관에 영향을 받은 독일 문학은 이제 새로운 세계관의 확립을 모색하고 있다." 당시의 일간지 신문들에는 프리덴탈의 인터뷰 기사들이 여러 곳에 실렸다. 그는 이미륵이 독일에서 쓴 붓글씨를 가져와 언론에 공개하기도 하였다.

다행히 프리덴탈 자신이 쓴 여행문집인 『*Die Party bei Herrn Tokaido* (도카이도 씨 댁에서의 파티)』에 상당히 자세한 방한기를 썼기 때문에 우선 이것부터 번역해야 할 것이다. 필자가 이번 방독 중 입수한 그 책의 내용 중 몇 군데만 번역해 본다.

그것은 하나의 모험적 기념적 여행이 되었다. 초청자는 깜짝 놀랄 프로그램을 제시했는데, 우리는 모두 3·8선의 무인지에 있는 판문점에 섰다. 그것은 나라를 반반으로 나누고 있다. 그러나 그것으로 충분히 말해지는 것이 아니다. 우편국도 없고 구두로 전할 길도 없다. 남쪽의 아무도 북쪽의 누가 어떻게 지내는지 알 수 없다. 그것은 냉전이 아니라 전면적 폐쇄이다. 수도 서울은 두 번 침공을 받은 상처가 남아 있다. (…) 우리는 이승만 대통령 관저를 방문했는데, 분단 독일의 공통적 운명에 대해 잠시 담화했다. (…) 우리는 이화여자대학교의 정원에서 한국식으로 식사를 했고, 국립극장에서 문학강연을 했는데 1,500명이 앉고도 복도에 서 있는 사람도 있었다. 그들의 절반은 영어를 알아듣는 것 같았다. 한 젊은 교수가 나를 호텔로 데려다 주었고, 자기 제자들에게 데려갔다. 나는 그들 앞에서 깊이 부끄러움을 느꼈다. 그들은 아직 충분히 배양되지 못하고 굶주려 하고 있었다. (236~237쪽)

한국인들은 일본인보다 무겁고 약간 크며 품이 넓다. 그들은 이웃나라보다 언어적으로 훨씬 자질이 있는데도 덜 세련되어 있다. 놀랍게도 나와 얘기한 많은 한국인들은 뛰어나게 영어(혹은 미국말)를 하고 프랑스어와 독일어를 했다. 국회 외무위원장은 한 파티에서 내 곁에서 나의 장인인 피어칸트(Alfred Vierkandt)를 알고 있어서 독일 사회학과 철학, 니콜라이 하

이미륵의 『압록강은
흐른다 Der Yalu
fliesst』(1946) 초판본

르트만(Nicholai Hartmann), 칼 야스퍼스(Karl Jaspers),
막스 베버(Max Weber)와 알프레드 베버(Alfred Weber)
에 대해 얘기했다. (240쪽)

　　프리덴탈은 특히 이미륵의 누님을 만난 얘기를 자
세히 적고 있다.

　　망명한 한국작가들은 당해국의 언어로 글을 쓰는데,
생경한 나라의 진심으로 놀라울 정도의 감정을 이입하
고 있다. 한 예로 이미륵(Mirok Li)은 조서(早逝) 이전에 자신의 자서전 『압
록강은 흐른다 Der Yalu fliesst』를 출판할 수 있었다. 그 책은 전후에 라인
하르트 피퍼(Reinhard Piper)출판사의 초기 출판의 하나로 나왔다. 서울
에서는 이 아름답고 단순한 독일어로 쓰는 사라진 한국작가를 모르고
있었나. 나의 출판사 친구 클라우스 피퍼(Klaus Piper) 사장이 항공우편
으로 한 권을 보내주었다. (…) 어느 오후 늦게 내 호텔방에 노크소리가
났다. 나는 문을 열었다. 한 나이 든 여성이 흰옷을 입고 서 있는데, 눈같
이 희고 머리는 중간을 갈라 빗었다. 한 빡센 아이를 잡고 있는데 열서너
살 되어 보인다. 둘은 깊이 머리 숙여 절을 한다. 여성이 그 검은 눈으로
나를 뚫어지게 응시해서 나는 거의 놀랄 뻔했다. 그녀는 눈으로 간곡히
말했고, 입술은 닫혀 있었다. 소년은 몇 마디 영어를 말했지만 역시 수줍
어한다. (…) 이미륵은 결혼했던가? 그는 자신을 가리켰다. 나는 조용히
고개를 내저었다. 부인도 없고 자식도 없었다. 그들은 놀라며 걱정어린
안색으로 이 소식을 받아들였다. 가족도 없고 아들도 없고 후손도 없다
는 것은 그들에게 무(無), 소멸, 전적인 몰락을 의미했다. (242쪽)

다음 한 장은 프리덴탈이 주한 독일대사 헤르츠(R. Hertz) 박사와 함께 경주에 가서 불국사와 석굴암을 관찰하고 오는 얘기를 자세히 적고 있다. 불국사여관에 하룻밤을 자면서 석굴암을 자세히 관찰하고 여러 가지 상념을 서술하고 있다. 그는 이 거대한 아름다운 작품이 인도 북부에서 간다라를 거쳐온 과정을 알면서 그리스보다 로마조각의 느낌을 받고, 특히 전혀 한국적이지 않은 나한상들에게서 세례요한상 같은 느낌도 받고, "나에겐 전혀 낯설지 않고 집에 온 것처럼 공통적 경건함의 만신전(萬神殿, Pantheon gemeinsamer Ehrfurcht)에 들어 있는 것같이 느껴졌다"(258쪽)고 적었다.

언젠가는 프리덴탈과 한국에 관한 종합적 정리서가 나와야 할 것이다.

한국의 수난을 겪고 쓴 독일 수도자

암부로시우스 하프너

Ambrosius Hafner, 1897~1966

『*Kim Iki* (김이기)』(1956)

『피흘린 길을 따라서 *Längs der roten Straße*』(1960)

『예산의 고을 원님 *Der Mandarin von Niosan*』(1963)

『*Die Frauen des Reichen Hongs* (홍부자네 아낙네들)』(1966)

『*Flucht aus der Bonzerei* (사찰로부터의 도피)』(1967)

독일에서 유학하던 1978년 여름 뮌헨 근교의 상트 오틸리엔(St. Ottilien)에 있는 베네딕트 수도원에서 며칠 지낸 적이 있다. 그때 그곳이 한국과 깊은 인연이 있는 곳임을 알게 되었지만, 그곳의 수도자였던 암브로시우스 하프너(Ambrosius Hafner) 신부의 한국 체험담을 담은『피흘린 길을 따라서 *Längs der roten Straße*』를 읽은 것은 훨씬 후였다. 그리고 최근 2019년 7월 11일에 한국에는 소장되어 있지 않은 이 책의 원서를 구하기 위하여 다시 상트 오틸리엔을 방문했다. 수도원 안에 있는 에오스(EOS)출판사에도 남은 책이 없는데 빈프리트(Winfried)라는 한 신부가 자신이 소장하던 책을 기꺼이 선사해 주어서 무척 고맙고도 다행이었다.

하프너 신부는 수도자이면서 천부적인 언어 감각과 문학 재능을 가진 분으로 알려져 있다. 독일인이 일반적으로 그렇긴 하지만, 그는 정확한 사실을 이야기로 담아두고 싶어 했다. 이런 장르를 한국에선 논픽션이라 부르지만 독일에선 문자 그대로 '이야기(Erzählung)'라고 부른다. 많은 신부와 수녀들이 러시아와 북한의 공산당에 의해 문자 그대로 피 흘린 발자취의 이야기를 읽으면 비극적 한국 현대사에 대해 많이 배우고 느끼게 된다. 그리고 이것은 귀중한 문학이고 한국사의 사료라고 생각된다.

베버, 에카르트, 하프너 등이 속한 독일 베네딕트 수도회는 북한의 덕원을 거쳐 오늘날에도 경북 왜관 분도회 수도원에서 계속 한국교회사와 문화사에 기여하면서 활동하고 있다.

작가의 생애

———

암브로시우스 하프너(Ambrosius Hafner)는 1897년 4월 6일 독일 라인 암 레히(Rain am Lech)에서 태어났다. 요셉이란 이름으로 세례를 받았고, 그곳에서 초등학교를 다녔다. 선교사가 되고 싶어 슈바일베르크(Schweilberg) 수도원에 들어갔다. 그 후 상트 오틸리엔 수도원, 딜링겐(Dillingen) 수도원으로 옮겼다. 1916년에 입대하여 전선에서 부상을 입고 고향 근처의 요양소에 후송되었다. 회복된 후 고등학교 교육을 마치고 철학을 공부하기 시작했다.

1918년에 상트 오틸리엔 수도원으로 다시 들어가 수도자가 되고 암브로시우스라는 세례명을 갖게 되었다. 1919년 10월 29일 사제서원을 하고 철학 공부를 끝낸 후 1922년 7월 15일 뮌헨의 그레고리아눔(Gregorianum)에서 신부 서품을 받았다. 1923년 6월 3일 상트 오틸리엔 수도원장 노르베르트 베버(Norbert Weber)에게 한국의 선교사로 가라는 임명을 받았다.

한국에 온 하프너는 한국어를 공부하고 서울의 혜화동에 있는 분도회(St. Benedikt) 수도원에서 활동하기 시작했다. 외국인이지만 한국 생활에 잘 적응했고, 점점 한국인처럼 되어갔다.

1927년에 분도회 수도원이 서울에서 원산으로 옮기자 함께 이동하였고, 거기서 다시 만주 동남부의 연길로 가서 선교 활동을 하였다. 용정에서도 선교하면서 한국인의 정신을 깊이 이해하려 하였다.

1945년 8월 9일 러시아가 일본에 선전포고를 하고 만주를 점령하였다. 전화에 휩싸이자 선교활동은 크게 피해를 입었고 어디든 위험해졌다. 1946년 5월 22일 그는 공산주의 정부에 의해 체포되었고 동료들과 함께 연길에 수용되었다. 4년간 연금되어 있다가 1950년 9월 30일 석방되어 톈진

독일 뮌헨 근교의 상트 오틸리엔 베네딕트 수도원

서울에서 덕원에 옮겨 세운 분도회 수도원

과 홍콩을 거쳐 독일 고향으로 돌아갔다.

　　장기간의 고난을 겪고 고국으로 돌아간 그는 1951년 알고이(Allgäu)의 수녀원 사감이 되었고, 1959년 투칭(Tutzing)의 베네딕트수녀회의 지도신부가 되었다. 만년에는 한국에서의 체험 등을 기록하는 일에 몰두했다. 1966년 2월 17일 투칭에서 선종하였다. 섬세한 관찰력과 탁월한 공감 능력을 지닌 작가였던 그는 『*Kim Iki*(김이기)』, 『예산의 고을원님 *Der Mandarin von Niosan*』, 『*Die Frauen des reichen Hong*(홍부자네 아낙네들)』, 『피흘린 길을 따라서 *Längs der roten Straße*』 등의 작품을 남겼다.

작품 속으로

하프너 신부는 한국에 관하여 다섯 권의 책을 썼다.

『*Kim Iki*(김이기)』(1956)는 독일에서 역사가, 문필가로 활동하는 김영자 박사에 의해 번역되어 《교회와 역사》지에 연재되었다. 하지만 아직 단행본으로는 출간되지 않았다.

Kim Iki(1956) 초판본

『*Der Mandarin von Niosan*(예산의 고을원님)』은 조두환 건국대 교수에 의해 번역되어 『어느 독일인 선교사의 한국 천주교 수난기 이야기』(2013)로 출간되었다. 고을 원님은 김광옥(안드레아)을 말하는데, 천주교인으로 겪은 여러 고난을 서술한다. 이 책은 「예산 고을 원님 김광옥 안드레아」, 「평신도 보조원 강완숙 콜롬바」, 「세 친구들」, 「마을의 화재」, 「운수행각(雲水行脚) 중의 계월」 등의 이야기들을 소개하고 있다. 이 책의 에필로그에는 책의 전체 내용이 잘 요약되어 있는데, 여기서 저자는 이렇게 말하고 있다.

Der Mandarin von Niosan(1963) 초판본

캄차카와 한국은 극동에 자리 잡고 있는 양대 반도이다. 한국은 특히 주목할 만하여 남다른 특징을 지닌 고대 문화국가의 전통을 유지하고 있다. 한국의 언어와 문자는 중국어와 일본어와 다르다. 도덕과 풍속에 있

어서도 한국인들은 두 강력한 이웃 국가들과 유사한 점도 있지만 나름대로 뚜렷한 독자성을 지니고 있다.

종교적인 측면에서는 4천 년 훨씬 전에 위만조선을 건국한 영적 인간 단군에 대한 의식이 전 국민의 마음에 생생하게 깃들어 있다. 그와 더불어 위대한 정령 하늘님(하느님)에 대한 의식이 널리 전해져 그에 대한 숭배는 수많은 귀신들이나 자연의 힘과 사물들이 의인화된 존재로 널리 표현되고 있다. 이것은 샤머니즘이라고 하는 무속신앙의 하나인데 한반도의 이주자들은 일찍이 그것을 그들의 원 고향인 시베리아에서 가져온 것으로 알려지고 있다.

기원전에 유교 사상이 중국에서 이 나라로 전해졌다. 그 가르침의 과제는 가족생활과 민중공동체를 정립하는 데 중점을 두고 있다. 그에 따라 철저한 조상숭배와 그를 위한 아주 상세하게 규정된 예식이 도입되었다.

4세기에는 또한 대담한 순회 설법자 몇 사람이 중국에서 이 나라에 들어와 부처의 교리를 전파시켰다. 단사에 이 반도국은 세 왕국으로 분할 통치되고 있었다. 궁중국가인 세 나라는 각기 새로운 교리에 귀를 기울였고, 곧 전 민족의 사상체계에 아주 큰 의미를 지닌 종교로 자리 잡게 되었다. 불교는 기대되는 선과 악의 가치를 가지고 저 세상으로 건너가서 이 세상을 가리킴으로써 유교처럼 원시적인 자연신앙을 광범하게 돌출시켰다. 그와 더불어 수많은 예술, 문화재를 유산으로 남기는 축복도 가져다주었다.

(…)

그런 가운데 그리스도는 18세기 이후부터 전 인류를 포용하고 고귀한 영혼을 완전히 충족시킬 만한 힘과 빛을 지니고 있다는 사실을 증명했다.

오늘날 북한에서는 공산주의자들에 의해 신구의 모든 종교의 활동이 불가능하게 되었다. 남쪽에서도 현대적 특징이라고 말할 수 있는 유물관에 의한 옛 종교들을 심하게 뒤흔들어 놓았고, 그리스도의 복음을 전파하는 사람들로 하여금 커다란 난관에 봉착하게 만들었다. 그럼에도 불구하고 이들의 과업은 우리에게 많은 희망을 안겨주고 있다. 그리스도교만이 유일하게 성장하는 것으로 파악되기 때문이다. 그리스도교인들(가톨릭과 개신교)은 남한의 2천 8백만 인구 중에서 백만 이상에 달하고 있다.

여기에 내놓은 이야기(소설)의 중심인물은 한반도에 살고 있는 사람들이다. 작품은 이들이 사는 시대의 상황에 대해 보고 들은 후세인들의 기억을 올바르게 정립시키는 데 있다. 따라서 그 인물 형상에 대한 묘사는 천주교도이건 아니건 간에 전해 내려오는 대로 사실적으로 충실하게 묘사하는 데 주력하였음을 밝혀두고자 한다.

Flucht aus der
Bonzerei (1967) 초판본

Die Frauen des reichen
Hong (1966) 초판본

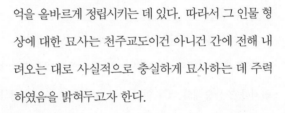

『*Flucht aus der Bonzerei* (사찰로부터의 도피)』(1967)는 아직 번역되지 않았는데, 공산화된 중국 만주지역에서 한 여성 가톨릭 신자가 간신히 피신해 나가는 과정을 소설식으로 쓴 것이다.

『*Die Frauen des reichen Hong* (홍부자네 아낙네들)』(1966)도 아직 번역되지 않았다. 머지않아 이 책을 번역하는 출판사가 나타나기를 바라본다. 이 책의 줄거리는 다음과 같다.

1930년대에 농민 홍진보는 두 아들과 며느리를 거느리고 마을의 유지가 되어 풍족하게 살고 있었다. 어느 날 일본인 관리가 와서 '진사'라는 벼슬을 받으라고 강요한다. 이미 이시아스로 영세를 받은 홍진보는 거절의 편지를 보내고 집과 땅을 팔아 소작인들도 데리고 북녘 땅을 향해 출발했다. 고생 끝에 도착한 곳이 간도였다. 그곳에서 포교 활동을 하고 있는 레온하르트 신부의 주선으로 해란강 부근의 황무지를 헐값으로 중국인한테 샀다. 그 땅에 황새천마을이라는 공동체를 이루고, 동양척식주식회사의 만행을 못 견디어 조국을 버리고 이주한 유랑민들을 정착시키면서 다시 부자이자 유지로 자리를 잡는다.

그러나 개간하려고 해란강 옆의 나무뿌리를 뽑으려다 큰아들 바우로가 강물에 빠지고, 얼마 후 죽고 만다. 홍진보의 가문에 그늘이 들기 시작한다. 바우로에게는 아들이 하나 있었으나 바우로의 동생 야고보에게는 딸 둘만 있었다. 야고보는 후손을 보아야겠다는 구실로 율법을 어기고 어느 날 방 씨라는 첩을 데리고 왔다. 점점 방탕한 생활이 이어지고 일본의 수탈도 심해진다. 일본은 유민들에게 땅을 나눠준다는 명분으로 야고보 땅의 절반을 몰수한다. 야고보는 아들을 낳을 거라고 기대했지만 방 씨는 딸만 낳았다. 야고보는 마 씨라는 새 첩을 얻는다. 그러나 흑두건이란 산적단에게 수확한 농작물을 몽땅 빼앗긴다. 설상가상으로 쉰 살이 넘어 얻은 아들이 수레에 깔려 죽는다. 야고보는 하느님을 저버리고 방탕한 생활을 했던 과거를 회개하고 성당 문으로 들어선다.

『피흘린 길을 따라서 *Längs der roten Straße*』는 고려대학교 독문학과 한봉흠 교수에 의해 번역되어 『세계문학 속의 한국』 전집 제10권에 수록되어 있다. 『홍부자네 아낙네들』의 속편처럼 느껴지지만 이 소설의 무대는 정반대이다. 주인공 테레사 수녀는 러시아-만

Längs der roten Straße (1960) 초판본

주국경의 어느 마을의 성당 부속학교에서 학생들을 가르친다. 어느 날 일본인 장학관이 수업을 참관하고 십자가 대신 아마데라스신(天照大神)을 달든지 수녀복을 벗든지 택일하라 한다. 선교사들은 그녀를 다른 지방의 성당으로 보낸다.

그러나 이곳에도 소련군이 밀어닥친다. 부자들부터 처형하는 공포 분위기를 참을 수 없어 테레사 수녀는 피난민들과 강원도까지 온다. 그녀는 수도회 수녀로서 정착지를 물색하여 본원을 만들기 위해 경기도 인천 근처 소사로 간다. 스위스의 모원(母院)의 후원으로 기와집도 짓고 정착하려는데 6·25전쟁이 터진다. 예고도 없이 부산으로 옮긴 정부를 따라 부산으로 가려고 피난길을 나섰으나 길이 막힌다. 별수 없이 소사(지금의 부천)로 되돌아온다.

하지만 곧 인민위원회의 심사를 받고 많은 사람들이 자기 묘를 파고 총살당했고 소사에 남았던 네 수녀도 총살형을 선고받았다. 다행히 사형이 집행되기 전에 유엔군이 인천에 상륙하여 진격하는 바람에 살아남아 다시 부산으로 피난을 내려간다. 바느질과 뜨개질로 연명하며 피난 수도 부산에 자혜병원을 세운다. 테레사 수녀는 일제강점기와 남북분단 그리고 한국전쟁 등으로 여기저기 피난해야 했는데, 이 처절한 피난 과정을 슬픔의 감정을 전혀 내비치지 않고 있는 그대로 꼼꼼하게 적고 있어 현대사의 귀중한 사료가 될 수 있는 작품이다.

몇 군데를 살펴보기로 하자. 테레사 수녀 일행이 38선을 넘는 경위는 이렇게 묘사된다.

원산에서 남쪽으로 네 시간쯤 가면 야양리가 있다. 그곳은 작은 마을이며 농부와 목수, 그리고 몇몇 어부 사족이 살고 있다. 거기서부터 38선까지는 아직도 약 12시간 정도 걸어가야만 한다. 이 마을은 많은 피난민들이 마지막으로 머무는 곳이다. 그곳에서는 중요한 담판들이 일어났으며 결정적인 협정들이 이루어졌다. 그 마을은 아직도 엄격한 통제에서 벗어나 있었다. 그러나 남쪽으로 그 마을에 가는 길은 경계가 엄중했다. 도중에 군인들한테 검문을 받을 각오를 해야 하며, 불시에 군인들에게 검색을 당할 경우에 대비하여 각자 명백한 답변을 준비하고 있어야만 했다. 무엇보다도 도중에 군인을 만나지 않는 것이 제일 좋은 일이었다. 그렇기 때문에 이 마을에는 보수를 받고 피난민들을 38선 너머로 데려다주는 안내인들이 있었다. 길안내는 새로운 직업이 되었으며 남자들이나 부인들도 그 일을 했다. 야양리에서뿐만 아니라 모든 국경 마을에는 그들이 있어서 수고를 해주었다. 야양리 주민의 반은 가톨릭 교인이었다. 그러므로 북에서 온 세 피난민한테 사람들이 이 마을을 추천해 주었던 것이다. (155쪽)

이렇게 월남한 테레사 수녀는 서울에서 다음과 같은 경험을 한다.

서울 태생의 어린 수녀 후보가 테레사에게 수도원, 고아원, 유치원, 잘 손질된 궁궐을 구경시켜주었다. 테레사는 엥베르 주교, 모방 신부, 샤스탕 신부와 한국인인 김 안드레아 신부의 순교자 무덤 앞에서는 깊이 감동되어 서 있었다. 그들은 지하 성당의 엄숙한 정적 속에 잠들고 있었다. 그들은 버스를 타고 용산구로 가서 1891년에 세워진 한국 최초의 석조성당을 방문했다. 그리고 가장 번화한 거리의 교차로에 있는 거대한 종각을 보러 갔다. 그 종은 예전에는 서울 시민들에게 매일 하루의 마지막을 알려주었던 것이었다. 수녀 후보는 서울이 어떻게 해서 생겼는지도 이야기

해 주었다. (168쪽)

이어서 이성계의 한양천도 등 서울의 역사에 대해 서술한다. 그러고는
이렇게 적었다.

그날은 너무도 새롭고 깊은 인상을 받았기 때문에 테레사는 금방 잠들
지 못했다. 자꾸만 그녀는 왕들과 고관들 그리고 귀부인들과 궁녀들을
생각했다. 그리고 갑자기 그녀 자신을 비교해 보았다. 그녀는 주님, 가
장 높으신 왕의 하녀였던 것이다. 테레사는 몹시 행복을 느꼈다. 그녀는
자기 자신이 이 왕의 정당한 하녀라고 느꼈다. 그녀는 이 왕에게 봉사할
것과 그의 왕국을 넓히는 일을 하려는 큰 동경심을 갖게 되었다. 그녀는
충청도로 갈 길을 고대하고 있었다. (171쪽)

테레사 수녀는 한국전생이 벌어지던 당시의 상황을 이렇게 밝히고 있
다. 당시에 장면 박사와 맥아더 장군 등은 이미 전쟁이 벌어질 것을 예견하
고 있었다.

그 당시 남한에는 미군 부대가 전혀 없었다. 협정대로 그들은 철수하
고 말았다. 가톨릭 신자인 장면 박사가 1949년부터 신생 공화국의 대사
로 워싱턴에 가 있었다. 1950년 봄에 그는 대사 자격으로 대한민국에 대
한 승인을 재촉하기 위해 태평양 연안국의 정부 순방 길에 오르고 있었
다. 그때 그는 이승만 대통령으로부터 그의 부인이 병환이 났으니 귀국하
라는 전보를 받았다. 귀국길에 장 박사는 동경에서 맥아더 장군을 만났
다. 그는 그와 함께 한국 장래에 관한 문제를 의논했다. 잠시 집에 들른

후에 장면 씨는 38선으로 가서 경비 상황을 시찰했다. 그는 북한 괴뢰군이 공격해온다면 대참사를 면할 수 없다는 것을 확신했다. 국방은 완전히 불충분한 상태에 있었다. 장면은 서울의 정부 요로에 우려를 표명했다. 1950년 6월 3일에 그는 미국으로 되돌아갔다. 그리고 그는 곧 덜레스를 만찬에 초대하고 목전에 다가선 그의 한국방문 시에 세 의회 의원들에게 연설하기 전에 38선의 정세를 살피고 그 스스로 가능한 방어에 대한 견해를 피력하도록 간곡히 권했다. 그러고 나서 그는 북으로부터의 침략 시에 미국이 대한민국을 보호할 준비를 갖추었다고 의회에서 확인하도록 간절히 청했다. 덜레스는 이 두 가지를 약속했다. 그리고 약속했던 대로 행동했다. 한국을 떠난 지 3일 후에, 그가 아직 동경에 있을 때 그는 만찬을 앞에 두고 있었지만 북한 괴뢰군이 38선을 넘어서 남쪽으로 진군하고 있다는 소식을 들었다. 그는 곧 맥아더와 정세를 의논했다. 맥아더 장군은 트루먼 대통령에게 보고하고, 그로부터 침략해오는 붉은 군대를 저지하기 위해 미국군을 투입해도 좋다는 허가를 받았다. 6월 28일에 첫 부대가 일본을 떠나 한국으로 향했다. (220쪽)

이 소설은 한국전쟁을 현장감 있게 묘사하기도 했다.

유엔군들이 마을을 통해 진격하고 도시를 점령하며 북으로 진군해 가는 동안에 몸서리치는 무서운 일들이 일어났다. 괴뢰군들은 가톨릭교에 대해 노골적으로 증오를 나타냈다. 수천의 가톨릭 신자와 많은 개신교 신자들이 신앙 때문에 맞아죽거나 총살당했다. 선교사며 신부며 수도원 사람들이 5백 명 이상이나 생명을 잃고 비인간적인 감옥에서 시달리다 죽었다. 결국 빨갱이들은 쫓겨갔다. 대부분이 계곡과 산등성이를 따라 38

선 이북으로 도망쳐 북의 국경으로 흘러가서 만주로 쫓겨났다. 많은 사람들이 고향을 찾아갔다. 그러자 괴뢰군의 남침을 맞아 제 세상인 듯 날뛰던 빨갱이들은 벽지의 농가나 바닷가 어촌에 숨어 신분을 감추고 선량한 민간인으로 행세했다. 따라서 아무도 어디서 무엇을 했는지 알지 못했다. 10월 말에 유엔군은 압록강에 도달했다. 한국군들은 수천 년 전부터 내려온 이 한국의 운명의 강을 환호성으로 맞았다. 그들은 흰 바탕에 태극무늬와 네 개의 괘가 그려진 국기를 꽂았다. 그러고 나서 강기슭에 무릎을 꿇고 천천히 흘러가는 물을 어루만지듯 하며 마셨다. 그리고 병에다 물을 담아 짚차에 싣고 서울로 날라왔다. 그곳에서 그들은 이승만 대통령에게 압록강물을 바쳤다. 이것이 국민들에게 거대한 감격을 불러일으켰다. 이것은 침략당한 4개월 후인 10월 26일의 일이었다. 그 당시 유엔군 사이에는 크리스마스는 집에서라는 말이 유행이었다. 그러나 그것은 너무 이른 표현이었다. 12월 중순 압록강 저편에서 중공군이 모습을 나타냈다. (255~256쪽)

이 소설은 다음과 같이 깊은 여운을 남기며 마감된다.

이러는 동안 공산군과 유앤군과의 싸움은 이 반도의 중간에서 멈추게 되었다. 처음에는 개성에서, 그리고 판문점에서 대표들이 만나 긴 협상 끝에 휴전협정이 조인되었다. 이것이 1953년 7월 27일이었다. 같은 해 여름이었다. 스위스에 있는 모원 함(Ham)에서 원장 헤드비히와 활동적인 마리아 아줌프타 수녀가 도착했다. 3년 전에 연길교구에서 쫓겨난 후에 주님의 수도원에 대한 사랑이 그들을 다시 고향을 통해 이곳 남쪽으로 오게 한 것이다. 문으로 발을 들여놓았을 때 그들은 눈을 믿을 수 없었다. 한 주치의가 그들을 맞았다. 12명의 의사와 27명의 간호원이 일을 하고 있었다. 어느 날인가 7백 명의 환자가 왔다고 했다. (…) 그동안 소사에 있는 집은 수녀들이 떠난 후 얼마 있다 공습으로 붕괴되었다. 기적과도 같이 그 속에 살던 사람들은 다치지 않고 빠져나왔다. (…) 테레사 수녀는 이렇게 얘기를 끝맺었다. "오늘까지 저는 긴 선서식의 여정을 더듬었습니다. 피흘린 길을 따라 기나긴 여행을 한 것 같습니다. 이것은 훈춘에서 시작되어 용정으로, 그리고 다시 팔도구로 갔습니다. 그곳에서 국경을 넘고, 또 38선을 넘어 남쪽 소사까지 흘러왔습니다. 그곳에서도 우리는 머물 수 없어 다시 유랑길을 나서 이곳까지 흘러왔습니다. 하느님의 자혜와 선량한 사람들이 이곳을 우리에게 주셨습니다. 그러므로 하느님의 시녀인 우리는 지금 동포 자매에게 이 자혜를 다시 베풀어야 할 것입니다." 이때 종이 울려퍼졌다. 이중으로 세 번 반복해 치는 휴식시간의 끝남을 알리고 있다. 그러자 수녀들은 새 성당으로 저녁미사를 드리기 위해 총총히 걸어갔다. (266~268쪽)

지금 상트 오틸리엔 수도원에는 1911년부터 세워진 선교박물관(Missionsmuseum)이 있고, 위에서 얘기한 신부 수녀들의 순교 고난사가 한국관에 잘 전시되어 있다. 한국의 국외소재문화재재단의 후원으로 발간한 『*Koreanische Kunstsammlung im Missionsmuseum der Erzabt Sankt Ottilien*(독일 상트 오틸리엔수도원 선교박물관 소장 한국문화재)』(2015)라는 도록(圖錄)이 있는데 약 1천 점의 한국문화재가 소장되어 있다고 기록되어 있다. 이 책에는 4인의 수집가로 노르베르트 베버(1870~1956), 안드레아스 에카르트(1884~1974), 도미니쿠스 엔스호프(Dominicus Enshof, 1868~1939), 보니파시우스 사우어(Bonifacius Sauer, 1877~1950)를 소개하고 있다. 앤

스호프는 1909년 서울에서 분도회 수도원을 세우고 6개월 후 본원으로 돌아와 선교박물관에 82점을 기증하였고, 『베네딕토회의 한국선교 Die Benediktinermission in Korea』라는 책을 내었다. 함흥교구장을 지낸 사우어 주교는 1921년에 한국유물 56점을 기증하였는데, 1950년 북한 공산당원들에게 체포되어 1950년 평양인민감호소에서 순교했다. 또 필자는 이번에 『Schicksal in Korea: Deutsche Missionaren berichten(독일선교사들이 보고하는 한국의 운명)』(1974)이란 책도 입수하였는데, 이런 것들은 모두 앞으로의 연구과제들이다.

47

영친왕과 공저를 집필한 영문학자

레지날드 호레이스 블라이스
Reginald Horace Blyth, 1898~1964

『*A First Book of Korean*(한국어 첫걸음)』(1950)
『*Zen and Zen Classics vol.4 : History of Korean Zen*(한국선의 역사)』(1966)

레지날드 호레이스 블라이스(Reginald Horace Blyth)는 우리에게 '일본을 사랑한 사람', 나아가 '일본광'으로 알려져 있다. 그만큼 그는 일본의 선(禪)과 하이쿠(徘句)에 심취하였다. 그렇지만 그는 한국도 사랑하였다. 일제강점기에 그는 서울에서 10년간 살았고, 경성제국대학에서 영문학 교수로 재직하면서 많은 한국인 제자들을 배출하였다. 그중 한국인 제자 하나를 양자로 삼아 영국 유학까지 보냈다. 내가 아는 경성제국대학 졸업생 중에는 그에 대한 추억과 에피소드를 말하는 사람이 적지 않았다.

블라이스는 거의 모든 서양 오케스트라 악기를 연주하고 심지어 파이프 오르간을 만들 수 있었다. (1940, 한국, 왼쪽 사진) 참선하는 블라이스(오른쪽)

나는 그런 얘기를 후일 듣기만 한 세대이지만, 그를 이 책에 싣는 이유가 있다. 그는 영친왕(영왕) 이은(1897~1970)과 함께 공저로『*A First Book of Korean*(한국어 첫걸음)』(1950)이라는 영어책을 출간하였기 때문이다. 어느 날 이방자 여사의 회고록을 읽다가 이 책의 존재를 알게 되었는데, 만약 이 책을 발견하지 못했다면 그를 단순히 '친일파'라고 여겼을 것이다. 그는 한국에서 10년간이나 살았고, 한국을 사랑했던 지식인이었다. 이런 그를 어떻게 잊을 수 있겠는가?

작가의 생애

———

레지날드 호레이스 블라이스(Reginald Horace Blyth)는 1898년 12월 3일 영국 에식스(Essex)에서 철도공무원의 아들로 태어났다. 고등학교를 마

도쿄의 가쿠슈인대학에서(1962)

치고 1916년 제1차 세계대전에 양심적 병역거부를 하여 수감생활을 하였다. 종전 후 런던대학에 입학하여 영문학을 전공하고 1923년에 졸업하였다.

그는 채식주의자였고, 플루트를 불며 음악을 즐겼다. 1924년에 대학 동창 안나 버코비치(Anna Bercovitch)와 결혼하였다. 부인과 함께 1925년에 한국으로 와서 경성제국대학 영문과 조교수가 되었다. 그 후 10년간 서울에서 살았는데 신사(神社)에 다니며 참선을 배우고 스즈키 다이세쓰(鈴木大拙)의 책을 읽었다. 1933년에 한국 학생을 양자로 삼아 런던대학에 유학 보냈다. 1934년에 부인이 영국으로 돌아가 이혼하고 한국 양자도 그녀에게 맡기고 1936년에 돌아왔다. 아들은 제2차 세계대전이 끝나고 한국으로 돌아와 1947년 북한군에게 체포되었는데, 다시 남한군에게 반역자로 취급받아 사살되었다.

1936년에 일본에서 가지마 도미코라는 일본 여성과 재혼하여 나나와 하루미라는 두 딸을 낳았다. 1940년에 스즈키 다이세쓰의 고향 가나자와

로 옮겨 제4고등학교(후일 가나자와대학)의 영어 교수가 되었다. 1941년 일본이 진주만을 습격하여 제2차 세계대전이 발발하고 영국이 참전을 선언하자 블라이스는 또다시 수감되었다. 그의 개인 장서도 파괴되었다. 고베 형무소에서 『*Zen in English Literature and Oriental Classics* (영문학과 동양 고전에서의 선禪)』의 원고를 썼고, 후일 호놀룰루에서 천문학자 로버트 에이트켄(Robert Aitken)을 만났다.

종전 후 미국과 일본의 평화를 위해 열심히 일했다. 일본 황실을 도와주면서 친구 헤럴드 헨더슨(Harold Gould Henderson)과 함께 맥아더 사령부를 도왔다. 영왕 이은과 미국인을 위한 한글교재를 공저한 것도 이 무렵이었다. 1946년 학습원대학 교수가 되었고, 아키히토 황태자(후일 쇼와 천황)의 개인 교사가 되었다. 1954년에 도쿄대학에서 문학박사 학위를 받았고, 1959년에 공로 훈장을 받았다. 1964년 10월 28일 도쿄에서 사망하여 스즈키 다이세쓰 선사의 곁에 묻혔다.

작품 속으로

블라이스는 하이쿠(5·7·5의 3구 17자로 된 일본의 짧은 시)에 관해 6권의 책을 썼고, 풍류에 관해 2권, 아시아와 영국의 유머에 관해 4권, 선(禪)에 관해 7권의 책을 썼다. 영문학으로는 소로우(Henry D. Thoreau)의 『*A Week on the Concord and Merrimack Rivers* (콩코드 강과 메리맥 강에서의 일주일)』의 해설판을 쓰기도 했다. 선(禪)에 관한 책으로 『*Zen and Zen Classics*

History of Korean Zen (1966) 초판본

A First Book of
Korean(1950) 초판본

대한제국의 초대황제 고종의 일곱째 아들.
영친왕(英親王) 또는 영왕(英王)이라 칭하기도 한다.

vol.4 : History of Korean Zen(한국선의 역사)』도 썼다. 그는 스즈키 다이세
쓰 선사와 처음 만나 "저는 방금 한국에서 돌아왔습니다. 거기서 묘신사의
가야마 료시로부터 선을 배웠습니다"고 하였다. 그리고 두 사람은 이렇게
선문답(禪問答)을 나누었다. "그래요? 선이 뭔가요?", "제가 알기론 그런 건
없습니다.", "선에 대해 좀 아시는군요."

　그런데 우리가 주목할 것은 그가 이은, 즉 영왕 이은과 공저로『*A First
Book of Korean*(한국어 첫걸음)』이라는 책을 출간한 것이다. 영왕 이은
(1897~1970)은 대한제국의 마지막 황태자이다. 1900년에 영왕에 봉해지고
1907년에 황태자가 되었으나, 이토 히로부미에 의하여 강제로 일본에 끌
려가 일본 황족 이방자 여사와 정략결혼을 하였다. 1963년에 귀국하였고,
1970년 세상을 떠났다.

　블라이스가 영왕과 함께 집필한 이 책은 1950년에 도쿄의 호쿠세이도
(北星堂)에서 출간되었는데, 114쪽에 이른다. 저자 소개에서 이은에 대해서

는 아무런 직함도 소개하지 않고, 블라이스는 전직 경성대학 교수(Formerly Professor in Keijo Imperial University, Korea)라고 적혀 있다.

이 책의 초판 서문은 이렇다.

Korean seems to be one of the difficult langauges, at least in pronunciation, but it is an interesting language, with something oddly charming in it, and with very useful and convenient ways of saying necessary things. The Korean people have a great sense of humor, and the language reflects this, and has a liveliness that is somehow investigating. Korean is like Japanese and English, a mixture of native alphabet, Hankul(unmun), (invented 500 years ago by the King Se Chong) or most commonly, in a combination of both. When spoken, Korean has a rather vehement, but at the same time broad this coming from the national character, which is at once passionate and resigned. There are many forms and varieties of the language, and each usage is the correct one. However, we should be very grateful if readers and users of this book would be kind enough to send us corruptions, amplications or suggestions of any sort. We want you to enjoy this book, and help us to make a better one. — Lee Eun, R. H. Blyth

한국어는 어려운 언어 중의 하나이고 적어도 발음에 있어서 그러하다. 그러나 그것은 뭔가 매력이 있고 필요한 사물을 말하는 매우 유용하고 편리한 방법이다. 한국인들은 대단한 유머 감각을 갖고 있고, 언어가 그 것을 나타내고 있고, 어떻게든 추구하는 생동감을 갖고 있다. 한국어는

A First Book of Korean (1950)의 본문. 영친왕의 친필이 실려 있다.

47. 레지날드 호레이스 블라이스

일본어와 영어처럼 자생적 알파벳의 혼합인데, 한글(언문)은 500년 전에 세종대왕에 의해 발명되었다. 한국어는 말할 때 상당히 격정적인데 그것은 열정적이면서 체념적인 국민성에서 나오는 것이다. 언어에는 많은 형태와 다양성이 있는데, 각자의 용법이 정확한 것이다. 그렇지만 이 책의 독자와 사용자들이 어떤 형태의 시정과 권면과 제안을 주시면 대단히 감사하겠다. 여러분이 이 책을 즐기시고 보다 나은 책을 만들도록 도와주시기를 바란다. ― 이은, 블라이스

짧은 글이지만 한국인과 한국어의 특징을 압축해 묘사하고 있다. 한국인은 유머 감각이 대단히 뛰어나기 때문에 언어가 생동감 있다고 적고 있는 점이 인상적이다. 조선 왕조의 황태자와 경성제국대학 영문학 교수가 일본에 살면서 한국어를 가르치려고 책을 함께 저술했다는 사실은 의미심장하다. 마치 알퐁스 도데(Alfons Daudet)의 『마지막 수업』에서 나라는 빼앗겨도 언어를 빼앗기지 않아야 한다는 교훈을 건네는 듯하다. 이방자 여사의 회고에 따르면 이 책이 잘 팔려 여러 판을 찍었다고 하는데, 1960년에 증보판을 내었다. 초판은 114쪽이었는데 재판은 174쪽으로 늘어났다.

『A First Book of Korean (한국어 첫걸음)』은 표지의 한가운데에 한반도를 장정으로 그려 넣고 있다. 뒤에는 접히는 지도를 크게 붙여놓고 있다. 하지만 재판에는 이런 장식이 없어졌다.

이 책에는 이방자 여사가 회고록에서 증언하고 있는 것처럼, 영왕 이은의 친필로 보이는 한글 붓글씨가 수록되어 있다. "나는 과자를 머그오", "나는 미국사람이오"라는 붓글씨가 매우 반듯하고 힘 있어 보인다. 당시 일본에서 한글 활자를 구할 수 없었는지는 모르겠지만 조선의 마지막 황태자가 한글로 쓴 붓글씨를 인쇄했다는 것이 의미 있다고 생각된다. 이 책에 수

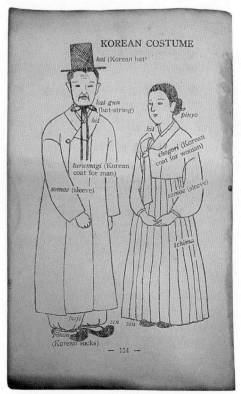

*A First Book of Korean*의 본문에 실린 그림

록된 한복을 입은 남녀 한 쌍을 그린 그림도 친히 그린 것이라 한다. 남자
는 갓을 쓰고 개량 두루마리를 입고, 여자는 치마저고리에 비녀를 꽂고 있
다. 또 'chogori(저고리)'를 'Korean coat for woman(한국 여성용 코트)'이
라 설명하고 있다. 그런데 재판에서는 이 그림이 다소 바뀌었다.

48

문학으로 한국을 사랑한 인도 외교관
쿠마라 파드마나바 시바상카라 메논

K. P. S. Menon, 1898~1982

『메논박사연설집』(1948)

『*Many Worlds*(많은 세계들)』(1965)

인도에는 '메논'이란 이름이 많고 국내외적으로 활동한 메논 씨들도 여럿 있다. 특히 인도 외교관으로 유엔에서 활동하다 국방장관을 지낸 크리슈나 메논(Vengalil Krishna Menon, 1896~1974)은 이 책에서 소개할 메논과 매우 흡사한 경력의 인물이라 흔히 혼동하게 한다. 우리의 주인공 메논은 다행히 자서전을 남겨서 비교적 자세히 알 수 있는데, 쿠마라 파드마나바 시바상카라 메논(Kumara Padmanabha Sivasankara Menon, 1898~1982)이라는 이름이 길어서 인도에서도 일반적으로 K. P. S. 메논(K. P. S. Menon)이라 불린다.

나는 2012년에 인도의 구자라트 법과대학에서 한 학기 가르쳤는데, 이듬해 그를 연구하러 다시 한 번 뉴델리에 가서 며칠간 「메논문서」를 조사하였다. 돌아와 정리하여 낸 책이 『이승만과 메논 그리고 모윤숙』(2012)이다. 나는 대한민국이 크게 메논 덕분에 건국될 수 있었으며, 거기에는 이승만과 모윤숙을 통한 문학 사랑이 큰 역할을 하였음을 발견하였다. 정치와 외교가 막다른 골목에 서 있을 때 문학이 활로를 터주었다. 메논은 모윤숙을 통하여 춘원 이광수를 만났고, 그 자리에서 인도에 와서 한국 문학과 역사를 가르쳐달라고 초청하였다. 춘원은 기꺼이 수락하였는데, 그것을 이루지 못하고 전쟁 중 납

북되었다. 만약 그때 인도로 갈 수 있었다면 춘원도 타고르처럼 노벨상을 받지 않았을까? 아무튼 한국을 사랑한 세계작가 중에서 메논 박사는 외교관으로 문학을 사랑한 지식인으로 인상적인 존재이다.

작가의 생애

———

쿠마라 파드마나바 시바상카라 메논(Kumara Padmanabha Sivasankara Menon)은 1898년 인도의 남부 코타얌(Kottayam)에서 태어났다. 고등학교를 거쳐 마드라스대학교에 입학하였다. 여기서 아누지(Anujee)를 만났는데, 그녀는 국회의장을 지낸 나이르(B. N. Nair)의 딸이자 재색을 겸비한 여성으로 평생 반려자가 되었다. 1918년에 마드라스대학교를 졸업하고 옥스퍼드대학교에 입학하여 문학과 정치학을 공부하였다. 그때 타고르가

유엔한국임시위원단 임시단장인 인도측 대표 메논(K. P. S. Menon, 오른쪽), 사무총장 호세택(胡世澤, 왼쪽)이 주한미군사령관 하지(John R. Hodge, 가운데) 중장과 회담하는 모습.

옥스퍼드대학교를 방문하였는데, 메논은 자서전에 "위대한 시인, 애국자, 철학자로서가 아니라 옥스퍼드 동창으로 환영하였다"라고 적고 있다. 메논은 영국에서 고급문화와 학문을 닦아 평생 그것을 애호하며 살았다.

학업을 마치고 인도로 돌아왔다가 1943년에 중국 총영사로 부임하면서 외교관으로 활동하게 되었다. 그해 9월 17일 부인과 딸을 데리고 충칭(重慶)에 도착하였다. 잠시 인도에 돌아왔다가 다시 1944년 8월 16일 두 번째로 중국에 대사로 부임하였다. 이때는 낙타를 타고 히말라야와 실크로드를 넘어 125일간 탐험 여행을 하였다. 이 여행기를 『*Delhi-Chungking*(델리에서 충칭까지)』(1947)이라는 책으로 출간하였다.

유엔한국임시위원단 단장 메논(K. P. S. Menon) 박사와 사무총장 호세택(胡世澤) 박사
가 임시위원단 첫 회의가 열리는 덕수궁 석조전에 들어서고 있다.

중국에서 메논은 유엔한국임시위원단의 인도 대표로 위촉을 받았다.
장제스 총통에게 작별 인사를 갔는데, 장 총통은 공산주의의 위협이 중국
뿐만 아니라 아시아 전체에 얼마나 심각한지를 설명했다. 1947년 말에 일
본을 방문하여 맥아더 사령관의 저택에 초청받아 점심을 함께하였다. 메논
은 1948년 1월 8일 일본에서 한국으로 건너왔다.

그런데 일본인의 맥아더 사령관에 대한 태도와 한국인의 하지 장군에
대한 태도가 사뭇 다르다는 사실을 발견했다. 일본인은 연합군에 대해 절
대복종했는데, 한국인은 미군정에 대해 끊임없이 항거하고 있었다. 그래서
메논은 자서전에 이렇게 적었다. "하지는 비판의 대상이었다. 하지 골리기

(Hodge-baiting)가 무슨 장난 취미같이 보였다. 이것은 일본인의 맥아더 숭배보다 더 민주주의를 위하여 건강한 징조가 아닐까 생각되었다"고 메논은 자서전에 적었다.

1945년 4월부터 6월 26일까지 샌프란시스코회의(San Francisco Conference)에 인도 대표단 고문(Chief-Adviser)으로 참석하였다. 50개국 대표들이 참석하였고, 여기에서 국제연합(UN)이 탄생한다. 같은 이름의 크리슈나 메논도 참석하여 장장 8시간의 웅변을 하여 유엔 역사상 최장 연설의 기록을 세우기도 하였다.

K. P. S. 메논은 1948년 1월 8일 서울에 도착하여 3월 19일 중국으로 돌아가기까지 10주간 한국에 머물렀다. 그는 한국에 체류하는 동안 그가 원하던 대로 통일국가를 건설하지는 못하였지만 대한민국을 건국하는 데는 결정적인 공헌을 하였다. 그는 간디와 타고르를 숭배하며 "우리 유엔한국위원단은 이 등불을 다시 켜려고 최선을 다하였다. 그러나 냉전의 바람은 우리에게 너무 강하였다"라고 고백하였다.

그는 모윤숙이라는 여성 시인을 만나 인간적으로 한국인을 사랑하게 되었고, 뉴델리에서 발간하는 신문인 《The Statesman》 1950년 8월 15일자에 「Memories of Korea (한국에서의 추억들)」란 글을 전면에 실었다. 여기에는 사진 석 장이 실렸는데, 첫째 사진은 김활란, 모윤숙과 함께 걸어가는 모습, 둘째는 유엔총회에서 한국안을 통과시키는 모습, 셋째는 이승만이 "한국의 진정한 친구 메논 박사에게"(To Dr. Menon, the friend of Korea)라고 사인하여 선사한 이승만의 사진이다.

모윤숙, 메논, 김활란

K. P. S. 메논은 1948년 3월에 인도로 돌아와 외무장관으로 활동하였다. 자연히 수상 네루와 더욱 가까운 사이가 되었다. 4년 동안 장관직을 지내고 메논은 1952년 소련 주재 인도 대사로 갔다. 소련의 변화를 관찰하고 '한 시대의 종말'이라 일컬었는데, 후일 『*The Flying Troika*(나르는 트로이카)』라는 책으로 저술하였다. 1961년 대사직에서 물러날 때 모스크바대학교로부터 역사학 명예박사 학위를 수여받았다. 지금도 인도에서 메논은 '인도와 러시아 친선의 챔피언'으로 알려져 있다.

모든 공직을 마치고 고향으로 돌아와 케랄라대학교의 부총장이 되었다. 이후 저술 활동에 몰두하였다. 『*Russian Panorama*(러시아 파노라마)』(1962), 『*The Flying Troika*(나르는 트로이카)』(1963)를 출간하고, 자서전 『*Many Worlds*(많은 세계들)』(1965)를 저술하였다. 자서전은 1965년에 옥스퍼드 출판사에서 나왔는데, 1979년에 증보하여 제2부에 몇 편의 여행기와 교우록을 실었다.

1979년 5월 1일 메이데이에는 레닌국제평화상(International Lenin Peace Prize)을 받았다. 1981년에 메논은 다시 자서전에 에필로그를 붙여 『*Many Worlds Revisited*(많은 세계들 수정판)』이라 개명하여 출간하였다. 여기에는 독일 통일에 기여한 독일의 정치가 빌리 브란트(Willy Brandt)도 언급했다.

메논은 1982년 11월 22일에 케랄라 주의 오트팔람(Ottapalam)에서 84세로 별세하였다. 그의 아들도 그처럼 중국대사와 외무장관으로 활약하다 타계하였다. 손자 시바상카르 메논(Shivashankar Menon)은 1949년생으로 외무장관과 싱(M. Singh) 총리 외교안보 특별고문을 지냈다. 3대에 걸쳐 외무장관을 지낸 명문가를 필자는 뉴델리 체류시 한국대사관을 통해 면접을 시도하였으나 끝내 도저히 시간이 허락되지 않는다는 통보를 받았다.

작품 속으로

메논이 한국에서 활동하던 모습을 가장 생생하게 담고 있는 자료가 남아 있어 천만다행인데, 그것은 그의 연설들을 영어 원문과 함께 모윤숙 시인이 모아서 외국어대학교 정인섭 교수가 번역한 『메논박사연설집』(문화당, 1948)이다. 현재 국회도서관에 유일하게 한 권 소장되어 있다. 이 책에는 이승만 대통령의 「메논박사의 연설집을 출판함에 즈음하여」라는 서문도 실

『메논박사연설집』
(1948) 초판본

려 있다. 대통령이 남의 책에 서문을 써준 경우는 유일하지 않을까 싶다.

이승만은 메논이 한국의 문화를 세계에 바로 알린 점, 한국인이 자신의 운명을 결정할 권리를 가진다는 점, 가능한 지역 안에서 민족적 독립 정부를 수립할 권리를 가진다는 점을 표명하였다고 칭찬한다.

메논은 한국에서 우리가 익히 아는 인물들과 접촉하였는데, 그는 한국이 남과 북으로 분단되는 것을 염려하며 자서전 『Many Worlds Revisited (많은 세계들 수정판)』에서 이렇게 적었다.

Many Worlds (1965)
초판본

우리가 한국을 방문했을 때 그곳의 정치적 생활은 한마디로 흥분되고 무질서했다. 400개에 가까운 정당들이 있었는데, 정치적 원리에 거의 차별도 없는 것들이었다. 정치적 지도자들 사이에도 어느 날은 동지이다가 다음 날은 경쟁자나

원수가 되어 쓰라린 인격적 모함들이 있었다. 그들은 또한 우에서 좌로 혹은 좌에서 우로 놀라운 경쾌성을 보여주었다.

당시 한국의 세 사람의 정치적 지도자는 이승만, 김구, 김규식이었다. 그들은 모두 70대였고, 각각 조국을 위한 독특한 활동기록을 갖고 있었다. 그렇지만 그들 사이에는 극심한 개인적 반목들이 있었고, 내가 한국에서 떠난 직후 김구의 암살이 있었다. 김구는 청년 시절에 몇 가지 괄목할 만한 일을 하였다. 한국의 마지막 황후를 살해한 일본인 쓰치다 조스케(土田壤亮) 중위를 맨손으로 도살한 사람이다. 1932년 상하이의 한 공원에서 폭탄을 던졌는데 그 결과 일본인 사령관이 목숨을 잃고 일본인 제독이 한 눈을 잃고 일본인 장교가 한쪽 다리를 잃었다. 김규식은 다른 타입이었다. 학자적이고 명상적이며 더없이 박학하여 좌익도 우익도 아니고, 한국의 독립만이 아니라 통일도 가치를 주는 중도파 그룹의 지도자였다.

삼각관계의 가장 유명한 인물은 이승만이었다. 그의 이름은 남한에서 어떤 사람들에 의하여 숭배되고 다른 사람들에 의하여 혐오되었다. 그의 나이, 학력, 사회적 매력, 닐슨 대통령과의 친분, 그리고 한국독립을 위하여 평생의 부단한 승리로 이승만은 네루가 인도의 국민적 지도자인 것 같은 의미로 국민지도자가 될 수 있었다. 네루는 문자 그대로 인도의 정치적 생활의 중심적 위치를 차지하였다. 그렇지만 좌우익대립의 갑작스런 개입에 의해 이승만은 극단적 우익으로 전환되었다. 38선이 불길한 상징이었다. 외모로는 잰틀하면서 신념에선 경직된 이승만은 율리우스 시저(Julius Caesar)가 자신에 대해 말한 것처럼 '북극성처럼 확고한' 인물이었다. 그의 공산주의에 대한 태도뿐만 아니라 미국에 대한 태도도 시저와 같았다. 그는 좌익과 자유주의자, 동반동지와 다른 사람들에게 한 푼(quarter)도 주지 아니하였다. 그들과 상대하기 위하여 그는 남한에서 일종의 경찰국가를 수립하였는데, 그것은 북한에서 김일성이 반공산주의자들에 대하여 취한 것과도 같았다. 남한에는 인신보호가 없었고, 영장 없는 구속을 인정하는 일본법률이 여전히 적용되고 있었다. 많은 점에서 우리는 남한의 정부가 북한의 정부처럼 전체주의적(totalitarian)임을 발견하였다.

우리는 북한이건 남한이건 한국인의 마음에 새겨져 있는 통일에 대한 내면 감각에 호소하였다. 한때는 이것이 심지어 북한에서도 어느 정도 효과를 보는 듯했다. 그래서 북한 정부는 우리 위원단을 악용하여 '미국 달러의 매판자금', '미제국주의자들의 앞잡이로 구성된 괴뢰들로 조선을 미국 식민지로 전락시킨다', '조선 같은 세계 약소국을 사기로 팔아먹으려 한다' 등의 표어를 사용하였다. 어떤 남한 지도자들도 다른 이유에서 우리를 악용하려고 하였다. 이 사실은 한국이 우리의 힘으로 통제할 수 있는 이상의 세력이 작용하고 있다는 것을 말해 주고 있었다. 이러한 사태들, 변이, 이데올로기적 충돌 속에서 한국의 한쪽 덩어리는 좌로 다른 덩어리는 우로 질주하고 있었다. 우리는 나눠진 이 연약한 통나무가 다시 한 번 옛날처럼 우아하게 항해할 수 있는 어떤 중간코스를 찾아보려고 노력하였다. 그러나 우리는 실패하였다.

위원단의 사무총장 호 박사를 데리고 나는 뉴욕으로 날아가 유엔총회의 소위원회에서 보고서를 제출하였다. 우리 위원단은 한결같이 남한에 수립된 분리정부는 하나의 국민정부(a National Government)라고 불릴 수 없다고 생각하고 있었다. 그래서 한 국민정부를 수립하기 위하여 남한에서만 선거를 치른다는 것은 무용한 짓이었다. 그렇지만 협의적 목적을 위한 선거는 어느 정도 좋을 수도 있었다. 나는 강대국들의 세력에 다음과 같은 말로 호소하였다.

만일 한국 문제가 국지화(localize)되는 하나의 기준의 빛 속에서 해결될 수 있다면, 즉 한국민 전체의 선을 위하여 해결될 수 있다면, 유엔은 삼천만 한국민에게서 영원한 교훈을 얻을 수 있을 것입니다. 은자의 민족 한국인은 자신의 아무 잘못 없이 국제 세력의 놀이터로 떨어지고 만 것입니다. 강대국들은 해결책을 스스로 갖고 있으며 세계의 이목, 특히 세계 인구의 절반 이상을 갖고 있는 아시아국가들과 위원단의 회원국의 눈앞에서 자신을 가지고 이 에피소드에서 벗어날 수 있을 것입니다. 그러한 세 국가들이 독립을 얻은 것은 최근의 일입니다. 인도는 마지막이었으며, 인도인으로서 유엔위원단 의장으로서 나의 열렬한 희망은 되도록 빨리 또 하나의 주권적 아시아공화국 한국이 출현할 수 있도록 이 위원회가 하나의 해결을 제시할 수 있기를 바라는 것입니다.

나는 이러한 호소에 하나의 경고를 덧붙였다. 만일 한국의 통일이 회복되지 않고, 한국에 두 주권국가가 존재하게 된다면 두 정부는 충돌하여 예측할 수 없는 결과로 치닫게 될 것이다. 나는 유엔에 경고하기를, "한국은 날아갈지도 모른다(Korea may blow up). 그리고 그것은 아시아 세계에 대한 거대한 촉매의 시작이 될 것이다."고 하였다. 2년 후에 이 예언은 거의 현실로 나타났다.

(…)

내가 마하트마 간디의 부음을 들어야 했던 것은 한국에서였다. 나는 한국의 친구들이 이 가누기 힘든 시간의 번민을 나누어 주었고, 여러 가지 방법으로 우리의 손실이 자신들의 것이기도 하다는 것을 보여준 동정을 결코 잊지 않을 것이다. 한국에서 존경과 감탄으로 기억된 다른 인도인의 이름은 라빈드라나트 타고르였다. 많은 사람들이 마음으로 알고 나에게 반복하여 타고르가 극동을 방문하였을 때 한국에 준 메시지를 언급하였다.

　일찍이 아시아의 황금기에
　빛나던 등촉의 하나인 조선
　그 등불 다시 한 번 켜지는 날에
　너는 동방의 죽지 않는 빛이 되리라!
　In the palmy days of Asia's greatness
　Korea was a lamp which sent forth
　its illumination over the entire East.
　May that lamp shine again with an undying light!

　우리 유엔한국위원단은 이 등불을 다시 켜려고 최선을 다하였다. 그러나 냉전의 바람은 우리에게 너무 강하였다. (250~260쪽)

　메논은 "한국은 날아갈지도 모른다(Korea may blow up)"고 예언했는데, 2년 후 한국전쟁이 벌어졌다. 그는 자서전 『*Many Worlds Revisited*(많은 세계들 수정판)』에서 한국전쟁에 대하여 이렇게 적었다.

　초장에는 북한군이 곧장 남한을 휩쓸었고, 한국 전체가 그 아래 떨어질 것같이 보였다. 그러고 나서 맥아더의 눈부신 인천 상륙이 있었는데, 그 결과로 남한은 침략자들의 손에서 벗어났다. 군사적 행동에 제동을 걸고 해결을 시도해볼 적절한 순간이었고, 인도는 이것이 행해져야 한다고 주장했다. 그러나 승리에 취한 맥아더는 단지 침략자를 남한에서 퇴치하라는 유엔의 위임을 초과하여 38선을 넘어서 북한으로 진격하겠다고 위협하였다. 이때 중국이 만일 이런 일이 벌어진다면 개입할 수밖에 다른 대안이 없다는 것을 분명히 하였다. 하루는 주은래(周恩來)가 북경주재 우리 대사 파니카(Panikkar)를 자정에 깨워 이 결정을 엄숙히 말하였다. 중국과 서방을 연결하는 유일한 효과적 고리인 인도는 이 경고를 영국과 미국에게 매우 심각히 전달하였다. 그러나 서방 세력, 특히 미국은 들을 기분이 아니었다. 그들은 중국이 으름장을 놓고 있다고 생각했다. 중국이 유엔과 미국에 의해 주도되는 15개국에 보증하는 어리석은 행동을 한다면 누가 한국에서 싸울 것인가? 그리하여 맥아더는 북한에게 항복을 받으려는 계획으로 진군하였다. 처음에는 잘나갔다. 그의 군대는 한국과 중국 사이의 압록강에 도착하였다. "얘들아, 크리스마스까지 집에 가자"(Home by Christmas, boys!)라고 맥아더는 승리하는 군대를 격려하였다. 이어서 중국의 공격이 시작되어 맥아더의 군대를 38선 이남까지 격퇴하고 많은 사상자를 내었다. 미국에는 분개의 소리가 나왔고, 미국은 원자탄을 쏠지도 모른다는 공포가 일어났다. 이때 영국제국 수상 회의가 준비 중이었고, 캐나다에 의회 지원을 받아 인도는 중국의 동의를 받는 어떤 조처를 취하겠다고 촉구하였다. 그러나 미국은 유엔으로 하여금 중국을 침략자로 낙인찍는 데에 신경을 쓰고 적대감을 종식시키려 하지 않았다. 이러는 동안에 전쟁은 또 2년에 걸쳐 진행되는 결과가 되었고 극동에서의 긴장을 완화시키는 가능한 기회는 상실되었다. (269쪽)

메논은 중국통이었기 때문에 중공군이 한국전에 개입할 것이라는 정보를 미리 알고 있었다. 그러나 남북한의 어느 쪽에도 군사지원을 하지 않고 휴전과 포로 문제에 주도적으로 참여하려는 네루 정책의 입안자가 되었다. 그는 한국전쟁 중인 1952년에 소련 대사로 부임하였다.

한편 메논은 자서전 『*Many Worlds Revisited*(많은 세계들 수정판)』에 모윤숙을 언급하기도 했다.

한국인들은 매우 친절한 사람들이었고 우리는 그들 가운데 많은 친구들을 사귈 수 있었다. 그중 가장 친애한 사람은 마리온 모(Marion Moh, 모윤숙)이라는 한국의 지도적 여류시인이었다. 나는 그녀와 많은 즐거운 시간을 가졌는데 정치 얘기는 하지 않았다. 왜냐하면 정치에 관하여는 그녀와 내가 다르다는 것을 동의했고, 대신 해와 달과 별, 사랑과 슬픔과 기쁨 등 일상적 사항들에 관하여 담론했다. 하루는 한 의례적 회의에서 끊임없는 연설들에 지쳐서 호세택(Victor Hoo) 박사와 나는 아무한테도 말하지 않고 슬쩍 빠져나와 모윤숙의 집으로 가서 그날 저녁을 그녀와 임경재(Catherin Yim)와 함께 보내고 있었다. 자정이 될 무렵 모윤숙의 대문을 요란스레 두드리는 소리가 났다. 그녀는 웬일인가 하고 내려갔다. 거기에는 나의 비서 나이르(K. G. Nair)가 평소에는 그렇게 침착한 사람이 화가 난 표정으로 몇 사람의 경찰과 우리를 두 시간 동안 찾았노라고 서 있다. 공산당원들이 날뛰는 판이라 경찰들은 유엔위원단의 의장과 사무총장이 납치된 것이라 생각했다는 것이다.

모윤숙은 시인일 뿐만 아니라 애국자였다. 그녀의 태도는 상당히 단순했다. 그녀에게는 남한이 한국이었고, 북한은 아데나워(K. Adenauer)에게 동독처럼 하나의 저주(abbration)일 뿐이었다. 그녀의 눈에는 남한에 주권공화국을 세우려 투표하는 것은 나라 전체의 독립을 위해 투표하는 것이고, 그것을 반대하는 것은 나라에 대한 배반이었다. 모윤숙은 모든 희망을 나에게 걸고, 심지어 나를 '한국의 구세주(Saviour of Korea)'라고 부르는 몇 개의 시도 읊어주었다. 이러한 상황 속에서 만일 나의 나라가 유엔 결의를 거부한다면 그녀는 심장이 터질 것이다. 그리고 나는 한국으로 돌아올 때 그녀의 얼굴을 볼 수 없었을 것이다. 그래서 나는 일들이 되어가는 대로 내버려 두었다(So I let things take their course).

이것은 어쩌면 나의 공직 가운데 나의 심장이 나의 두뇌를 지배하게 한 유일한 경우였다. (This was perhaps the only occasion in my service when I allowed my heart to prevail over my head.) 나는 나의 행위-혹은 비행위-가 나쁜 결과를 가져오지 않았다는 생각으로 스스로 위로한다. 인도는 재빨리 자신을 챙겨, 미국 안에 동의 투표를 했음에도 불구하고, 대한민국을 북쪽의 인민공화국보다 더 승인해주기를 거부하였다. 왜냐하면 인도는 한국의 부자연스런 분단을 영구고착화시킬 어떤 일도 하고 싶지 않았기 때문이다. 인도는 미소 양 진영 사이에 연결고리(link)의 역할을 하는 데에 지체하지 않았다. 한국에서의 3년간의 전쟁이 끝나고 1953년 중반에 평화가 확보된 것은 대부분 인도의 노력에 의해서였다. 나는 그러므로 후회하지 않을 것이다.

한순간에 행복을 걱정하면서도 행하라.

신중의 나이는 결코 되돌아오지 않는다. (258쪽)

이처럼 한국의 평화를 위해 애쓴 메논은 인도로 귀국한 후에도 모윤숙과 편지를 교환했는데, 두 사람은 1972년에 뉴델리에서 마지막으로 만났다. 대한민국의 건국사에는 이렇게 문학이 점철되고 있었다.

조선왕조의 마지막 며느리

이방자

李方子, 1901~1989

『지나온 세월』(1967)

『 *The World is One* (세계는 하나)』(1973)

『세월이여 왕조여』(1985)

이방자(마사코) 여사를 '한국을 사랑한 세계삭가'라 하기엔 무리가 있을지도 모른다. 그녀는 일본인으로 태어났기 때문이다. 하지만 조선 황실의 마지막 세자빈이 된 한국인이다. 게다가『지나온 세월』, 『 *The World is One* (세계는 하나)』, 『세월이여 왕조여』라는 책을 3권이나 남겼다. 회고록이라고 할지 이야기라 할지 증언록이라 할지 해석은 자유이고, 어쨌든 이런 책들을 남긴 이상 '작가'가 아닐 수 없다. 나는 이 책들을 읽고 인간 이방자 여사와 한일관계에 대하여, 나아가 세계 속에서의 한국과 일본의 위상과 과제에 대하여 많은 것을 생각하였다.

영왕과 이방자 여사(1923)

작가의 생애

———

이방자 여사는 1901년 11월 4일 일본 메이지(明治) 천황의 조카인 나시모토노미야 모리마사(梨本宮守正) 친왕(親王)의 딸로 태어나 히로히토(裕仁) 왕세자의 비로 내정되어 있었다. 이후 학습원(學習院)에 입학해 왕비수업을 받던 중 1916년 일본에 볼모로 잡혀와 일본 육군사관학교 학생이 된 영왕과 정략적 약혼을 하고, 1920년 황태자비가 되었다. 1921년 아들 진(晋)을 낳고, 1922년 한국에 처음 왔을 때 진을 잃는 슬픔을 겪었다. 1931년 다시 아들 구(玖)를 얻었으나, 1945년 광복으로 일본 왕족에서 제외되어 거처와 재산을 몰수당했다. 1963년 한국 국적을 취득하고 의식을 잃을 정도로 건강이 악화된 영왕(英王)과 함께 한국으로 왔다(이방자 여사는 영친왕을 영왕이라 불렀다).

1963~1982년 신체장애자 재활협회 부회장을 지냈으며, 1966년 자행회(慈行會)를 설립해 지적장애인을 위한 복지사업에 힘썼다. 1967~1986년

사회복지법인 명휘원(明暉園)의 이
사장 및 총재, 1971년 영왕기념사
업회 이사장, 1975년 수원시 자혜
학교(慈惠學校) 이사장, 1982년 광
명시 명혜학교(明惠學校) 이사장 등
을 역임하면서 영왕의 유지를 받들
어 지적장애인과 지체장애인의 생계
유지를 위한 기술교육 등 육영사업
에 정성을 쏟았다. '내 조국도, 내
묻힐 곳도 한국'이라는 신념으로 봉사했다. 또한 서화에도 조예가 깊었다.

1989년 4월 30일 창덕궁 낙선재에서 지병으로 비운의 88세의 일생을
마치고, 5월 8일 경기도 남양주시 홍유릉의 영왕 묘소에 합장되었다. 서울
특별시문화상, 적십자박애장 금장, 5·16 민족상, 국민훈장 모란장, 소파
상 등을 받았다.

박정희 국가재건최고회의 의장 예방(1961)

작품 속으로

이방자 여사는『지나온 세월』,『세월이여 왕조여』그리고 영어로 쓴『*The World is One*(세계는 하나)』이라는 책을 남겼다.

『세월이여 왕조여』(1985)는 경향신문사 문화부장이며 소설가인 강용자가 이방자 여사의 구술을 받아쓴 책이다. 이 책은 훗날 여성언론인 김정희에 의해『나는 대한제국 마지막 황태자비 이 마사코입니다』(2013)라는 책명으로 재출간되었다. 총 7장으로 '1. 낙선재 조약돌, 2. 깊은 오월, 3. 하얀 예감, 4. 인도양 검은 파도, 5. 도쿄 안의 종묘, 6. 경계인의 선택, 7. 오, 남산'의 순으로 되어 있고, 이방자 여사의 구술을 생생히 살려낸 상당히 문학적인 책이다. 이 책을 몇 군데 인용해 본다.

『지나온 세월』(1967)
초판본

『세월이여 왕조여』
(1985) 초판본

이은 전하를 더 잘 이해하기 위해 나는 한국어와 풍습 및 궁중의례를 어느 때보다 더욱 열심히 배웠다. 결혼 날짜가 가까워질 무렵에는 이미 한국어로 편지를 쓸 수 있게 되었다. 한국어는 글씨는 쓰기가 어려운 편이었지만 영어나 프랑스어보다는 배우기가 훨씬 쉬웠다. 한국어를 배우면서 나는 일본이 한국과 너무나 가깝다는 것을 피부로 느낄 수 있었다. 한국과 일본의 궁중의례가 약간씩은 다르지만 비슷한 것이 너무나 많았

The World is One(1973) 초판본

다. 가만히 비교해보면 한국의 의례가 일본으로 건너와서 약간씩 변모된 것 같았다. (60쪽)

어느 날 나는 파란색 동그라미 무늬가 있는 한복을 입고 전하를 기다렸다. 전하가 집으로 돌아와 내 모습을 보더니 눈을 크게 뜨고 "한복이 아주 잘 어울리는데요" 했다. 워낙 말이 없는 분이라 그뿐이었지만 무척 기뻐하시는 표정이었다. 나는 정말 행복했다. 앞으로 자주 한복을 입으리라 결심했다. 그러나 나는 전하의 기뻐하시는 표정 속에서 언뜻 돌아가신 어머님을 생각하고 있는 그림자를 느낄 수 있었다. 전하가 어머님인 엄비 님을 얼마나 그리워하고 있는지 나는 알고 있었다. (72쪽)

이방자 여사는 영왕과 함께 1927년 6월 유럽과 미국 등을 여행했는데, 당시의 경험을 문학적 감수성을 곁들여 회상했다.

바다란 참 위대한 것 같다. 신이 만들어놓은 자연은 모두 신비하지만 바다만큼 신비한 것은 없는 것 같다. 아무리 가도 끝이 없는 듯했고 1만 톤급 배였으나 그 망망한 대해에서 우리의 배는 한낱 가랑잎 같았다. 그 속에 타고 있는 우리 인간은 얼마나 작은 존재인가. 자연 앞에 우리는 무력하고 티끌같이 작을 뿐이었다. 바다는 인간의 마음을 너그럽고 광활하게 만들어 주는 힘을 지녔다. 전하와 나는 수시로 갑판에 나가 조용히 바다를 지켜보곤 했다. 초록색이다 못해 검정색으로 보이는 깊은 바다, 멀고 먼 수평선, 어디선지 모르게 불어오는 시원한 바람, 그 바람을 따라 작게 희롱하는 파도를 보면 마음속에 엉킨 슬픔과 울분이 가라앉는 것 같았다. (…) 우리는 7월 4일 마르세이유항에 닻을 내림으로써 41일간의 긴

배 여행을 일단 끝냈다. 이날은 마침 미국의 독립기념일이라 미국 영사관 앞에는 성조기가 나부끼고 흥겨운 축제가 벌어지고 있었다. 전하는 그 쪽을 한참 바라보다가 "독립은 저렇게 좋은 것이오"하고 우울하게 말했다. 나는 "낙심 마세요. 조선도 그런 날이 올 거예요"하고 속삭였다. 시노다 치관을 비롯한 수행원들이 들어서는 안 될 말인 것이다. 프랑스에 도착

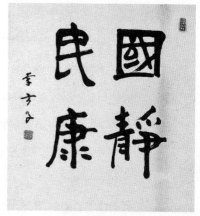

國靜民康(국정민강)
'나라가 조용하면 국민이 건강하다'는 이방자 여사의 붓글씨

해서부터 우리의 공식 명칭은 이 백작과 백작 부인으로 불리어졌다. 왕이란 것이 밝혀지면 어느 나라 왕이냐 하는 말이 나올 것이고 그렇게 되면 일이 복잡해질 것이기 때문에 일본 정부에서 그렇게 정한 것이다. 전하는 "완전한 사적인 여행이니까!"하고 별 신경을 안 쓰는 듯했지만 그것을 받아들여야 하는 고충을 감추는 데는 퍽 인내하는 것 같았다. (183~186쪽)

한편 이 책은 해방 이후에도 조선의 왕족들이 각박하게 살았던 모습을 이야기하고, 영왕이 블라이스와 공저로 『A First Book of Korean (한국어 첫걸음)』을 펴내게 된 경위에 대해서도 밝히고 있다.

1·4후퇴 때도 정부에서 아무런 대책도 마련해주지 않아 어쩔 줄 몰라 하는데 미군들이 와서 구포까지 실어다 주어 구포, 동래에서 절과 민가로 전전하며 지내셨다 하니 40여 년을 궁궐에서 한 발짝도 나가본 적이 없는 노대비가 받은 고초가 얼마나 컸을까 하여 가슴 아팠다. 전쟁이 끝

나도 이승만 박사가 낙선재는 정부의 집이니 들어갈 수 없다고 하여 윤대비는 정릉 산속의 만가에서 살게 되었다는 소식을 듣고 전하와 나는 가슴이 터질 것같이 안타까워 눈물을 흘렸다. (…) 6·25가 나자 전하는 한국에 와 있는 유엔군을 위한 『한국어 입문 *A First Book of Korean*』이라는 알기 쉬운 한국어 교본을 만들었다. 도쿄 학습원 교수인 R. H. 블라이스(Blythe) 씨와 공저로 처음으로 한국에 온 외국인들에게 한국을 가르치기 위한 것이었다. 전하 자신이 그린 그림을 넣어 '이것은 갓이오', '이것은 치마요'하고 영문으로 발음까지 써놓았다. 급히 만든 것이지만 인기가 있어 미군 피엑스에서도 상당히 많이 팔렸다. (281쪽)

이방자 여사는 1945년 광복으로 일본 왕족에서 제외되어 거처와 재산을 몰수당했다. 1963년 한국 국적을 취득하고 남편 영왕 이은과 아들 이구와 함께 한국으로 왔다. 하지만 한국에서의 삶도 여의치 않았다.

이제 서른이 넘어 아버지와 함께 귀국해서 조국을 찾고 아직 서먹서먹하지만 아버지를 도와 무언가 보람 있는 일을 해보려는데 게다가 물러가라고 하니 조국은 구에게 또 한 번 잔인한 곳이 되고 말았다. 그러나 구는 오히려 나를 위로했다.

"어머니, 세계는 하나입니다. 꼭 어느 나라에 소속되었다는 제한된 생각을 버리십시오. 한국인이다, 일본인이다 하는 생각보다 세계 속의 한 인간이라고 생각하고 어디서든지 어머니 하시고 싶은 일을 나름대로 하십시오."

한국인도 일본인도 아닌 채 미국에서 홀로 자기 길을 개척하며 살아온 구의 이 말은 그동안 구의 정신적 고통을 보는 듯해서 슬프면서도 옳다

영왕 이은, 이방자 여사, 아들 이구(1947)

는 생각이 들었다. (343쪽)

　한국에 온 이방자 여사는 넉넉한 형편이 아니었지만 자행회(慈行會)와 자혜학교(慈惠學校) 등을 설립하고 지적장애인과 지체장애인을 위한 육영사업에 정성을 쏟았다. 지금도 한일관계가 때때로 물과 기름처럼 불화를 일으키는데, 이 책에는 한일관계의 가장 큰 희생자라 할 수 있는 이방자 여사의 파란만장한 스토리가 담겨 있다. 역사의 희생자라는 운명을 겸허히 받아들이고 아름답게 산 일생이 감동으로 다가온다. 이방자 여사는 남편을 '영친왕'이라고 부르는 것을 일본식이라고 여겨 시종 '영왕(英王)' 전하라고 불렀다.

50

한국문화를 사랑한 인류학자

코넬리우스 오스굿
Cornelius Osgood, 1905~1985

『*The Koreans and Their Culture*(한국인과 그들의 문화)』(1951)

코넬리우스 오스굿(Cornelius Osgood)을 학사로 불러야 할지 작가로 불리야 할지 모르겠지만, 그는 오랫동안 예일대학에서 인류학을 가르쳤고, 한국전쟁 당시에 『*The Koreans and their Culture*(한국인과 그들의 문화)』(1951)라는 책을 내었다. 그는 인류학자였기 때문에 이 책을 쓰기 위해 한국에 와서 2개월간 현지조사를 했다.

나는 평소에 인류학을 하나의 거대한 이야기라고 생각하고 있다. 인류학은 인간이 살아가는 전체적인 모습을 거대한 눈으로 관찰하고 이야기한다. 그리고 나는 문학은 인간과 삶에 대한 이야기라고 생각한다. 인류학과 문학은 인간과 삶을 관찰한다는 점에서 일맥상통한다. 오스굿은 한국인을 연구하기 위하여 강화도에 살면서 심층적으로 체험하고 그것을 이야기로 적었다. 이런 선구적 업적이 요즘은 거의 잊혀졌다. 나는 문학을 사랑하

는 마음에서 이 책을 통해 오스굿이라는 한 인간을 되살리려고 한다.

작가의 생애

————

코넬리우스 오스굿(Cornelius Osgood)은 1905년에 미국 코네티컷 주 뉴헤이븐(New Haven)에서 태어났다. 인류학을 공부하고 1934년부터 예일대학교 피바디 자연사 박물관(Peabody Museum of Natural History)에서 큐레이터로 근무하며 연구하였다. 예일대학교 교수로 학생들을 가르치기도 했고, 북극과 알래스카, 중국, 한국에 대한 인류학적 연구에 몰두하였다. 한국에 관한 책『*The Koreans and Their Culture*(한국인과 그들의 문화)』,

캐나다 인디언을 다룬 책 『Winter(겨울)』 등을 썼다.

1966년부터 피바디 자연사 박물관장을 맡았고 1973년에 은퇴하였다. 그는 코네티컷 주의 함덴(Hamden)에 살다가 1985년에 세상을 떠났다.

작품 속으로

오스굿은 1947년 7월 7일 한국에 도착하여 강화도에서 2개월간 현지 조사를 한 미국의 인류학자이다. 그는 강화도 선두포를 비롯해 한국의 여러 곳을 관찰한 것을 토대로 1951년 『The Koreans and Their Culture(한국인과 그들의 문화)』라는 책을 썼다. 1951년에 처음 출간한 초판은 뉴욕의 로날드 프레스 출판사(The Ronald Press Company)에서 하드 커버의 큰 책으로 냈다가 1954년에 도쿄에 있는 터틀출판사(Tuttle Publishing)에서 375쪽의 페이퍼 커버로 내었다.

The Koreans and Their Culture(1951) 초판본

이 책은 387쪽에 이르는 방대한 분량으로 5장 17절로 구성되어 있다. 1장 오늘날의 한국마을에는 '1. 서론, 2. 강화도, 3. 마을과 환경, 4. 마을의 사회조직, 5. 마을의 경제생활, 6. 개인의 생활, 7. 죽음과 종교'가 수록되어 있고, 제2장 한국의 수

도와 지배층에는 '8. 수도의 지배층' 등이 수록되었고, 제3장 한국민족의 기원과 발전에 이어 제4장 한국문화의 역사에는 '12. 고대 문화, 13. 경제문화, 사회문화, 종교문화, 14. 문화의 예술적, 지성적 측면', 제5장 현대 한국에는 '15. 일본의 합병, 16. 러시아와 미국에 의한 군정, 17. 되돌아 본 한국'이 수록되었다.

본문에 실린 '소금리의 마돈나'

그리고 이 책에는 17개의 도표와 48개의 사진들이 수록되어 있다. 이 책의 126쪽 옆 화보면에는 한 여성이 옥수수밭에서 아이를 안고 우아하게 서 있는 '소금리의 마돈나(Madonna of The Sorghum)'라는 제목의 사진이 실려 있기도 하다.

이 책은 뉴욕의 로날드 프레스 출판사에서 내었는데, 당시는 한국 활자를 구하기 어려워 색인에 한글 표기를 손으로 쓴 글자로 인쇄하였다. 예를 들면 'Ajon(Ajun)=아전(衙前), Sangnom=쌍넘, Yot=엿, Yut=윷'이라고 영어표기와 함께 손으로 쓴 한글표기를 실었다. 우리가 보기

강화도 삼구리(현 온수리)에서 열린 오일장의 모습

에는 부정확한 한글표기들이 눈에 거슬리기는 하지만 서양인들에게 한글
원문까지 소개하려 했다는 점에서 박수를 보내고 싶다.

　오스굿은 1947년 7월 7일 한국에 도착한 이후 한국전쟁을 체험하기도
했는데, 1950년 12월에 이 책의 발문을 쓰고 1951년 예일대학교에서 서문
을 쓰고 이 책을 출간했다. 서문에서 여러 한국인과 미국인들의 도움에 감
사하고 있는데, 그중에는 언더우드와 강용흘(재미 작가), 김재원(국립박물
관장) 등도 있다.

　서문에서 오스굿은 지구상에서 한국만큼 제대로 알려지지 않은 나라
도 없는 것 같다고 말한다. 당시 한국에 관한 책들은 호머 헐버트와 제임스
게일의 책들만 있을 뿐이라고 지적하면서, 자신도 직접 한국의 강화도에서
한국사회와 한국인을 체험했다고 적고 있다. 그리고 이 연구조사를 위해
연구비를 후원해 준 뉴욕의 바이킹기금(The Viking Fund)과 예일대학교 피
바디박물관에게 감사하고 있다.

본문에는 가마를 지피는 모습을 담은 사진과 함께
고려시대, 신라시대의 도자기가 소개되어 있다.

오스굿은 한국에 머물면서 한국 유물 342점을 수집했는데, 현재 그 유물들은 예일대학교 피바디박물관이 소장하고 있다.

1960년대 중반에 서울대학교 총장을 지낸 법학자 유기천(1915~1998) 교수는 1958년에 예일대학에서 「한국문화와 형사책임 *Korean Culture and Criminal Responsibility*」이라는 논문을 써 한국인 최초로 법학박사(JSD) 학위를 받았다. 흥미 있는 것은 그의 논문에서 한국문화에 관한 내용이 오스

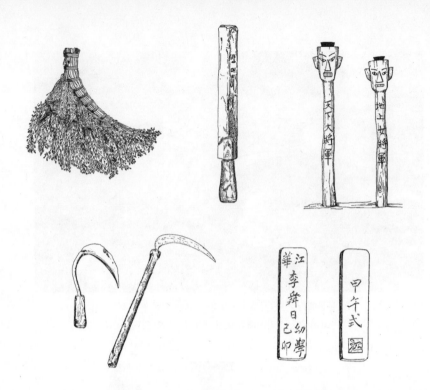

책 본문에는 한국의 생활 도구들이 그림으로 수록되어 있다.

굿의 한국현지조사의 결과인 이 책에 크게 의존하고 있다는 사실이다. 이 논문은 후일 국내에서 *Paul K. Ryu, Korean Culture and Criminal Reponsibility* (법문사, 2011)라는 책으로 출간되었다. (자세한 내용은 이 책에 실린 해설논문 최종고, 유기천의 예일대학 박사학위논문, 327~341쪽과 최종고 저, 『자유와 정의의 지성 유기천』, 한들출판사, 2006 참조하기 바람). 아마도 예일대학 캠퍼스에서 두 사람은 직접 만나 많은 토론을 하였을 것이다. 한국의 강화도에서 현지조사를 한 인류학자의 노력이 한국 사회과학에도 영향을 주어 이런 결실을 맺었으니 매우 뜻있는 일이라 하겠다.

또한 국립민속박물관은 〈인류학자 오스굿의 시선, 강화 선두포〉 전시

유기천 총장과
부인 헬렌 실빙
(Helen Silving) 교수

회를 2019년 5월 15일부터 8월 18일까지 개최했다. 이 전시회에서 오스굿
이 70년 전에 수집한 한국 유물 342점 중 '가리', '등잔대', '파리채', '빨랫방망
이' 등 64점을 한국에서 처음으로 전시하였다. 나는 전시회를 관람하고 깊
은 감동을 받았다. 흔히 우리는 일본에 와서 이런 인류학적 작업을 한 루스
베네딕트(Ruth Benedict, 1887~1948)의 저작 『국화와 칼 *The Crysanthymum
and the Sword*』(1946)은 잘 아는데, 오스굿의 이 책을 읽은 사람은 얼마나
될까? 우선 오스굿의 이 책은 70년이 지나도록 한글로 번역조차 되어 있지
않다. 한국인 중에는 저절로 한국문화를 알고 있다고 착각하는 사람이 많
은데, 이런 책들을 읽어보아야 참으로 알 수 있다고 생각한다.

　오스굿은 이 책에서 "만일 누군가가 우리의 노력으로 인해 한국문화를
충분히 이해할 수 있다면 우리는 그것으로 만족할 것이다"고 하였다. 한국
문화를 충분히 이해하는 것이 쉽지 않았겠지만 오스굿 일행이 현장에서 땀
흘려 조사하고 수집한 70년 전의 노력은 오늘날 우리에게 큰 의미를 지닌
다고 하겠다.

51

김산과 「아리랑」을 함께 쓴

님 웨일스(헬렌 포스터 스노우)

Nym Wales, Helen Foster Snow, 1907~1997

『아리랑 *The Song of Ariran*』(1941)

중국전문 기자 에드거 스노우(Edgar Snow, 1905~1972)의 부인 헬렌 포스터 스노우(Helen Foster Snow)는 『아리랑 *The Song of Ariran*』이라는 소설을 썼는데, 우리에게는 님 웨일스(Nym Wales)라는 필명이 더 친숙하다. 이 소설은 김산(장지락, 1905~1938)이란 한국인 독립운동가의 생애를 다룬 일종의 전기소설이다. 김산은 유명한 사회주의자였기 때문에 한국의 대학생들과 진보진영에서 이 책을 좋아한 것도 사실이다. 그래서 이 방면의 연구도 상당히 많이 되었지만 아직도 많은 연구과제가 남아 있다. 아무튼 문학이 좌우를 넘어 한국의 독립을 위해 기여할 수 있다는 것만으로도 고마운 일이다.

작가의 생애

―――

헬렌 포스터 스노우(Helen Foster Snow)는 1907년 9월 21일 미주리 주 캔자스스티에서 태어났다. 변호사를 아버지로 둔 모르몬교 가정에서 태어났다. 컬럼비아대학교를 졸업하였고, 1931년 상하이의 영사관에 취직하여 중국으로 왔다. 베이징의 옌징대학(燕京大學)에서 잠시 학생들을 가르치기도 하였다. 1932년 『중국의 붉은 별 Red Star Over China』로 유명한 에드거 스노우(Edgar Snow, 1905~1972)를 만나 결혼하였고, 남편과 함께 10여 년간 중국 각지를 여행하였다. 특히 중국 국민당과 공산당이 분열된 국공 분열(國共分裂) 이후 중국 지역의 수수께끼를 최초로 푼 부부의 현지답사 활동은 세간의 이목을 끌었다. 한국인 독립운동가 장지락(張志樂)의 전기 『아리랑 The Song of Ariran』(1941)으로 일본 식민지배와 한민족의 독립운

님 웨일스

김산

농을 알리는 데 크게 공헌했다.

　일본의 침략 이후 생활이 곤궁해지고 결혼생활이 냉랭해지자, 1940년 그녀는 홀로 중국을 떠나 필리핀을 거쳐 미국에 돌아왔고 1949년 이혼했다. 그녀는 여생을 코네티컷에서 보냈는데, 이후 계보학(geneology)에 몰두해 가족의 역사를 탐구하는 글, 미국의 뉴잉글랜드가 영국의 식민지로 바뀌는 과정을 파헤친 글 등 여러 역사저술을 남기기도 했다.

　이처럼 신문기자이자 시인이며 계보학자로 활동한 그녀는 님 웨일스라는 필명으로 여러 권의 저서를 내었으며, 오랜 기간을 격변하는 아시아에서 보내면서 중국과 한국에 관하여 많은 글을 집필하였다. 1984년에는 자서전을 쓰기도 했다. 1997년 사망했고 그녀의 유고와 사진, 문서들은 유타주에 있는 브리검영대학교에 기증되었다. 2000년 브리검영대학교는 그녀

를 기념하는 심포지엄을 열었다. 1993년 8월 8일 MBC의 조홍래 기자는
님 웨일스를 인터뷰하기도 했다.

작품 속으로

The Song of
Ariran(1941) 초판본

　고 이영희(1929~2010) 한양대 교수는 『아
리랑』의 추천사에서 "나는 헬렌(님 웨일스의 본명)
이 김산을 인간적으로 깊이 사랑한 것으로 생각
한다"고 썼다. 그렇다면 김산은 어떤 인물이었
을까?

　1905년 평북 용천에서 태어난 김산은 3·1운
동이 일어나자 만세시위운동에 참여하는 등 강한 민족의식을 지니고 있었
다. 이후 동경제국대학에 입학하기 위해 일본으로 건너갔는데, 일본 노동
자와 재일조선인의 열악한 처지를 목격하면서 마르크스주의와 무정부주의
에 빠져들기 시작하였다. 1920년 만주로 건너가 신흥무관학교에서 군사
학을 배우고 상해임시정부의 기관지인 《독립신문(獨立新聞)》의 교정원 및
인쇄공으로 일하였다. 이때부터 안창호와 김원봉 등 독립운동가를 만났고
손문(孫文)의 글도 접하게 되었다. 황푸군관학교(黃埔軍官學校) 교사로도
재직하였으며, 1925년 7월 국민혁명의 중심지인 광저우(廣州)로 가서 중국
공산당에 입당하였다. 중국의 광주혁명에도 가담하는 등 조선과 중국에서
혁명가로 활동하던 그는 1938년 중국 공산당으로부터 일제의 스파이라고
오해받아 처형되었다.

　과연 님 웨일스는 김산을 사랑했을까? 그녀가 장제스(蔣介石) 국민당

군대의 삼엄한 포위망을 뚫고 중화소비에트 구역인 옌안(延安)에 잠행한 것은 1937년 초여름이었다. 그녀가 옌안에서 인터뷰한 혁명가들은 모두 22명이었고, 그중 조선혁명청년동맹 대표로 옌안에 머물던 조선인 혁명가 김산은 가장 매력적인 사람이었다. 그녀는 두 달 동안 20여 차례 김산을 인터뷰했다. 당시 그녀는 결혼한 지 4년밖에 안 되었다. 그녀의 남편 스노우의 회고에 따르면 웨일스는 중국 외교가에서 아름다움과 지성을 겸비한 그리스 여신으로 통했다. 그런 그녀가 옌안에서 폐결핵에 걸린 김산을 만나 사랑에 빠졌다니 무척 흥미가 간다.

우선 이 책의 제목이 『아리랑』이기 때문에 그 유래에 대해 설명했는데, 그 부분을 살펴보자.

서울 근처에 이랑고개라는 고개가 있다. 이 고개 꼭대기에는 커다란 소나무가 한 그루가 우뚝 솟아 있었다. 그런데 조선왕조의 압정 하에서 이 소나무는 수백 년 동안이나 사형대로 사용되었다. 수만 명의 죄수가 이 노송의 옹이진 가지에 목이 매여 죽었다. 그리고 시체는 옆에 있는 벼랑으로 던져졌다. 그중에는 산적도 있었고 일반 죄수도 있었다. 정부를 비판한 학자도 있었다. 이조 왕족의 적들도 있었고 정치적 반역자도 있었다. 하지만 대다수는 압제에 대항해 봉기한 빈농이거나 학정과 부정에 대항해 싸운 청년 반역자들이었다. 이런 젊은이 중의 한 명이 옥중에서 노래를 한 곡 만들어서는 무거운 발걸음을 끌고 천천히 아리랑 고개를 올라가면서 이 노래를 불렀다. 이 노래가 민중들한테 알려지자 그 뒤부터는 사형선고를 받은 사람이면 누구나 이 노래를 부르면서 자신의 즐거움과 슬픔에 이별을 고하게 되었다. 이 애끓는 노래가 조선의 모든 감옥에 메아리쳤다. 이윽고는 죽기 전에 마지막으로 이 노래를 부를 수 있는 최후의 권리는 누구도 감히 부정할 수 없게 되었다. '아리랑'은 이 나라 비극의 상징이 되었다. 이 노래의 내용은 끊임없이 어려움을 뛰어넘고 또 뛰어넘더라도 결국에 가서는 죽음만이 남게 될 뿐이라고 하는 의미를 내포하고 있다. 이 노래는 죽음의 노래이지 삶의 노래는 아니다. 그러나 죽음은 패배가 아니다. 수많은 죽음 가운데서 승리가 태어날 수도 있다. 이 오래된 '아리랑'에 새로운 가사를 붙이려는 사람도 있다. 하지만 마지막 한 구절은 아직 만들어지지 않았다. 수많은 사람이 죽었으며, 더욱 많은 사람이 "압록강을 건너" 유랑하고 있다. 그렇지만 머지않은 장래에 우리는 돌아가게 될 것이다. (44~45쪽)

이 책은 김산의 전기이므로 그의 입을 통하여 스토리가 전개된다.

나는 상하이에서 젊은 테러리스트들을 만났다. 그들은 죽음을 두려워하지 않는 개인적 영웅주의자로 전화함으로써 이 한국인 학살의 원수를 갚으려고 노력하였다. 그러나 결과는 너무나 비참하였다. 1919년에서 1927년 사이에 일본놈에게 처형당한 의열단원만 해도 무려 3백 명이나 되었던 것이다. 나는 대한민국 임시정부를 지원하기 위해 상해의 프랑스 조계(租界)에 모여 있던 3천 한국인의 한 사람이었다. 이 임시정부는 일본이 서울에 만든 기구에 대항하기 위하여 1919년 상해에서 수립된 것이었다. 그러나 1924년에는 일단의 노인네들만을 상심과 실의 속에 남겨준 채 와해되고 말았다. (47쪽)

김산은 자신의 무용담만을 애기한 것이 아니라 자신의 신념과 사상을 용기 있게 고백했다. 그것이 인간적으로 더 매력을 느끼게 한다.

내 전생애는 실패의 연속이었다. 또한 우리나라의 역사도 실패의 역사였다. 나는 단 하나에 대해서만 ―나 자신에 대하여― 승리했을 뿐이다. 그렇지만 계속 전진할 수 있다는 자신을 얻는 데는 이 하나의 작은 승리만으로도 충분하다. 다행스럽게도 내가 경험했던 비극과 실패는 나를 파멸시킨 것이 아니라 강하게 만들어 주었다. 나에게는 환상이라는 것이 거의 남아 있지 않다. 그렇지만 나는 사람에 대한 신뢰를 잃지 않고 있다. 역사의 의지를 알 사람은 누구일까? 살아가기 위해서는 반드시 폭력을 뒤엎지 않으면 안 되는 피억압자뿐이다. 패배 속에서도 좌절하지 않는 사람, 일체의 새로운 세계를 최후의 전투에서 얻기 위하여 모든 것을 잃어버린 사람뿐이다. 억압은 고통이요, 고통은 의식이다. 의식은 운동을 의미한다. 인간 그 자체가 다시 태어날 수 있으려면 수백만이란 사람이 죽어야 하고 수천만 명의 사람들이 고통을 받지 않으면 안 되는 것이다. 나는 이 객관적 사실을 받아들이고 있다. 유혈과 죽음의 광경, 그리고 어리석음과 실패의 광경은 더 이상 미래에 대한 나의 통찰력을 가로막지 않는다. (295쪽)

이 책은 마지막을 님 웨일스의 「기록을 끝내며」라는 글로 끝나는데, 이렇게 적고 있다.

1937년 말에 내게 신상이야기를 들려준 후 김산은 앞으로 2년 동안은 이 원고의 출간을 미뤄달라고 요청하였다. 그 이후 김산이 친구인 오성륜 그리고 조선인 의용군들과 함께 활동하기 위해 화북의 위험한 유격전선을 뚫고 만주로 갔다는 소식을 간접적으로 들은 일이 있다. 하지만 아직까지도 살아 있는지 아니면 죽었는지 알지 못한다. (…) 1936년 새 총독인 유명한 미나미 지로(南次郞) 장군이 도착했을 당시에 나는 서울에 있었다. 그후 그는 '일본제국의 아킬레스건'을 방어하고 조선 내에 군수산업 기지와 수송기지를 건설하느라고 동분서주하였다. (…) 일본인 지배에 대한 조선인들의 끊임없는 투쟁 이야기는 어떠한 억압 아래서 이 투쟁이 유지되고 있는가를 고려해 볼 때 대단히 영웅적인 것이다. 대부분의 무장 습격이 만주에서 행해지고 있기는 하지만, 예를 들어 인도, 자바, 인도지나, 대만, 버마의 식민지운동과 비교해볼 때, 그것은 대단히 집요하면서도 활발하게 전개된 것이었다. 조선에서 검증된 것처럼 일본의 식민지정책은 개화한 제국주의의 모범 따위와는 거리가 먼 것이다. 그것은 극동에서도 가장 불행한 나를 만들어내고 있는 것이다. (303~305쪽)

『아리랑』은 김산과 님 웨일스의 공저이다. 김산의 본명은 장지락이다. 김산이라는 가명은 정작 공산당 활동 중에는 쓰지 않았다고 한다. 김산은 님 웨일스가 그의 정체를 숨겨주기 위해 임의로 만든 가명일 수도 있다. 님 웨일스도 어차피 필명이다. 『아리랑 *The Song of Ariran*』은 미국에서 처음 출판되었지만 님 웨일스가 이혼하는 등 개인 사정으로 책이 많이 묻혔다. 그럼에도 재미교포 사이에서는 많이 읽혔다고 한다. 한국에서는 1980년대에 번역 출판되어 꾸준히 판매되고 있다.

한국 근대사 연구자들은 김산이 님 웨일스를 만나 자신의 이야기를 남겼기 때문에 다행이라고 평한다. 많은 독립운동가들이 그런 이야기도 남기지 못한 채 죽은 경우가 태반이었으므로.

제2차 세계대전이 후반기로 치닫던 1943년 11월 22일 카이로에서 루스벨트와 처칠, 장제스 등이 만나 종전협상을 논의할 때였다. 프랭클린 루스벨트 대통령이 참모들에게 한반도와 관련된 책을 요구하자 한 해군 장교가 『아리랑 The Song of Ariran』을 추천했다는 일화도 있다. 이 책은 뉴욕의 존 데이 출판사에서 출간되었는데 이 출판사는 펄 벅의 남편 리처드 월시가 사장으로 있는 출판사였다. 펄 벅도 대부분 이 출판사에서 책을 내었기에 웨일스와 더욱 가까워질 수 있었다.

이 책이 출간된 65년이 지나고, 김산이 태어난 지 한 세기를 넘기고 나서야 그의 평전이 국내에서 출간되었다. 『김산 평전』(이원규 지음)은 님 웨일스가 김산을 20여 차례 인터뷰한 내용을 바탕으로 쓴 『아리랑 The Song of Ariran』의 빈곳을 채우기 위해 나온 책이다.

님 웨일스는 김산의 영어 실력에 대해 "독해는 보통이 넘는 수준이었으나 영어로 이야기하는 데는 그리 능숙하지 못했다"고 평가하면서 두 사람 사이의 의사소통에 한계가 있을 수밖에 없다는 것을 인정하였다. 또 님 웨일스는 『아리랑』 원고가 국민당 공안국이나 일본 측에 넘어갈 경우 장지락(김산)이 위험에 처할 수 있다는 것을 염려해 몇몇 사실을 일부러 틀리게 기록해 놓기도 했다. 일례로 장지락의 고향을 평안 교외 자산리라고 쓰고 있으나, 실제 장지락의 고향은 평안북도 용천군 북중면 하장동이었다.

저자인 이원규 교수(동국대 문예창작학과)는 평전을 쓰면서 직접 장지락이 활동했던 중국 현지를 방문했다. 또 『아리랑 The Song of Ariran』이 나온 이후에 밝혀진 관련 자료와 연구 성과도 최대한 반영하려 애썼다. 그래서 장지락이 15세 되던 해에 독립운동을 하기 위해 가출해 서간도의 신흥무관학교에 입학하고, 학교를 마친 뒤 상하이로 가서 《독립신문》의 식자공으로 일하면서 춘원 이광수, 도산 안창호 선생 등에게 가르침을 얻고, 약산 김원봉을 만나 의열단 활동에 가담하고 베이징에서 의학공부를 하다 김성숙을 만나고 공산주의 이론에 눈을 뜨는 등 그가 독립운동가로 성장하는 과정을 세밀하게 그리고 있다.

또 이 평전은 『아리랑 *The Song of Ariran*』에서 밝히지 못했던 장지락의 억울한 '죽음'도 생생하게 재현해 놓았다. 그는 중국 공산당 활동을 하고 김성숙 등과 조선민족해방동맹을 결성해 중국에서 독립운동을 하다가 중국 공산당 극좌노선을 대표하는 강성(康生)에 의해 일제와 결탁했다는 누명을 쓰고 1938년 10월 19일 총살당했다.

이 책의 에필로그에는 그의 아내 조아평과 아들 고영광(1945년 조아평이 재혼한 뒤 계부의 성을 갖게 됐다)의 이야기도 담고 있다. 철이 들고 나서야 아버지의 존재를 알게 된 아들 영광은 이후 중국 정부의 관료가 되면서 아버지의 명예회복을 위해 다방면으로 노력했다. 그는 님 웨일스에게 아버지 장지락에 대해 묻는 편지를 써서 답장을 받기도 했다. 그의 노력으로 1983년 중국 공산당 중앙조직부는 장지락의 처형이 잘못되었음을 인정하고 그의 '명예회복'을 결정했다.

52

한국전쟁을 소설로 알린

제임스 알버트 미치너

James Albert Michener, 1907~1997

『아세아민족의 부르짖음 *The Voice of Asia*』(1951)

『원한의 도곡리 다리 *The Bridges at Tokok-ri*』(1953)

제임스 미치너(1951)

나는 제임스 알비트 미치너(James
Albert Michener)의 이름을 1990년대
에 하와이에서 처음 알게 되었다. 그
가 쓴 『*Hawaii*(하와이)』라는 책이 서
점에서 자주 눈에 띄었다. 나는 그가
많은 책을 내었고, 특히 한국에 관한
책도 내고 한국에서 살았던 작가라
는 사실도 몰랐다. 그는 '미스터 태평
양'이란 별명을 가진 인기 작가였는

데, 그의 소설을 영화로 만든 작품 중 내가 본 것은 「*From Here To Eternity*
(지상에서 영원으로)」와 「*Tales of the South Pacific*(남태평양)」이다. 한국을 포

함해 아시아 국가들을 직접 체험하고 작품화하였으니 일찌감치 세계화에 기여한 작가라고 하겠다. 우리나라에도 몇 권의 책이 번역되어 있고, 그에 관한 연구논문도 나왔다.

부인 마리 요리코와 함께

이 글을 쓰면서 좀 찾아보니 미치너는 펄 벅(Pearl S. Buck)과 평생 도움을 주고받으며 살았다. 펜실베이니아대학의 영문학 교수 피터 콘(Peter Conn)이 쓴 『펄 벅 평전 Pearl S. Buck: A Cultural Biography』에 따르면 펄 벅과 미치너는 서로 신뢰하는 사이였다. 1952년 11월 7일 한국전쟁 중 미치너가 한국에 있을 때, 펄 벅은 아이젠하워가 대통령에 당선되는 것을 보면서 미치너에게 대중이 진보적 생각에서 후퇴했음을 알리는 암울한 증거라 썼고, 요즘은 이치에 맞는 말을 하기가 어렵다고 토로했다. 한국에 관심을 둔 이들 작가의 교류는 하나의 연구꺼리가 될 수 있겠다. 우리는 이 사실을 간과해서는 안 될 것이다.

작가의 생애

제임스 알버트 미치너(James Albert Michener)는 1907년 2월 3일 미국 뉴욕에서 태어났다. 스워스모어 칼리지와 스코틀랜드의 세인트 앤드류스

만년의 제임스 미치너(1991)

대학에서 공부했다. 졸업 후에는 콜로라도대학과 하버드대학 등에서 강의를 하고, 맥밀런 출판사에서 사회학 분야 편집자로 일했다. 제2차 세계대전 중에는 미 해군 장교로 복무하였다. 이런 경험을 바탕으로 1947년 『Tales of the South Pacific(남태평양 이야기)』를 써서 퓰리처상을 수상하였다. 이 작품은 뮤지컬 영화 「남태평양」으로 각색 상연되어 호평을 받았다. 이처럼 미치너는 인기 작가로서 전 세계에서 엄청난 부수의 책이 팔렸다.

1960년에는 케네디 후보를 위한 후원회의 의장이 되었고, 펜실베이니아 주 하원의원 선거에 민주당 후보로 입후보했다가 낙선하였다. 그는 "아내가 하지 말라고 하는 것을 했다 실패하고 다시 책 쓰는 데로 돌아갔다"고 소회했다.

미치너는 세 번 결혼하였다. 1935년에 결혼한 첫째 부인은 페티 쿤(Patti Koon)이고, 1948년 이혼 후 두 번째 부인은 벤지 노드(Vange Nord)였다. 다시 1955년 이혼하고 일본계 미국인 마리 요리코 사부자와(Mari Yoriko Sabusawa)와 결혼했다. 소설 『Sayonara(사요나라)』는 아내와의 사랑을 기록한 자서전이라 할 수 있는데, 영화로 되어 말론 브란도가 주연을 맡아 동서양을 감동시켰다.

그는 인세 수입의 거액을 여러 기관에 기부하여 박애주의자(philanthropist)로서 명성을 떨치기도 했다. 만년에는 텍사스의 오스틴에서 살았다. 텍사스대학에 미치너 기금(Michner Fund)을 조성해 문학 활동을 지원했다. 아내 마리는 1994년에 죽고 미치너는 1997년 10월 16일에 작고하여 오스틴 기념공원(Austin Memorial Park)에 나란히 묻혔다.

펜실베이니아의 도일스타운(Doylestown)에 그의 이름을 딴 미술관(James Michener Art Museum)이 설립되었다. 1998년에 제임스 미치너 재단(James A. Michener Society)도 창립되어 그의 정신을 계승하고 있다. 미치너는 자신의 문학관에 대해 "문학은 이상주의와 인간의 존엄성, 소망, 좀 더 나은 세계에 대한 믿음, 그리고 인류의 선에 대한 헌신의 불꽃을 계속 밝히는 데 있다"(High Points 31, 1949)고 밝혔다.

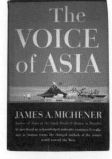

The Voice of
Asia(1951) 초판본

작품 속으로

미치너의 작품은 한국에 다섯 권이 번역되어 있다. 『아세아민족의 부르짖음: 미국작가가 본 아세아 *The Voice of Asia*』가 1953년에 권응호 역으로 나왔다. *The Bridges at Tokok-ri*(1953)는 1960년에 『원한의 도곡리 다리』(홍자출판사)로 나왔다가 1983년에 양우당의 『세계문학 속의 한국』 총서에 이명섭 역으로 실렸다. 1960년에 그의 *Sayonara*가 김용락 역으로 『사랑은 태평양 너머』(토픽출판사)로 나왔고, 1992년에는 『소설 *The Novel*』이 윤희기 역으로 나왔고, 2008년에는 이종인 역으로 『작가는 왜 쓰는가 *Literary Reflections*』가 나왔다.

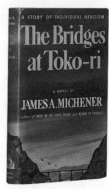

The Bridges at Tokok-
ri(1953) 초판본

미치너는 1951년 가을부터 한국전쟁이 휴전되는 동안 한국과 일본을 왕래하였다. 미 해군 함상에 머물기도 하고, 전방 전선으로 다니기도 하고, 한국인들과 대담도 하면서 종군기자다운 면모를 보였다. 그는 "1950년 12월 공산군이 다시 서울을 점령하는 위험한 순간에도 정부는 서울심포니오케스트라를 지키려 했다"고 증언하였고, "1953년 겨울 전란 직후에도 국전(國展)이 열렸다"고 했다. 실제로 그는 국전을 관람했고, 어려운 시기에도 그림을 포기하지 않은 화가들에게 1천 달러를 기부하기도 하였다. 그는 "기부하는 취지는 오직 인간의 인간에 대한 감동이다"라고 했다.

전 서울대 교수이며 국민재건본부장을 지낸 서울대 농대 유달영(1911~2004) 교수는 1954년 《리더스 다이제스트》지에 실린 미치너의 글 「존경받아야 할 한국문화 *One Must Respect Korean Culture*」를 읽고 대단히 감동받았다고 적었다(유달영, 애국을 종교로 믿는 우리 역사, 《경향신문》 1983년 9월 8일자). 미치너의 이 글은 1977년 한국윤리학회가 발간한 《윤리연구》 6호에 영어로 전문 게재되어 있나. 이세 이 글은 역사적 문헌이 되었는데, 머지않아 한글로 번역되어야 할 것이다.

미치너의 『작가는 왜 쓰는가』에는 다음과 같은 이야기가 있다. 1952년 여름 미치너가 한국전선 산간지대를 다니고 있을 때《라이프》지 도쿄 특파원이 찾아와 헤밍웨이의 「노인과 바다」의 원고를 주면서 솔직한 독후감을 부탁하였다. 그래서 전방 초소에 쪼그리고 앉아 독후감을 써주었다. 그 후 자기에게 《라이프》지에 실을 소설을 부탁해서 써준 것이 「원한의 도곡리 다리」라는 것이다.

이처럼 「원한의 도곡리 다리」는 한국전쟁 중 동해안에 배치된 미국 항공모함에서 저자가 6주간 미군 장병들과 생활하면서 쓴 것이다. 그는 한국은 숱한 외세의 침입을 받았지만 단일민족으로서의 전통을 지켜왔는데,

영화 〈원한의 도곡리 다리〉의 포스터와 영화에 출연한 윌리엄 홀덴과 그레이스 켈리

이것은 세계 역사상의 기적이며 예술에 대한 감수성이 깊은 존경할 만한 민족이라고 칭찬하였다.

「원한의 도곡리 다리」는 1953년 《라이프》지에 실리고 사흘 후에 단행본으로 출판되었다. 2년 후 1955년 영화화되어 〈원한의 도곡리 다리〉로 국내에도 상영되었다. 〈원한의 도곡리 다리〉는 아카데미 특수효과상을 받은 스펙터클한 공중전으로 유명하다. 북한군과 중공군이 지키고 있는 북한 원산 근처의 도곡, 좁은 계곡 사이에 가로놓인 5개의 다리를 12대의 비행기가 폭파하는 작전을 그리고 있다. 아름다운 아내(그레이스 켈리)와 두 딸을 두고 참전한 콜로라도 주 덴버의 변호사 출신 파일럿(윌리엄 홀덴)의 고뇌, 엄격하고 사려 깊은 제독(프레드릭 마치), 다혈질 상사(미키 루니)의 목숨 건 우정이 어우러진다. 주배경은 일본이고 한국은 헐벗은 산악 지대로만 등장한다. 한국전쟁을 바라보는 미군의 시각을 엿볼 수 있다.

다시 책 이야기로 돌아가자. 이 책은 전쟁과 참전 군인의 고통과 고뇌, 가족이 겪어야 하는 인내, 군인들 사이의 뜨거운 전우애가 감동을 준다. 멋있고 매력적인 조종사 블루베커가 두 번째 공격까지 감행한 후 추락하여

인민군에게 도랑에서 사살되면서 끝난다. 그런데 이 소설의 배경은 한국전쟁인데도 한국군이나 한국인이 나오지 않는다. 그래서 이 소설에 대해 "미국적 영웅주의와 휴머니즘은 강조되지만 한국인의 삶과 구체적 상황은 은폐되고 있다"는 평(김남혁, 제임스 미치너 관련 할리우드 한국전쟁 영화의 이데올로기, 《민족문화연구》 70권, 2016, 207~239쪽)도 있다.

흥미 있는 것은 〈콰이 강의 다리〉에도 주연하였고, 영화에서 한국전쟁에 두 번이나 종군했다가 두 번 다 죽는 연기를 펼친 윌리엄 홀덴(William Holden, 1918~1981)이다. 또 그와 함께 주연으로 열연한 그레이스 켈리(Grace Kelly, 1929~1982)는 후일 모나코 왕비가 되었다.

나는 이 글을 쓰면서 그동안 멀게만 느껴졌던 미국 작가의 소설과 영화가 한국의 현대사와 직결되어 있음을 새삼 알게 되었고, 우리는 이것을 의미 있게 받아들여야 할 것이다. 그리고 앞으로 세계 속에 한국을 알리는 작품이 더 많이 나오기를 바란다.

『미치너 선집 Selected Writings of James A. Michener』(1957)에는 「원한의 도곡리 다리」 외에 「보이상 Boy-san」이라는 단편이 실려 있다. 「보이상」은 원래는 『The Voice of Asia(아시아의 목소리)』(1951)에 실린 글이다. '보이상'은 미군들이 한국에 왔을 때 심부름도 시키며 친하게 지낸 청소년들을 가리키는 호칭인데, 미군이 물러간 후 이들은 공산군에게 붙잡혀 허리가 부러뜨려졌거나 총살당한다는 이야기다. 미치너는 한국의 비참한 현실을 목도하고 작품화한 것이다.

또 『Sayonara(사요나라)』는 한국전선에 복무하는 미군 장교가 일본 여성과 로맨스를 벌이는 내용인데, 소설의 주인공인 미군 장교는 미치너 자신의 자화상이다. 이 작품도 영화화되어 말론 브란도가 주인공으로 나온다.

53

몽고전란을 소설로 그린

이노우에 야스시

井上靖, 1907~1991

『풍도 風濤』(1963)

일본의 유명한 소설가이자 시인인 이노
우에 야스시(井上靖)의 작품은 우리나
라에도 많이 번역되어 알려졌다. 노벨
문학상을 수상한 일본인은 세 사람이
나 있지만 가장 먼저 노벨상 후보로 논
의된 사람은 이노우에였다고 한다. 그
러나 그가 노벨문학상을 수상하지 못

한 것은 서양인 심사위원들의 눈에는 인류의 보편적인 정신, 즉 신(神)의 문
제를 일본소설은 다루지 못하고 있다고 비쳤기 때문이다. 사실 일본의 역
사 내지 동아시아의 역사를 다루는 역사소설가에게 이런 평은 틀린 얘기가
아닐지 모른다. 그렇다고 노벨문학상이 한 작가를 평가하는 유일한 잣대

일 수도 없고, 아무튼 이런 얘기도 지난 얘기가 되었다. 이노우에가 그 많은 작품 중에서 고려 시대의 몽고침입을 다룬 소설을 썼다는 사실만으로도 흥미를 끌 수밖에 없다.

작가의 생애

———

이노우에 야스시(井上靖)는 1907년 5월 6일 홋카이도(北海道)의 아사히카와정(旭川町, 지금의 아사히카와시)에서 군의관이었던 아버지 이노우에 하야오(井上隼雄)와 어머니 야에(八重) 사이에서 맏아들로 태어났다. 이노우에 집안은 시즈오카현(静岡縣) 유가시마(湯ヶ島, 지금의 이즈시) 지역에서 대대로 의사 집안이었다. 1908년 아버지가 한국에 군의관으로 가게 되면서 1912년부터 증조할머니가 살고 있는 시즈오카현의 유가시마에서 살았다. 1921년 시즈오카현립 하마마쓰중학교에 입학한 후 누마즈중학교로 전학했다. 1930년 이시카와현 가나자와시(金澤市) 제4고등학교를 졸업하고, 본명과 글자만 다르고 발음이 비슷한 '이노우에 야스시(井上泰)'라는 필명으로 동인시집『일본해시인(日本海詩人)』에 작품을 투고하며 시인으로 활동하기 시작했다.

이후 규슈대학 법문학부 영문과에 입학했다. 1932년 규슈대학을 중퇴하고, 교토대학 문학부 철학과에 입학했다. 1935년 교토대학의 교수 아다치 분타로(足立文太郎)의 딸 후미코와 결혼했다. 1936년 교토대학을 졸업하였다. 《선데이 마이니치(サンデー毎日)》에 투고한 소설이 입선되어 이를 계기로 《마이니치 신문》 오사카 본사에 입사해 학예부에 배속되었다. 중일전쟁에 소집되어 입대했지만 이듬해에 의병제대하고 복직했다.

1950년 소설『투우(闘牛)』로 제22회 아쿠타가와상을 수상했다. 1951년 마이니치 신문사를 그만두고 작품 창작과 집필, 취재 강연을 위해 여행했다. 1955년 강연을 위해 고향 아사히카와를 방문했다. 그해에 단편소설「이사(姨捨)」를 발표했다. 1964년 일본예술원(日本藝術院) 회원이 되었고 1976년 정부로부터 문화훈장을 받았다.

1982년부터 '세계평화어필7인위원회'의 회원을 맡았다. 1988년에는 나라 실크로드 박람회의 통합 프로듀서를 지냈다. 만년의 암을 제외하면 잔병치레도 없을 정도로 건강했고, 일본 문단에서는 애주가 순위로 거의 1,2위를 다투었다. 신사나 불각, 일본사에도 조예가 깊어 여러 출판사의 관련 서적에 감수 및 편집을 맡았다. 노태우 대통령이 일본을 방문했을 때 아키히토 천황이 만찬회 석상에서 과거 한일 관계사에 관해 노 전 대통령에게 전한 "통석의 염을 금치 못한다"는 담화문 내용은 이노우에 야스시의 마지막 퇴고를 거친 것이었다.

1991년 1월 29일 세상을 떠났고, 묘소는 시즈오카현 이즈시에 있으며, 장례는 유명한 역사소설가 시바 료타로(司馬遼太郎)가 집전했다. 2007년 이노우에 야스시 탄생 100주년을 기려 그의 소설 『풍림화산(風林火山)』이 NHK 대하드라마로 방송되었다. 이노우에 야스시 기념관(井上靖記念館)은 홋카이도 아사히카와시에 있다.

작품 속으로

이노우에는 몽골의 압제에 놓인 고려를 배경으로 한 『풍도(風濤)』를 쓰기 위해 1963년 4월 한국을 방문하여 강화도, 마산, 울산, 부산, 경주, 합천 등지를 답사하였다. 『풍도』를 출간하고 취재 과정에서 도움을 받은 한국의 역사학자들에게 보냈는데, 그 가운데 한 명이었던 이병도 박사는 "체계는 안 섰어도 사료 수집은 충분히 한 훌륭한 역사소설"이라고 평하였다. 또한 1976년 6월에 이노우에 야스시는 다시 한 번 한국을 방문하였다. 구성력이 뛰어나고 시점이 풍부하다는 평가를 받고 있

風濤(1963) 초판본

는 그의 작품은 여러 나라의 언어로 번역되었고, 펜클럽 회장을 맡고 있을 무렵에는 노벨문학상 후보로 자주 거론되었으며, 그의 작품을 각색한 연극과 영화, 드라마도 많다.

이노우에의 『풍도』는 몽골의 침략을 받던 고려 말기를 그린 소설이다.

고려 시대는 후삼국을 통일하고 왕권을 굳히던 1기, 이자겸을 비롯한 귀족들이 지배하던 2기, 무신정권의 3기, 몽골 지배하의 4기로 나눌 수 있는데, 이 소설은 마지막 4기를 다루고 있다. 전 세계를 휩쓸던 몽골의 거센 바람이 고려에도 밀어닥쳤을 때 집권자 최 씨는 강화도 천도를 단행하여 저항을 계속했다. 최 씨가 망하고 1259년 마침내 몽골에 항복할 것을 결심하고 태자를 몽골에 보낸다. 이 소설은 태자의 출발에서 시작하여 고려가 몽골의 일본원정에 휘말려 진통을 겪는 모습을 그리고 있다. 몽골은 고려 곳곳을 착취 및 약탈하고 전국을 폐허로 만드는데, 그럼에도 불구하고 꺼져가는 나라의 맥박을 살리려는 애처로운 시도가 계속된다. 몽골이 워낙 강해서 저항하는 것조차 무의미하겠지만 충렬왕, 이장용, 김방경은 그래도 전력투구한다. 이들과는 반대로 홍다구(洪茶丘)는 쿠빌라이와 외세를 등에 업고 조국을 괴롭히는데, 이 인물의 성격묘사는 거의 완벽하다고 평가된다.

이 소설은 몹시 압축된 서술을 하고 있다. 고려인들은 40년간 너무나 절망적인 현실에 처해야 했다. 이 40년간의 파란만장한 역사를 그리고 있지만 저자는 한숨도 눈물도 안 보이고 담담히 역사적 사실을 그리고 있다. 센티멘털한 감정을 배제하면서 역사를 내려다보기에 오히려 서정성을 담고 있다고 평론가들은 지적한다. 나는 이 소설은 '압축된 서정미'가 돋보이는 작품이라고 생각한다. 아마도 이노우에가 언어를 함축적으로 다루는 시인이기도 했기 때문에 이러한 작품이 탄생한 것이 아닐까 싶다. 이 장편소설의 첫 부분은 이렇다.

고려의 태자 전(倎)이 몽골에 입조(立朝)하기 위해서 항서(降書)를 갖고 강화도를 떠난 것은 서기 1259년 4월 21일이었다. 사실인즉 전의 아버지인 고려왕 고종(高宗)이 입조해야 할 일이었고, 몽골로부터도 그것을 강

력히 요구받고 있었던 것이나 고종은 당시에 예순여덟 살, 노쇠와 여러 해
에 걸친 몽골군과의 항쟁에서 생긴 정신적 피로 때문에 그 병세는 내일을
예측할 수 없는 근심스런 상태에 놓여 있었다. 그러기에 부왕(父王)을 대
신하여 태자 전이 입조하게 된 것이다. 진은 참지정사 이세재, 추밀원 부
사 김보정 등 40여 명의 배행(陪行)을 받으며 이른 새벽에 내성의 북문을
나와 작은 언덕 사이로 뻗쳐 간 진창길을 가기 15리, 섬의 북쪽 끝인 산리
포에 도착하여 거기에서 한강 어귀에 배를 띄었다. 강화도와 본토 사이의
수역은 여기께가 가장 넓고, 한강의 물과 조수가 서로 부딪쳐서 멀리 아
른아른해 보이는 건너 쪽 기슭과의 사이를 검푸른 물결이 가득 메우고 있
었다. 이와 반대로 섬의 동쪽 기슭과 본토와는 그야말로 일의대수(一衣
帶水), 부르면 대답할 수 있을 것 같은 거리였다. 몽골군은 해마다 개경
부근에 침입해오면 으레 가장 수역이 좁은 지점에 있는 문수산에 올라가
강을 격하여 강화도를 내려다보면서 기치를 늘어세워 시위하곤 했었다.

고려의 제23대 왕인 고종(1192~1259)은 1213년 왕위에 올랐지만 최 씨
무신정권 때문에 실권을 잡지 못하다가, 1258년 최의(崔竩)가 살해되어 정
권을 되찾았다. 하지만 재위 기간 내내 몽골의 침입을 받았다. 몽골의 침략
을 피해 강화에 천도하고 28년간 항쟁했고, 팔만대장경을 조판하기도 했
다. 이 대하소설은 고종이 병세가 위중하여 태자 전이 그를 대신해 몽골에
항복하러 가는 장면부터 시작하는데, 이렇게 담담한 어조로 서술하고 있
다. 하지만 문장과 문장 사이, 단어와 단어 사이의 행간에는 고려를 안타
깝게 여기는 저자의 감정이 엿보인다.

고려는 두 번에 걸친 일본 정벌의 상처에서 오래 회복되지 못했고, 당연

한 일이지만, 충렬왕의 만년은 이것 또한 고통에 찬 것이었다. 앞서 있은 내안, 음단의 반란 때에는 그 여파를 받아 고려도 반란군의 내침을 당하게 되어 한때는 서울을 강화로 옮기지 않으면 안 되었다. 또 왕과 태자가 화목하지 못하여 충신 수십 명이 살해되고, 한때는 왕위에서 쫓겨난 사건도 있었다. 공주 쿠쓰루가이미시가 죽은 다음, 그때까지 공주를 꺼려하여 별궁에 있으면서 왕과는 오랫동안 만나지 못했던 정화궁주(貞和宮主)는 두 명의 왕녀를 낳았다. 원의 지대(至大) 원년(서기 1308년) 충렬왕은 돌아갔다. 향년 일흔셋.

저자는 이 소설의 끝부분 역시 이렇게 서술하고 있다. 복잡미묘한 감정을 숨기면서 역사적 사실을 담담히 그려내는 '압축된 서정미'가 돋보인다고 논평되고 있다.

미국에 한국학을 심은 맥큔 부부

조지 맥아피 맥큔 George McAfee McCune, 1908~1948
에블린 베커 맥큔 Evelyn Becker McCune, 1907~2012

『*Kim Rides the Tiger*(호랑이를 탄 김 소년)』(1951)
『*The Arts of Korea*(한국미술사)』(1962)
『한국의 병풍 *The Inner Art: Korean Screens*』(1983)

조지 맥아피 맥큔(George McAfee McCune)이라고 하면 가장 먼저 한글의 맥큔-라이샤워 표기법(McCune-Reischauer Romanization)이 생각난다. 바로 그 표기법을 만든 사람이다. 그러니 그는 한글 전문가요 학자이다. 그리고 한국에 관한 책을 썼다. 그런데 애석하게도 40세의 이른 나이에 요절하였다. 오히려 그의 아버지인 선교사 윤산온(尹山溫) 목사의 이름이 한국교회사에 영원하다. 또한 미망인인 에블린 베커 맥큔(Evelyn Becker McCune) 역시 작가로 학자로 오랫동안 활동하여 필명이 높다.

나는 1990년대에 하와이대학에 자주 갔는데, 우아한 할머니 애블린 여사를 몇 번 보았지만 개인적으로 친해지지는 못했다. 하와이대학의 한국학 연구소(Center for Korean Studies)에서 내는 저널에 실린 그녀의 서평들을 읽었다. 이제 이 글을 쓰면서 미국에서 한국학이 형성되는 데 기여한 맥큔

부부에게 다시 한 번 깊은 감사를 드린다.

작가의 생애

———

조지 맥아피 맥큔(George McAfee McCune)은 1908년 6월 16일 한국의 평양에서 아버지 조지 샤논 맥큔(George Shannon McCune)과 어머니 헬렌(Helen)의 장남으로 태어났다.

부모는 1905년부터 선교사로 내한하여 활동하고 있었다. 한일합방이 된 이후 선교에 어려움을 겪었지만 평양과 신천에서 선교하였다. 맥아피는 한국에서 초등학교를 마치고 미국으로 건너가 아버지가 총장으로 있는 사우스다코타의 휴론대학에서 공부했다. 1년 후에 뉴저지에 있는 럿거스대학교를 졸업하였다. 1930년에 옥시텐탈대학에서 석사학위를 받았다. 맥큔은 한국으로 돌아와 평양의 조선신학교에서 학생들을 가르쳤다. 동시에 중국

1926년에 찍은 맥큔 선교사 일가 사진(가장 왼쪽이 조지 맥큔)

인이 소유했던 대은회사를 인수해 경영도 하였다. 다시 미국으로 가서 버클리대학교에서 박사과정을 시작하였다. 밀스여행장학금(Mills Travelling Fellowship)을 받아 한국으로 와서 1년간 조선왕조실록을 연구하였다. 1941년에 버클리대학교에서 문학박사 학위를 받았다. 이에 앞서 1939년에 라이샤워(Edwin O. Reschauer)와 함께 한국어 표기법인 맥큔-라이샤워 표기법(McCune-Reischauer Romanization)을 창안했다.

그는 1933년 4월 22일 하와이 호놀룰루에서 에블린 마가레트 베커 (Everlyn Margaret Becker, 1907~2012)와 결혼하였다. 그녀는 한국에 온 감리교 아더 베커(Arthur Becker) 선교사의 딸로 평양에서 태어났다. 그녀는 버클리대학교에서 석사학위를 받고 서울외국학교에서 가르치며 평양에 왔다가 맥큔을 만난 것이었다. 그들은 약혼하고 맥큔이 심장질환이 있었지만 결혼하였다. 슬하에 두 딸을 두었다.

맥큔은 1939년부터 1946년까지 옥시덴탈대학에서 부교수로 한국학을 가르쳤다. 일본의 진주만 공격으로 제2차 세계대전이 시작되자 그는 미국전략국(OSS)과 중앙정보국(CIA)의 요원으로 활동하였다. 2년 후에 미국무성의 한국담당관으로 임명되었다. 이렇게 그는 미국의 공식적인 한국전문가가 되었다.

만년의 에블린 베커 맥큔

1946년부터 버클리대학교에서 한국학을 가르치기 시작했다. 1948년에 역사학 부교수로 승진되었으나 그해 11월 5일 심장마비로 사망하였다. 그는 이 대학에 한국어과를 신설했으며 동아시아도서관에 한국관계서를 다량 확보하여 미국에 한국학의 효시를 이루었다. 동생 샤논 맥큔(Shannon Boyd-Bailley McCune, 1913~1933)도 지리학자로 한국에 관한 몇 권의 책을 썼다.

작품 속으로

맥큔의 아내 에블린은 하와이에 살면서 『*Kim Rides the Tiger*(호랑이를 탄 김 소년)』라는 책을 내었고, 계속 한국학 연구를 하면서 한국학연구소에서 발간하는 《한국연구 *Korean Studies*》

Kim Rides the Tiger((1951) 초판본

『한국의 병풍 The Inner Art: Korean
Screens』(1983) 초판본

지에 많은 서평을 썼다. 이미륵, 정인
섭, 김은국 등의 작품을 읽고 미국 학
술지들에 평을 싣기도 했다.

에블린의 『한국의 병풍 The Inner
Art: Korean Screens』은 1983년 김서영
역으로 보진재에서 발간되었다. 이 책
은 '1. 북두칠성, 2. 중국 조정에 대한 각국의 조공, 3. 글자 그림(문자도),
4. 책거리, 5. 책거리, 6. 정조대왕의 원행그림, 7. 구운몽, 8. 동래 왜관의 왜
사, 9. 홍대감 평생, 10. 책거리, 11. 금강산, 12. 사철 그림, 선 불교식, 13.
김구 선생 글씨, 14. 수복자, 15. 평양성 그림, 16. 동궐 그림, 17. 도교의
신선들, 18. 도교의 신선들, 19. 꽃과 벌레, 20. 심기, 거두기, 21. 꽃과 그
림, 22. 부록' 순으로 되어 있다.

이 책은 한국의 병풍예술을 소개하는 책이다. 21개의 병풍을 소개하고
설명하는 글을 붙였다. 특히 조선시대의 뛰어난 화가인 정선과 김홍도, 신
윤복, 김득신, 신사임당과 일본에 유배되었던 스님화가 이수문의 그림을 소
개했다. 또 이름 모를 화가의 그림들과 무교, 도교, 불교, 유교 등 종교적인

The Arts of
Korea(1962) 초판본

병풍도 소개했다. 이 책을 번역출판한 보진재는
1997년에 개정판을 양장본으로 출간했는데, 본
문을 영문과 국문으로 병행해 표기하였다.

『The Arts of Korea(한국미술사)』는 한국미술
을 서양인들에게 알리려는 목적으로 출간된 상
당히 볼륨이 큰 저술이다. 4부으로 나눠 1부 초
기 한국에는 '1. 시작, 2. 전통시대, 3. 낙랑지배'
를 싣고, 2부는 삼국시대와 통일신라시대로 '4.

백제와 가락, 5. 고구려, 6.신라왕국, 7. 통일신라'로 구성되어 있다. 3부는 고려시대로 '8.고려왕조와 건축, 9.고려조각 10. 고려자기'를 싣고 있고, 4부는 조선시대로 '11. 새 시대 15세기, 12. 16세기 학자의 시대, 13. 변화와 고립의 17세기, 14. 평화와 안정의 18세기, 15. 쇠락의 19세기, 16.조선시대의 건축과 미술'로 구성되어 있다. 회화, 서예, 도자기, 건축 등 수백 종의 한국 예술품이 사진으로 수록되어 있는데, 이 책에는 어쩌면 저자 자신이 사진기를 들고 전국을 다니며 찍은 것으로 보이는 한국의 자연미를 담은 사진들을 몇 개 실었다. 에블린은 직접 그림을 그려『호랑이를 탄 김 소년』의 표지화로 사용하기도 하였다.

문학적인 에블린 맥큔은 중국 여황제의 전기도 썼다. 이 책은 영어판과 독일어판이 나왔다. 에블린의 학구적이고 문학적인 면모를 드러내준다.

이승만 대통령의 해외 한국 대변인

로버트 타벨 올리버

Robert Tarbell Oliver, 1909~2000

『신화에 가린 인물 이승만 *Syngman Rhee: The man behind the Myth*』

(1954)

로버트 타벨 올리버(Robert Tarbell Oliver)는 수사학(rhetoric)과 커뮤니케이션 분야의 선각자이자, 문화 커뮤니케이션에서 아시아 중심적 접근법을 사용한 선구자였다. 그런데 나는 그의 이름을 떠올리면 가장 먼저 이승만 대통령의 공보인으로 기억한다. 그는 영어로 이승만에 관한 전기를 몇 권 썼다. 나도 그중 한 권을 직접 사인하여 증정받는 영광을 누렸는데, 당시에 그는 노년에 이르렀는데도 매우 부드러운 신사였다. 그 후 그가 살던 샌디에이고의 라호야(LaJolla) 자택에도 가본 일이 있다.

훨씬 후에 그가 영어학자로서도 연설학과 아시아 수사학의 권위자이고 구술사(oral history)의 개척자로 인정받고 있다는 사실을 알게 되었다. 그리고 지금도 이승만 연구에 가장 권위 있는 연구자로 인용되고 있다. 한국을 사랑한 세계작가로 그를 조명할 수 있게 되어 기쁘다.

작가의 생애

———

로버트 타벨 올리버(Robert Tarbell Oliver)는 1909년 7월 7일 미국 오리건 주의 스윗홈(Sweet Home)에서 태어났다. 퍼시픽대학교를 졸업하고 1933년 오리건대학교에서 석사, 1936년에 위스콘신대학교에서 박사학위를 받았다. 제2차 세계대전 중에 워싱턴의 국무성 연설부 사무국 부국장을 맡았다. 그리고 전쟁구호부의 물자부장을 맡았다. 1949년에 펜실베이니아주립대학의 연설학부 교수 및 학과장을 맡았다. 그때 이승만의 자문인이 되었다. 시러큐스대학에서도 강의하였다. 1964년에는 전국커뮤니케이션협회 회장으로 피선(被選)되었다. 1970년에 펜실베이니아주립대학에서 명예교수로 은퇴하였다. 특히 이승만의 친한 친구이자 대변인으로서 1947

1959년 3월 17일 올리버가 이승만
대통령에게 훈장을 수여받고 있다.

년 이후 한국의 유엔대표단과 유엔
한국위원회 등에 자문하였다. 워싱
턴에 한국태평양프레스(Korean Pacific Press)의 사무국을 운영했고, 월
간지 《Korea Survey》의 편집인이었
다. 2000년 5월 29일 미국에서 삶을
마감하였다.

그는 50권 이상의 책을 저술하였
다. 그중 한국에 관한 책으로 Korea: Forgotten Nation(1944), Why war came in Korea(1950), The Truth about Korea(1951), Verdict in Korea (1952), Korea, my country by Yung Tai Pyun(1953)의 서문, Syngman Rhee: The Man behind the Myth(1954), A History of the Korean People in Modern Times: 1800 to the Present(1993) 등이 있다.

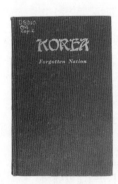

Korea: Forgotten
Nation(1944) 초판본

Why war came in
Korea(1950) 초판본

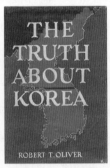

The Truth about
Korea(1951) 초판본

A History of the Korean
People in Modern
Times(1993) 초판본

작품 속으로

『신화에 가린 인물 이승만 *Syngman Rhee: The Man behind the Myth*』(1954)은 총 16장으로, '1. 소년기: 근대화의 여명기, 2. 청년기: 개혁의 지도자, 3. 감옥에서 시작된 새로운 인생, 4. 조국의 멸망, 5. 정치에서 학업으로, 6. 계몽정치, 7. 3·1운동, 8. 외로운 외교, 9. 진주만에서 카이로 회담까지, 10. 새로운 적, 새로운 음모, 11. 환국, 12. 건국의 길, 13. 모두 잃느니 반만

Syngman Rhee: The Man behind the Myth (1954) 초판본

이라도, 14. 민주주의의 건설, 15. 한국전쟁, 16.인간 이승만'의 순으로 되어 있다. 1954년 1월 11일 펜실베이니아주립대학에서 쓴 서문에서 저자는 이렇게 적고 있다.

이승만의 탁월한 영도력의 가장 중요한 원천은 어려서부터 익힌 동양 고전과 그가 유학 시절 깊이 연구한 미국과 유럽의 역사와 철학을 성공적으로 접목시키면서 형성된 것이다. 동서양이 공동의 운명체로 합쳐지던 시기에 그는 그 중심에서 양쪽의 본질을 파악할 수 있었다. 그를 이해하는 중요한 열쇠는 그가 한국어와 영어에 유창했지만 두 언어를 구사함에 스타일을 달리했다는 점이다. 그는 한국인은 물론 외국인을 상대할 때에도 적절한 화술을 구사할 줄 알았다. 그에게서 목격할 수 있는 동서문화의 결합을 동양과 서양의 많은 사람들이 지금 답습하고 있다. 우리가 그의 말에 귀를 기울이고 그 발언의 진의를 파악해야 할 이유도 여기에서 찾아야 한다. (…) 필자는 인간 이승만에 대해 아직도 쓰여질 것이 많다는 점과 시간이 흐르면 현재 왈가왈부하는 문제들도 자연히 분명해질 것이라고 확신하면서 이 책을 내어놓는다. 이승만의 진가는 시간이 흘러 객관적인 시각에 기초한 최종적인 평가가 내려질 장래에나 드러날 것이다. 그의 위상과 중요성은 시간이 흐르면서 계속 높아질 것을 확신한다. (13쪽)

이 책이 출간될 당시에 이승만은 대통령이었다. 지금은 대통령의 지위가 많이 달라지기는 했지만 당시에는 그 권위가 대단했다. 그전까지 대한민국은 왕조국가였고, 이제 막 민주주의가 형성되어가고 있었기 때문일 것이다. 책제목이 암시하듯 당시에 이승만은 신화 속의 인물과 같았다. 이 책의 저자는 1942년부터 이승만과 친교를 맺기 시작했고, 1965년 이승만 대통령이 하와이에서 눈을 감을 때까지 가까운 자리에서 그를 지켜봤다.

하지만 그는 책의 저자답게 이승만이라는 한 인물을 신화가 아닌 객관적인 평전으로 다루려 했다. 이 책의 서문을 좀 더 살펴보면 그는 "전기 집필의 대상이 되는 인물의 외향적 모습은 그가 속했던 사회의 살아 있는 역사로, 그의 모습이 정확히 그려지지 않을 경우 그 오류로 인한 피해는 우리 모두의 것이 된다"고 말했다.

이 책의 맨 뒤에는 참고문헌 소개가 있는데, 그에 앞서 한 페이지에 걸쳐 쓴 저자의 증언이 있다. 이승만의 친구이자 고문이었던 그는 누구보다 이승만을 잘 알고 있었는데, 이렇게 적고 있다.

이승만의 생애는 거의 전적으로 미발간 원본 자료에 의존했다. 1949년 5월 경무대에서 필자의 열람이 허락된 두 트렁크 분량의 이 박사 개인 문서들도 그런 자료의 일부이다. 그로부터 불과 13개월 후에 서울은 공산군의 기습공격으로 함락되었고, 2주도 안 되어 안그레아 비신스키 유엔

주재 소련대사는 유엔총회에서 그 문서들이 자신들의 수중에 있음을 암시했다. 영문과 한글로 된 그 귀중한 자료들은 이 대통령 부처가 수집 보관한 것으로 현재 흩어지거나 분실된 상태이며 모스크바에 보관되어 있을 가능성도 있다. 또 다른 중요자료는 필자가 이 박사 부처와 약 10년간 교환한 편지들이다. 1947년부터는 매주 편지를 주고받았다. 이 박사는 각종 비공식 비망록도 필자에게 보냈으며, 그것들은 특정 문제들에 대한 그의 견해와 정책 방향, 당면 문제들의 성격을 밝히는 귀중한 자료이다. 그는 1919년부터 1945년까지의 독립운동 기록과 편지들의 열람을 허락했다. 그 문서들은 현재 일반인들에게 열람이 허용되지 않고 있다. 그러나 일부만이라도 출판되어 한국 역사와 그 기간 중 미국의 대외정책 이해에 기여할 날이 오기를 기대한다. (351쪽)

이처럼 이승만을 누구보다 잘 알고 대한민국 정부가 수립되어 자리를 잡는 데 가장 크게 기여한 서양인이 쓴 이 책은, 이승만과 대한민국의 성립사에 가장 권위 있는 책의 하나로 평가되고 있다.

56

분단 한국의 실상을 껴안은

루이제 린저

Luise Rinser, 1911~2002

『또 하나의 조국 *Nordkoreanisches Reisetagebuch*』(1981)

1976년 말 독일 프라이부르크대학에서 유학 중이던 나는 뜻밖에 루이제 린저(Luise Rinser)를 만날 수 있었다. 프라이부르크를 거쳐 베를린에서 활동하는 저명한 윤이상(1917~1995) 선생이 자신의 작품 연주회에 친히 오신다는 것이었다. 윤이상이라면 당시 한국인들 사이에는 동백림사건으로 널리 알려졌고, 친북성향의 그를 기피하는 사람이 많았다. 당시 한인유학생회 회장을 맡은 나로선 걱정거리이긴 했지만 선생이 오신다는 소식을 한국 유학생들에게 알렸다. 아니나 다를까. 한국 유학생들은 거의 나오지 않았다. 연주회를 마치고 찻집에 가서 "면목 없게 되었다"고 말씀을 드리니, 윤 선생님은 "다 아는 사정이니 개의치 말라"며 오히려 위로해 주셨다.

그런데 놀랍게도 함께 오신 분이 루이제 린저 여사였다. 할머니이지만 아직 여성미가 느껴지는 단아한 모습이셨다. 바로 내일 프랑크푸르트로 가

서 윤 선생의 전기 『상처 입은 용 *Der verbundene Drache*』을 출판계약한다는 것이다. 나는 이런 역사적 순간에 린저를 처음이자 마지막으로 만났던 것이다. 몇 마디 얘기만 나눴을 뿐이지만, 그 인상은 아직도 강렬히 남아 있다. 그 후 그녀는 북한을 방문하고 '친북' 성향의 책을 내기도 했다. 여하튼 그녀는 전후 독일의 가장 뛰어난 산문작가의 하나로 평가받고 있다.

작가의 생애

———

루이제 린저(Luise Rinser)는 1911년 4월 30일 독일 바이에른 주 피츨링의 기독교 가정에서 태어났다. 뮌헨대학에서 교육학과 심리학을 전공했고, 1935년부터 고향에서 초등학교 교사로 활동하였는데, 1939년 학교에서 나치스에 가입하라는 압박을 받자 교단을 떠났다. 그리고 그해에 젊은

1987년에 독일 작가 헤르만 칸트와 얘기하고 있는 루이제 린저

작곡가와 결혼한 이후 소설을 쓰기 시작해 1940년 처녀작이자 출세작인
『잔잔한 가슴에 파문이 일 때 *Die Gläserrnen Ringe*』를 완성했다. 이 소설
은 린제의 자전적 성장소설로서 병상에 있던 헤르만 헤세가 이 작품을 읽고
찬사의 편지를 보내기도 하였다.

　　1944년 남편이 러시아 전선에서 전사한 데 이어 히틀러 정권에 반발했다
는 이유로 작품의 출판 금지를 당하고 게슈타포의 감시를 받았다. 이에 굴
하지 않고 반 나치스 활동을 벌여 투옥되었다. 1944년 10월 사형선고를 받
았지만 전쟁이 종료되면서 1945년 석방되었다. 그리고 이때의 경험을 바탕
으로 1946년에 일기형식의 작품인 『고원의 사랑 옥중기 *Gefängnistagebuch*』
를 발표했다. 이후부터 유대인에게 가했던 동족의 만행을 고발한 중편소설
『*Jan Lobel aus Warschau* (얀 로벨)』(1948) 등 인류의 비극을 고발하는 작품
을 발표하기 시작했다. 1950년에 발표한 『생의 한가운데 *Mitte des Lebens*』
는 대표작으로 꼽히며, 이 작품으로 슈켈레 문학상을 수상했다. 이 작품은

전 세계 24개국 언어로 번역되었다. 이후 『다니엘라 *Daniela*』(1953)를 집필하였고, 다음 해인 1954년에는 〈카르미나 부라나(Carmina Burana)〉로 유명한 독일의 작곡가 칼 오르프(Carl Orff)와 재혼했다. 그러나 1959년 오르프와 이혼하였고, 이탈리아 로마 근교인 로카디파파에 거주하며 자유문필가로 활동하였다.

주요 작품으로는 이외에도 『*Abenteuer der Tugend*(덕성의 모험)』(1957), 『완전한 기쁨 *Die Vollkommene Freude*』(1962), 『*Ich bin Tobias*(나는 토비아스)』(1967), 『검은 당나귀 *Der Schwarze Esel*』(1973), 『상처 입은 용 *Der verwundete Drache*』(1977), 『*Mirjam*(미리암)』(1983), 『아벨라르의 사랑 *Abaelards Liebe*』(1991) 등이 있다.

린저는 한국을 여러 차례 방문했으며 한국 관련 저서도 썼다. 작곡가 윤이상을 만나 대담록 『상처 입은 용 *Der verwundete Drache*』과 북한 방문 후 『또 하나의 조국 *Nordkoreanisches Reisetagebuch*』을 썼다. 또한 80세가 넘은 나이에 달라이 라마를 만나기 위해 히말라야를 방문해 화제가 되기도 했으며, 빌리 브란트 전 독일 총리의 '정치적 동반자'로 불리면서 1984년에는 녹색당 후보로 대통령선거에 출마하기도 했다.

2002년 3월 바이에른 주 운터하힝의 한 양로원에서 90세의 나이로 세상을 떠났다.

작품 속으로

———

지금과 달리 1980년대까지만 해도 저작권이 제대로 보호받지 못해서 해외저자의 책들이 국내에서 무분별하게 출판되는 경우가 있었다. 린저는 남한을 방문하였는데, 자신의 책이 번역허가도 없이 여러 출판사에서 인쇄하여 이익을 챙기는 것을 보고 화가 났다. 그래서인지 그녀는 남한보다는 북한에 관심을 갖게 되었다. 1980년대 초 평양에서 처음 김일성을 만난 이후 여러 차례 북한을 방문하면서 예찬자가 되었다. 김일성과의 염문설이 나돌았을 정도로 북한 사랑은 유별났다. 김일성에 대해 린저는 "그를 만나고 나서 인류의 미래를 믿게 됐다"라고 극찬했다. 김정일에 대해서는 "아들이어서가 아니라 능력으로 자기 자리에 오른 인물"이라고 평가했다. 린저에게 북한은 '순박하고 인정 많고 때 묻지 않은 인민을 위한 천국'이었다. 그래서 자연히 남한에서는 북한 체제를 비판 없이 일방적으로 찬양했다고, 북한의 실상을 제대로 알지 못하고 환상에 빠졌다고 비판받기도 했다.

이러한 가운데 『또 하나의 조국 Nordkoreanisches Reisetagebuch』은 내용의 사실여부를 떠나 1980년대 '이념의 시대'에 국내 좌파 지식인들과 대학생들의 필독서가 되었다. 그녀는 2000년 말 달라이 라마의 한국방문이 무산되자 이에 유감을 표시하고 방한허용을 촉구하는 서한을 청와대에 보내는 등 한국에 대한 변함없는 관심을 보였다.

Nordkoreanisches Reisetagebuch (1981) 초판본

『생의 한가운데』(1950)로 널리 알려진 루이제 린저는 오래전부터 한국과 인연을 맺었다. 그녀의 소설 제목인 '또 하나의 조국'에서 알 수 있듯이 그녀는 '한국에서 산다는 게 무엇인지, 또 어떻게 살아야 하는지'를 끊임없이 환기시켰다. 1961년 전혜린이 린저의 작품을 최초로 번역 소개한 이래 린저는 한국에서 1960년대에는 신여성을 대변하는 작가, 1970년대는 서독 최고의 산문작가이자 기독교적 사회주의자, 1980년대 중후반부터는 대표적 친북 지식인으로 인식되었다.

윤이상과 루이제 린저

1975년 10월 6일 이어령 교수가 내한한 여류작가 루이제 린저를 만나 이야기를 나누고 있다.

조선화보사가 일본어로 펴낸 『빛나는 생애』 379쪽에 나오는 사진. 김일성(왼쪽)이 독일 작가 루이제 린저를 만나는 모습

린저는 윤이상에 대해 특별한 관심을 갖고 그의 전기까지 썼다. 윤이상의 방북 활동은 후일 많은 논란을 낳은 게 사실이다. 그는 1971년 독일에 귀화한 후 한국의 민주화운동과 통일운동에 투신하면서 급속히 북한쪽으로 기울었다. 기회가 닿을 때마다 북한을 방문했다. 한국 정보기관에 따르면, 1963년부터 1991년 10월까지 17차례 입북했다고 한다. 북한은 1984년 평양에 윤이상음악연구소를 개관하고 1990년 윤이상관현악단을 창단했다. 조선로동당 출판사가 2000년 간행한 김일성 교시집 '재 서독 교포 윤이상 일행과 한 담화' 등에 따르면, 김일성은 윤이상을 '조국 통일을 실현하기 위하여 활동하는 애국지사'로 격찬하였다. 윤이상은 김영삼 정부가 들어선 뒤 그에게 귀국의 조건으로 준법서약서를 요구했을 때 그는 고향에 되돌아오겠다는 소박한 꿈을 접었다. 2017년 7월 문재인 대통령과 함께 독일을 방문한 김정숙 여사는 그의 묘소 옆에 통영에서 가지고 온 동백나무를 심었다.

각설하고 이제 책 속으로 들어가자. 『또 하나의 조국 *Nordkoreanisches Reisetagebuch*』은 '1. 평양에 가다, 2. 정치학습, 3. 뜻밖의 축제, 4. 한국전쟁의 기원, 5. 이 나라의 작은 임금님들, 6. 북한의 여성, 7. 예술과 정치의 함수관계, 8. 주체사상, 9. 인공호숫가에서의 단상, 10. 두 체제 사이에서, 11. 금강산 기행, 12. 어느 시골에서의 한나절, 13. 자주적인 삶의 모습들, 14. 신(神)이 없는 나라, 15. 고려민주연방제, 16. 김일성과의 만남'의 순으로 되어 있다. 린저는 북한으로 가는 비행기 안에서 이렇게 썼다.

시간을 보내기 위해 나는 글을 쓴다. 나는 지금 나 자신에 대해 매우 화가 나 있는 상태이다. 왜 내가 이처럼 짜증나는 초청을 받아들였을까? (…) 극동의 한구석에서 벌어지는 정치가 과연 나와 무슨 상관이란 말인가? 6년 전에 남한을 방문했기 때문에 이번에는 북한방문이라는 모험을 해야 하는가? 틀림없이 어떤 운명의 사슬이 나를 사로잡고 있는 것 같았다. 그래 맞다. 무엇이 나를 기다리고 있을까? 나는 지금, 한국에서 그랬던 것처럼 저들의 선전목적에 이용되고 있는 것이나 아닐까? 그때 나는 부지불식간에 나를 초청한 사람들의 의도에 말려들었었다. 고육지책으로 CIA 요원인 것처럼 행동함으로써 감시하는 사람들의 눈으로부터 겨우 벗어날 수 있었다.

나는 거기에서 그들이 허가를 한 좋은 면을 보았고, 뿐만 아니라 그들이 금지한 여러 금기사항들까지 보았다. 즉 빈민촌과 지하 학생운동가들, 아들을 감옥에 둔 어머니들, 고문으로 시달림을 당한 시인 김지하, 강단에서 쫓겨난 대학교수들, 굶주림에 고통받는 어린이들, 그리고 전방의 미군들에게 몸을 파는 가련한 양공주들과 호화스런 호텔에 있는 콜걸들을 보았다. 바로 이것에 대해서 나는 《슈피겔》지에 글을 썼다. 그런데 그 글이 나간 이후로 여러 독자로부터 내가 거짓말을 하고 있다고 욕을 해대는 편지를 받았다. 그러나 나에게 이런 편지를 쓴 자들은 모두 다 CIA의 요원이었다. 그리고 내 초청자까지도 내가 거짓선전을 늘어놓고 있다는 내용의 비방하는 편지를 쓸 수밖에 없었다. (…) 그러나 한국에서 감시자들의 눈으로부터 벗어날 수 있었듯이 북한에서도 그럴 수 있을까? 그런데 나는 왜 미리부터 이렇게 불신감을 품고 있을까? 왜 이런 편견을 가지고 있을까? 이것은 결코 옳지 못한 일이다. 편견을 가지고 한 나라를 보려고 한다면 결코 아무것도 볼 수 없을 것이다. (17쪽)

이 책에는 린저가 김일성과 만나 대화한 내용, 당시 북한의 풍경들과 예술품의 사진들도 수록되어 있다. 린저가 북한에 방문한 이후 김일성과 다정히 찍은 사진이 세상에 알려지게 되었는데, 이 책에 그 사진이 실린 것은 아니다. 물론 당시 북한에서는 린저의 방북을 최대한 선전했다.

나는 그(김일성)와 동석한 자리에서 2시간 반 동안 대화를 했다. 그것은 보통 그를 알현하려는 외국의 방문객에게 허용되는 것보다 훨씬 긴 대화시간이었다. 게다가 그는 나를 식당에 초대하였다. 나는 국가적 차원의 방문을 한 것도 아니고 정치적으로 중요한 인물도 아니며 다만 '한반도 평화통일 국제위원회'의 고문일 뿐이다. 그런데도 왜 그는 그렇게 공손한 태도로 나를 대했을까? 나는 수년 동안 남한에서 베스트셀러 작가였으며 1975년에는 남한을 방문했고 그때 학생들은 나를 대대적으로 환영했었다. 나는 서구에서는 저명인사에 속한다. 비록 마르크스 레닌주의자는 아닐지라도 나는 사회주의자이다. 그러나 김일성도 마르크스 레닌주의자는 아니다. (…) 우리의 만남은 내가 독일로 출발하기 직전 교외에서 이루어졌다. 방문을 하기 전에 물론 나는 그에 대한 책들을 상세하게 읽었다. 3권의 전기를 읽었고 연보를 메모해 두었다. (216쪽)

"또 다른 문제, 즉 예술의 문제가 있습니다. 남한은 자국의 예술가들을 서구로 유학 보내 예술을 한층 더 발전시켰습니다. 그럼에도 그들의 전통을 지켰습니다. 윤이상 씨를 보면 더욱 그런 생각이 듭니다. 그의 이름은 1967년 그가 남한 정보기관에 납치된 이래로 이곳에도 알려져 있지요. 그는 서구에서 위대한 작곡가가 되었습니다. 만일 나에게 비평하는 것이 허용된다면 북한의 예술은 남한의 예술보다 훨씬 뒤떨어져 있다고 말하겠습니다." 김일성은 조금도 불쾌한 표정을 짓지 않고 나의 반박을 받아들였다. "우리는 여러 가지 면에서 아직 발전이 덜 되었습니다. 우리는 건설 중에 있는 나라이며 배우는 단계에 있는 인민입니다. 우리에게는 많은 것이 과도기에 처해 있습니다. 기술에 있어서도 마찬가지입니다. 많은 것이 당신이 서구에서 익숙해 있는 대로 작동하지를 않습니다. 예를 들어 우리의 호텔을 보십시오. 아직 기술이 부족하며 무엇보다도 독자적인 전자산업 부문이 아직 불모지입니다.", "주석님, 저는 당신이 모든 것을 다 자로 잰 듯이 일을 처리해야 한다고 생각하지 않습니다. 고도로 문명화된 서구세계, 특히 미국에 있는 사람들이 그 때문에 행복합니까? 결코 그렇지 않습니다."(224~225쪽)

남한과 북한을 모두 방문한 린저는 이제 세상을 떠났다. 린저가 북한을 방문한 지 수십 년이 흘렀지만 아직 한반도는 통일되지 않았다. 그녀가 한반도의 통일에 촉진제 역할을 하였는지는 좀 더 두고 보아야 할 것이다.

『25시』 이후의 희망 코리아
콘스탄틴 비르질 게오르규
Constantin Virgil Gheorghiu, 1916~1992

『한국찬가: 25시를 넘어 아침의 나라로 *Eloge da la Corée*』(1984)

나는 1977년 독일 유학 중 파리에서 열린 제2회 유럽한국학회(AKSE) 학술
대회에 참석하고 참가자들과 함께 주불 한국대사관을 방문하였다. 뜻밖
에 거기에 『25시 *La Vingt-cinquième Heure*』(1949)의 작가 콘스탄틴 비르질
게오르규(Constantin Virgil Gheorghiu) 신부가 기다리고 있다가 우리를 반
가이 맞으셨다. 나는 약간 어리둥절하면서도 대학생 시절에 『25시』를 읽고
현대인의 실존주의를 가장 잘 나타낸 명작이라 생각하였고, 한국을 사랑
하는 분이라 알고 있어서 무척 반가웠다. 나는 당시 박사과정 학생 신분이
었지만 그는 신부라서인지 무척 다정하게 얘기를 해주시던 기억이 지금도
생생하다. 그 후 1980년대에도 한국에 오셔서 강연도 하시고 10여 년이 지
나 그분의 작고 소식을 신문을 통해 들었지만 문학이 아닌 법학의 세계에
현직으로 있을 때라 마음으로만 작별을 고했다. 그는 『한국찬가 *Eloge da*

la Corée』를 발표하는 등 한국에 대하여 특별한 애정을 갖고 작품을 썼는데, 그러한 사실은 훨씬 후에 알게 되었다. 그와 가까우며 방한시 통역을 담당한 불문학자 민희식 교수에게 여러 얘기를 들을 수 있었던 것도 유익하였다.

작가의 생애

———

콘스탄틴 비르질 게오르규(Constantin Virgil Gheorghiu)는 1916년 루마니아의 라스베니에서 태어났다. 부쿠레슈티대학과 하이델베르크대학에서 신학과 철학을 공부하였는데, 대학생 때부터 시를 발표함으로써 문단

서울대에서 강연하는 게오르규와 통역자 민희식 교수

의 주목을 받았다. 제2차 세계대전이 발발하자 참전하여 전쟁의 참상을 목격하게 되었다. 이때의 경험으로 군 생활을 마친 뒤에는 집필 생활에 전념하였다.

1940년에 시집 『*Calligraphy on snow*(눈 위의 낙서)』로 루마니아 국왕상을 받았으나, 루마니아에 공산정권이 들어서자 독일로 망명했다. 그러나 연합군이 독일을 점령하자 적성국가인 루마니아 출신이라는 이유로 체포되어 수용소에 감금되었다. 2년간의 포로생활을 마치고 석방되어 소설『25시』를 집필하기 시작하였다. 독일에서의 생활도 여의치 않자 1949년 프랑스로 망명해 대표작『25시』를 출간하였다. 『제2의 찬스 *La Seconde Chance*』(1952), 『혼자 떠도는 사내』(1958), 『25시에서 영원으로 *De La Vingt Cinquieme A L'Heure Eternelle*』(1965) 등의 작품을 발표하였다.

게오르규는 1984년 한국을 방문하여 서울대학교에서도 강연하였다. 통역은 불문학자 민희식 교수가 하였다. 그 후에도 계속 파리에 살다가 1992년 6월 22일 76세를 일기로 작고하였다.

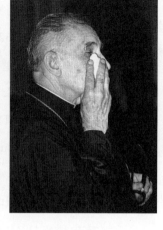

강연 도중 눈물을 닦는 게오르규

작품 속으로

———

　게오르규의 대표작 『25시』는 전쟁을 겪은 한 사람의 파란만장한 인생이 어떻게 전개되는가를 실감 나게 보여 준다. 게오르규는 1944년 소련군이 루마니아로 침공해 오자 아내와 함께 독일로 망명했다. 그러나 적성국 국민이자 외교관이고 입대하여 연합군과 싸우기까지 했던 그는 연합군에 체포되어 포로수용소에 감금되는 처지가 된다. 그는 2년 동안 포로 생활을 했는데, 이러한 자신의 체험과 저항적인 사상이 이 소설을 쓰게 된 동기가 되었다.

　이 작품에서 게오르규는 현대인들에게 '25시'의 의미를 제기하고 있다. '25시'란 모든 구원의 시도를 무효화해 버리는 시간으로, 가령 메시아가 강림한다고 할지라도 결코 그 무엇 하나 해결할 수 없는 절망과 불안의 시간을 뜻한다. "25시는 모든 구원이 끝나버린 시간이라는 뜻이지. 최후의 시간에서 이미 한 시간이나 더 지나버린 절망의 시간, 지금 우리 사회가 처한

*La Vingt-cinquième
Heure*(25시, 1949)
초판본

Eloge da la Corée(1984)
초판본

순간이 바로 25시야."

『25시』는 1952년 한국에 소개된 이래 1980년대까지 스테디셀러였고 1990년대까지도 많이 회자되었다. 이 소설은 영화로 제작되어 4번 넘게 상영되었으며 TV에 수차례 방영되었다. 앤서니 퀸(Anthony Quinn)이 인상적으로 주연하였다. 뿐만 아니라 게오르규는 한국을 다섯 번이나 방문하기도 했다. 그 결과 1999년에는 전문가가 뽑은 '20세기 걸작'에서 13위에 선정되었다. 그의 작품과 영화, 방한이 한국 사회에 미친 문학적, 문화적 현상은 깊이 분석할 필요가 있다. 한국전쟁과 이념 갈등, 자본주의의 확산 등을 겪은 한국 사회가 게오르규의 삶과 작품을 어떻게 받아들였는지를 밝힐 필요가 있기 때문이다.

그렇다면 게오르규는 왜 한국에 관심을 기울인 것일까? 그는 기계문명이 앞서는 서양보다 동양에서 희망을 찾으려 했다. 1974년 한국을 방문하기 전 파리 자택에서 이어령 교수와 가졌던 대담에서 이렇게 말했다. "동양인은 기술사회를 극복하고 서구의 빛인 전깃불 앞에 굴복하지 않는 슬기로운 오랜 전통을 지니고 있는 까닭입니다. 그 슬기란 '조화의 재능'이지요. 나는 그것을 관현악의 지휘자 같은 재능이라고 비유했습니다. 서양인들에겐 그것이 없었기 때문에 성벽을 쌓았고 모든 인간의 재능과 슬기를 그 성벽 안에서만 길러왔던 것입니다. 조화가 아니라 성벽에 의해서 인간의 환경을 주위로부터 단절시키려 한 데 그 비극이 있었지요. 성벽은 도시 문명을 낳았고 도시 문명은 인간의 오만 그리고 조화의 힘이 아니라 지배의 힘을 낳았습니다. 그 궁극에서 얻어진 것이 기술의 발전이었습니다." 게오르규는 한국에서 '동방에서의 새로운 빛'을 보았다고 했다. 그리고 그는 홍익인간(弘益人間)의 이념에 주목했고, 단군에 대해 이렇게 말한다. 1984년 범서출판사에서 출간한 『한국찬가: 25시를 넘어 아침의 나라로 Eloge da la Corée』를 살펴보자.

"단군은 민족의 왕이며 아버지이며 주인입니다. 그가 한국 민족에게 내린 헌법은 한마디로 요약됩니다. 그것은 홍익인간입니다. 가능한 한 많은 사람에게 복을 주는 일입니다. 이후 한국인은 다른 많은 종교를 받아들였지만 단군의 법은 변함없이 5천여 년 동안 계속 유지되고 있습니다. 왜냐하면 단군의 법은 어떤 신앙과도 모순이 되지 않기 때문입니다. 그것은 결국 모든 종교나 철학의 이상적인 형태로 최대한의 인간을 위한 최대한의 행복 또는 모든 인류를 위한 행복과 평화입니다."

이처럼 한국에 관심을 기울인 그는 파리의 아파트 정원에 무궁화를 심어놓고 시간이 있을 때마다 한국인의 얼이 담긴 꽃을 바라보았다고 한다. 그의 『한국찬가: 25시를 넘어 아침의 나라로 Eloge da la Corée』 중에서 인상적인 부분들을 소개해 본다.

나는 한국을 사랑하고 찬미한다. 그것은 나로서는 아주 자연스러운 행위이다. 나는 나의 인생에 있어서 매우 늦게 한국의 존재를 알게 되었다. 그것은 나의 잘못이 아니다. 나는 항상 모범적인 우등생이었고 우리

나라에서 제일 좋은 중학교인 군사중등학교에 다녔다. 학생들은 국왕의
제복을 입었으며 40명을 뽑는데 2천 명의 지원자가 몰려올 정도로 경쟁이
심한 학교였다. 교수들도 가장 뛰어난 분들이었으나 8년 후 내가 중학을
졸업했을 때에도 나는 여전히 한국의 민중과 한국이 존재하고 있음을 알
지 못하였다. 나는 다시 대학공부를 마쳤고 루마니아의 해외 주재 대사
관의 문정관이 되었다. 나는 외교관이었으나 여전히 한국이라고 부르는
나라가 존재한다는 것을 알지 못하였다. 극동아시아의 한쪽 구석에 하
나의 반도가 있다는 것을 알고 있었을 뿐이다.

내가 처음으로 한국인에 대한 이야기를 들은 것은 1945년 여름, 제2차
세계대전이 끝날 무렵이었다. 일본제국이 패망하고 5천 년의 역사를 지닌
한국인이 독립을 선언하였을 때 붉은 군대는 나의 고향을 점거하였고 나
는 포로의 몸이었다. 나에게는 한국에 대해서 무엇을 알 수 있는 책이나
도서관도 없었다. 나는 감옥에 있었던 것이다. 고립된 채로 나는 한국에
대해서 생각하였다.

어찌하여 나는 한국 민족이 존재한다는 것을 알지 못하였던가? 그것
은 학교 교과서에 그 이름과 그 역사가 실려 있지 않았기 때문이다. 지도
에도 한국이 존재하지 않았다. 그것은 하나의 반도였을 뿐이다. 한국인
을 살아 있는 민족의 리스트에서 지워버린 것이다.

(…)

한국은 내가 학교에서 배운 것처럼 중국과 일본 사이에 놓인 극동 아시
아의 하나의 반도이다. 그러나 평면 구형도를 놓고 볼 때 그것은 반도가
아니다. 한국은 아시아 대륙의 귀고리다.

아시아를 아름답게 만들기 위하여, 이 세상을 아름답게 만들기 위하여
하나님은 그 자리에 한국이라는 귀고리를 달아 놓은 것이다. 한국은 보

석처럼 정교하게 깎여지고 만들어지고 가꾸어진 것이다. 그 해안은 레이스로 되어 있다. 칠보로 되어 있다. 그것은 정말로 자수이다. 오직 보석만이 그러한 식으로 재단된다. 한국은 반도가 아니고 장식품이다. 하나의 보석, 하나의 귀고리이다. 레이스로 수놓은 천 8백 킬로미터의 해안에 3천 4백 개의 섬이 있다. 세공된 크고 작은 섬, 온갖 형태의 섬들이 해안을 장식하고 있다.

이 해안에서 등을 돌려 한국의 내부로 시선을 돌린다면 한국이 보석이라는 것에 대한 확신을 갖게 된다. 지리학자는 이 반도는 4분의 3이 산악지대라고 말할 것이다. 구름 위까지 뻗치는 산이 있고 거기에 다른 산들이 연결되어 있다. 토지의 기복을 제하면 그것은 해안과 마찬가지의 레이스이다. 산들은 구름에 걸린 레이스와도 같다. 레이스를 이루는 산꼭대기인지, 하늘과 구름인지 때로는 분간할 수가 없다. 아시아의 귀고리는 부조로 된 작품이다. 그 산은 칠보의 레이스이다. 지도상의 한국은 매우 작다. 모든 보석이 그런 것처럼 하나의 귀고리는 제아무리 커도 역시 작은 것이다.

한국은 22만 평방킬로미타라고 씌어 있다. 나에게 있어서 그 면적은 평방킬로로 잴 수 없는 성질의 것이다. 한국은 정확하게 나의 조국 루마니아와 같은 면적을 가지고 있다. 조국은 어머니이다. 어떤 것이 자기 어머니와 같은 크기를 가졌을 때 면적이라는 말은 의미를 잃는다. 그것이 설사 저속한 것이라 해도 마찬가지다.

(…)

현대 사회에 있어서 한국은 많은 분야에서 모범이 되고 있다. 그중의 하나가 노인에 대한 공경이다. 세계 어디에도 노인들이 한국처럼 존경받는 곳은 없다. 모든 문명화된 나라에서 노년은 혐오의 대상이 된다. 인간은 늙는 것이 부끄럽다. 자동차 공장의 못 쓰게 된 부속품처럼 사람들은 노년을 가려낸다. 한국은 이와는 반대이다. 한국에서는 나이를 먹으면 먹을수록 존경을 받는다.

지나간 5세기 동안은 한국인에 있어서 수난기였다. 1600년경 한국은 사방에서 너무나 심한 위협을 받았기 때문에 위축되어 살아왔다. 한국 민족은 세계에서 격리되었다. 한국인은 은자의 민족이 된 것이다. 그동안 은 그들에 있어서 침묵의 세기였다. 한국인들은 그동안 과거에 그들이 이루어 놓은 놀랄 만한 업적이나 가치를 남기지 못하였다. 구텐베르크보다 200년 전에 한국 사람들은 인쇄술을 발명하였다. 목판 활자도 여전히 존재해 있었다. 한국인은 기술의 기적을 이루어온 것이다. 한국인은 그들의 발명을 이용하지 않았다. 그들은 서양사람보다 먼저 군함을 만들었다. 그것은 거북선이라고 불렀다. 그들은 철갑선을 사용하여 바다의 격전에서 승리를 거두었다. 한국인은 측우기도 발명하였다. 그것은 지금 서울의 박물관에 있다. 그들이 세상을 은퇴할 때 그들은 모든 그런 것을 버린 것이다. 적은 바다의 모래나 들의 풀처럼 많았다. 한국인은 거기에 대항할 수가 없었다.

한국인은 나무·꽃·식물·뿌리의 형제들이다. 한반도에는 4천 5백 종류 이상의 식물이 있다. 덴마크에는 천5백 종, 영국에는 2천 종밖에 없다. 매년 4월 5일은 자연의 축제일인 식목일이다. 한국 사람은 누구나 나무를 심는다.

그처럼 오랫동안 알려지지 않았던 한국은 오늘날 전 세계의 민족에게 알려지고 경탄의 대상이 되고 있다. 교황 요한 바오로 2세는 서울에 내리면서 한국의 땅에 입을 맞추고 찬사를 보냈다. 그것은 1984년 5월 3일이었다. 말할 수 없이 중요한 사건이다. 기독교국이 최고의 사제, 로마의 거룩한 형제, 지상의 모든 기독교도의 정신적인 수령이 이날 한국에 온 것이다. 사제들이란 하늘과 신성이 흘러 땅 위에 기울어지는 강이다. 교황의 도래와 더불어 한국에는 신이 온 것이다. 4천만의 한국 사람에게 신은 하늘에서 내려와 교화의 현존으로서 그들 곁에 임한 것이다. 한국에는 약 백만의 가톨릭 신자가 있다. 신교도는 4백만이고 불교도, 유교도, 도교도, 샤머니스트는 3천 5백만이나 된다. 교황에 대한 가장 감동적인 환영은 기독교 신자가 아닌 사람들에 의해서 이루어졌다. 그들은 기독교의 교회는 그의 어린이들의 어머니일 뿐 아니라 교회에 속하지 않는 어린이들의 어머니라는 것을 한국인은 알고 있다. 3천 5백만의 한국의 비기독교 신자들도 교황이 그들의 거룩한 아버지임을 마음속 깊이 느낀 것이다. 그 영접은 아주 열광적이었다.

이 책을 통해 서구문명의 막다른 골목에서 대안으로 한국을 찬양하는 작가의 심정을 가슴 뜨겁게 느낄 수 있다. 칭찬이 과하면 아부가 될 수도 있는데, 우리를 너무 과찬하는 게 아닌가 싶은 대목도 눈에 띄지만 서양의 양심적 지식인이 한국을 진심으로 사랑했다고 받아들이면 될 것이다. 아무튼 게오르규는 한국을 열렬히 사랑한 세계작가의 한 명임에 틀림없다. 그리고 그가 지적한 한국과 한국인의 아름다움이 오늘날 파괴되고 상실되었다면 복구하고 환원하는 것 역시 한국인의 몫이요 책임이다.

한국 여배우와 결혼한 인류학자

유진 I. 크네즈
Eugene I. Knez, 1916~2010

『한 이방인의 한국사랑』(1997)

나는 1997년 하와이대학에 1년간 교환교수로
가 있을 때 한국학연구소(Center for Korean
Studies)에서 〈유진 크네즈 문서(Eugene Knez
Collection)〉를 발견하였다. 그 분량과 다양성
에 놀랐다. 그런데 뜻밖에 얼마 후 유진 크네
즈(Eugene I. Knez) 박사가 연구소를 방문해
서 반갑게 인사를 나누었다. 그의 부인은 한
국 여배우 출신 최지애 목사였다. 그래서 그는
어느 정도 한국어를 할 줄 알았고, 나는 그와 전화통화를 나누고 연구소에
서 두어 번 더 만나게 되었다. 그런데 그 후 몇 년 후에 가니 크네즈 박사는
노쇠하여 병석에 누웠다고 하였다. 노인요양병원으로 문병을 가니 당시 최

지애 목사는 고맙다면서 자서전을
사인해 선물로 주셨다. 『대륙땅의
옮겨심은 붓꽃 한송이』(2000)라는
회고록으로 한 한국 여성이 세계를
무대로 살아온 삶을 잘 묘사한 재
미있고도 뜻있는 책이었다.

그 후 워싱턴에 간 김에 국회의
사당(Capitol) 앞의 스미소니언박
물관에 들러 '크네즈 문서'를 보려
고 했다. 하와이에 있는 문서보다
더 분량이 많은 수십 박스나 되어
메릴랜드에 보관되어 있다고 해서
포기하였다. 다시 하와이에 갔을
때는 최 목사도 고인이 되어 만날 수 없었다. 지금 그들의 삶을 '한국을 사
랑한 세계작가' 중 하나로 조명하니 예전의 추억이 떠올라 감회가 새롭다.

작가의 생애
———

유진 크네즈(Eugene I. Knez)는 1916년 5월 12일에 미국 인디애나 주
의 클린턴(Clinton)에서 태어났다. 1941년 뉴멕시코대학에서 인류학 학사
학위를 받고, 1946부터 1948년까지 예일대학교 피바디박물관에서 조수로
일했다. 1959년에 시러큐스대학에서 인류학 박사학위를 받았다.

1945년 해방 이후 1948년 8월 15일 남한단독정부가 수립되기까지 미

유진 크네즈(6·25 당시
부산 미국문화원장)와
김재원 국립박물관 관장

군정이 들어서면서 교육문화담당관(지금의 문화재청장)으로 임명되었다. 그
는 일제가 파괴한 한국 문화재를 복구하는 데에 관심을 기울였다. 일본으
로 반출하려고 해체한 파고다공원의 원각사지 십층석탑(국보 2호)을 다시
중건하여 '파고다 맨'이라 불리기도 하였고, 1946년 무분별하게 파헤쳐진
경주의 신라왕릉을 복원하였다. 1946년 5월 25일 서울 YMCA 강당에서
이극로, 나세진과 함께 '인류학상으로 본 신라문명'을 주제로 인류학 강연
을 하였다. 1951년 1월 1·4후퇴 당시에 2만여 점의 유물을 부산으로 운반
하자는 김재원 국립박물관장의 요청을 수락해 소중한 유물을 지킬 수 있었
고, 그 후 부산 미국문화원장으로 재직하였다. 이때 영화배우 최지애와 사
귀어 1954년 뉴욕에서 결혼하였다.

　1959년부터 1979년까지 20년간 워싱턴의 스미소니언박물관

(Smithsonian Institution)의 큐레이터로 근무했다. 그 이후에는 하와이에서 살면서 하와이대학 한국학연구소(Center for Korean Studies)의 자문위원으로 있으면서 자신의 문서 일부를 기증하였다. '크네즈 문서(Eugune Knez Collection)'는 스미소니언박물관과 하와이에 나뉘어 보관되어 있다.

1995년에 한국의 국립중앙박물관에서 추천하여 정부로부터 은관문화훈장을 받았다. 2010년에 하와이에서 사망하였다. 슬하에 아들딸이 있다.

작품 속으로

크네즈의『한 이방인의 한국사랑』(1997)은 국립중앙박물관에서 앨범 형태로 출간한 110쪽의 자료집이다. 이 책은 우리 문화재를 지켜낸 크네즈의 활약상뿐만 아니라 국립박물관의 초기 역사 및 문화재에 감춰진 비화까지 담았다. 이 책에는 당시 국립중앙박물관 정양모 관장의 서문에 이어 크네즈의 '한 미국인의 전망: 한국문화 중흥을 위한 시도'라는 회고록이 실려 있다. 이어서 문화재 도록, 원로 문화지도자 손님 명부, 자료사진, 경력, 부록이 수록되어 있다. 이 책이 일반용 단행본으로 출간되지 못한 것이 아쉽지만 가장 중요한 한 부분을 인용한다.

『한 이방인의
한국사랑』(1997)
초판본(위)과
영문판(아래)

1951년 1월 4일 제2차 서울 철수 직전에 김재원 박사가 대사관 숙소로 나를 방문하여 북한군에게 입을지도 모를 전화나 약탈로부터 국립중앙 박물관의 귀중한 미술품들을 안전하게 보호하기 위해 어떤 조치를 해야 할 것인지 조용히 토의하였다. 서울의 안전이 위협받지 않고 있다는 한국 정부와 미 대사관의 뉴스 보도에도 불구하고 적군이 다가오고 있다는 소문이 만연해 있었다. 소장품들을 시외로 옮기기 위한 안전한 수송수단을 요구하는 그의 요청은 관료적인 상관들에 의해 묵살되었다. 그래서 김 박사는 나의 도움을 요청하러 온 것이다. 나는 곧 그 문제에 대해 걱정하기 시작했으나 어떤 충고나 조력을 주는 것은 망설여졌다. 그렇게 중대한 사안에 대해서는 개입하기 전에 미 대사인 무치오(John J. Muccio)의 승인을 받아야만 한다고 믿고 있었기 때문이다. 그러나 김 박사의 두 번째 방문을 받은 후에는 할 수 있는 모든 일을 하지 않는다면 변명의 여지가 없을 것이라는 결론을 내리게 되었다. 나는 개인적으로 철수에 대한 책임을 지기로 마음먹었다. 철수 도중에 사고가 발생한다 해도 적어도 나는 명령 불복종으로 고발될 수는 없었다. 한국 미술품이 북한군의 수중에 넘어간다거나 더 나쁜 일이 생겨 손상을 입거나 도난당한다면 국내외 관료들과 학자들로부터 극심한 비난을 받게 되리라는 것을 나는 확신하고 있었다.

(…)

"당신은 한국 미술을 살렸지만 우리 생명을 구하기도 했지요." 미술품과 함께 화차를 타고 갔던 한 여인이 최근에 나에게 한 말이다. 그녀는 후일 국립중앙박물관장이 된 김원용의 아내이다. (…) 열차가 안전하게 가고 있다고 판단되자 나는 군용 비행기로 즉시 부산역에 가서 화차가 열차에서 분리되어 화물 승강장으로 천천히 들어오는 것을 지켜보고 있었다. 나는 내내 미술품과 화차 탑승자들의 안전에 대해 걱정하고 있었지만, 나 자신도 그 근심이 어느 정도인지는 깨닫지 못했다. 거기 서 있으면서 나는 그 근심들이 소나기처럼 내 몸에서 쏟아져 내려 한숨이 되어 나오는 것을 느꼈다. 그런 후 나는 기운을 되찾아 다시 군 야전 전화를 이용하여 마지막 서울 철수 부대의 책임자인 한 미군 대령에게 서울로 전화를 했다. 나는 투르케스탄벽화를 철거하여 부산으로 운반하라고 그를 설득하였다. 김재원 박사도, 부인의 말에 따르면, 최순우에게 서울로 돌아가서 대령과 그의 부대가 벽화 운반 준비를 하는 것을 도우라고 요청했다고 한다. 그것들도 곧 양호한 상태로 도착했다. 두 번의 미술품 운반과 안전 보관에 사흘이 경과하였다. (41~45쪽)

크네즈 덕분에 소중한 우리 문화재 2만여 점이 무사히 부산으로 운반될 수 있었다. 그러니 대한민국이 문화국가로 존재하는 한 우리는 그의 이름을 영원히 잊을 수 없을 것이다.

덧붙여 부인 최지애 여사의 책도 함께 볼 필요가 있다. 최 여사의 회고록『대륙땅의 옮겨심은 붓꽃 한송이』(2000)는 4부로 구성되어 있는데, '1. 4개국을 돌처럼 구르다, 2. 딴따라 집시 20년, 3. 나의 사랑 하와이, 4. 목회자의 길'의 순으로 되어 있다. 이 책에는 크네즈에 대한 이야기도 더러 나오는데, 그와 관련된 부분을 인용한다.

『대륙땅의 옮겨심은
붓꽃 한송이』(2000)
초판본

부산 피난살이를 하며 여배우로 있을 때 미국 문화원 주최로 피난 나온 문예인들을 초청하는 모임이 있었다. 당시 부산에는 각 분야의 예술인들이 모두 모여 있었고, 나는 여배우 자격으로

영화촬영현장에서 크네즈와 최지애(왼쪽), 영화 〈낙동강〉에서 주연을 맡은 최지애(1952)

그 모임에 참석했다. 유진 크네즈라는 분이 미국 문화원장으로 있었는데, 그는 본명보다는 '파고다 맨'이라는 별명으로 널리 알려진 사람이었다. 해방 직전 일본인들은 파고다공원에 있던 원각사 십층석탑을 일본으로 옮겨가기 위해 모두 해체해 놓았었다. 그러나 해방이 되어 그런 음흉한 기도는 무산되었고, 국립박물관 측이 원상태로 복원하는 작업을 할 때 유진 크네즈 박사가 그 일을 도왔다. 그로 인해 그는 당시 언론으로부터 '파고다 맨'이라는 찬사를 받았다. 그런 그를 초청모임에서 처음 보았는데, 훤칠한 키에 잘생긴 외모가 무척 인상적이었다.

그를 다시 만난 곳은 김해의 삼정동이라는 마을이었다. 그는 한국의 촌락을 방문하면서 풍물과 역사를 연구하는 일을 했고, 나는 통역을 위해 그들과 합류했었다. 당시 삼정동 사람들은 먹을 것도 없을 정도로 찢어지게 가난했을 뿐만 아니라 폐병 환자들이 많고 심지어는 나환자도 있었다. 그는 마을 사람들에게 친절하게 대하며 그들과 어울리는 것을 좋아했다. 또한 폐병 환자들을 미국의 요양원까지 데리고 가서 치료하는 일을 주저하지 않았다. 한번은 식사를 하는데 언뜻 보니 그가 젓갈 한 숟가락을 떠서는 한입에 털어 넣는 것이었다. 경상도 음식은 짜고 맵기로 유명한 터라 나조차도 함부로 먹기가 겁나는데, 미국 사람이 웬 젓갈을 저렇게 먹을까 싶어서 유심히 지켜보았다. 아니나 다를까. 그는 젓갈을 입에 넣고 어쩔 줄 몰라 했다. 그러면서도 얼굴을 찌푸리지 않고 끝까지 참고 먹으면서 맛있다며 빙그레 웃어 보이기까지 하였다. 나는 그런 모습을 지켜보면서 따뜻한 마음을 가진 사람이라는 느낌과 함께 신뢰감을 갖게 되었다.

(…)

남편은 문화원에 근무하면서 한국의 풍물과 역사뿐만 아니라 문화재에도 남다른 관심을 갖고 있었다. 1946년 경주 신라 왕릉의 석실 구조물이 우연한 사고로 노출되었을 때, 당시 한국인 중에는 이를 발굴 조사할 전문가가 없는 형편이었다. 미군정청에서도 한국인들이 능력이 없다는 이유로 발굴허가를 내주지 않았다. 그렇다고 그것을 그대로 방치할 경우 도굴될 위험이 많았다. 그때 남편은 맥아더 사령관에게 발굴허가를 받을 수 있도록 도왔고, 그 덕분에 우리나라 최초로 문화재 발굴 조사가 이루어지기도 했다. (88쪽)

크네즈 부부는 미국 워싱턴에서 살다가 하와이로 이주해 살았다. 그 이유는 하와이에서 '여보(Yobo)'라 불리는 한국 윤락여성들을 위한 목회를 하기 위해서였다. 이 책에서 최지애 여사는 목사가 되어 하와이에서 활동한 과정도 솔직히 밝히고 있다. 하와이에서 최 여사가 직접 사인까지 해서 건네준 이 책은 현재 서울대학교 도서관에 기증하여 보관되고 있다.

59

『모정』의 애인을 한국전쟁에서 잃은

한수인

韓素音, Han Suyin, 1916~2012

『*A Many-Splendored Thing*(모정)』(1952)

내가 가장 좋아하는 영화는 〈모정 *Love Is A Many-Splendored Thing*〉(1955)이다. 서양인이면서 자그맣고 애잔한 미녀배우 제니퍼 존스(Jennifer Jones)와 미남 배우 윌리엄 홀덴(William Holden)이 홍콩의 리펄스만(Repulse Bay)을 무대로 동서양을 넘나드는 열애를 하다 한국전쟁 종군기자로 급파되어 전사하는 비극적 스토리이다. 그런데 이 영화의 원작소설이 중국계 여성작가 한수인(Han Suyin, 韓素音)의 자전적 이야기라는 사실을 알고 더욱 관심을 가졌고, 한국전쟁과 관련된 내용이라 자세히 알아봐야겠다고

생각해 왔다.

한수인은 영어로 작품을 쓰는 중국계 여성작가 중 세계에서 가장 유명한 작가지만 한국에는 많이 알려져 있지 않다. 그녀는 40여 권에 이르는 많은 저서를 남겼는데, 『모택동전기』하나밖에는 번역되지 않았다. 지금이라도 한국에서 그녀의 생애와 작품을 널리 알려야 한다고 생각한다. 앞으로 영어로 작품을 써서 한국을 널리 알리는 한국작가가 나오기 위해서도 한 모델로 삼아야 한다.

사실 『모정』을 한국을 다룬 소설이라고 보기에는 다소 무리가 있지만, 그래도 자기가 사랑하는 남성이 한국전쟁에 종군기자로 갔다가 전사하는 사실적 이야기이다. 나는 최근에야 이 소설을 영어판과 독어판을 입수하여 읽어보았는데, 이 소설의 마지막 부분에는 한국전쟁 당시에 보낸 21통의 편지들이 수록되어 있다. 이 편지의 원본들이 현재 어디에 보관되어 있는지 궁금하다. 소설에는 남주인공이 마크 엘리엇(Mark Elliot)이라 불리는데, 실제 인물은 이안 모리슨(Ian Morrison)이란 영국인 저널리스트였다. 더 자세한 이야기는 뒤에서 밝히겠다. 아무튼 전기문학가로 명성을 떨친 한수인은 문학과 현실 사이에서 커다란 연구과제를 남겨주었다.

작가의 생애

───

한수인(Han Suyin, 韓素音)의 본명은 저우광후(Rosalie Matilda Kuanghu Chou, 周光瑚)인데, 1916년 9월 12일 중국 신양에서 태어났다. 그녀의 아버지는 벨기에에서 공부한 중국인 철도 엔지니어였고 어머니는 벨기에인이었다. 그녀는 의사이자 작가로서 자전적인 작품을 영어와 불어로 많이 썼다. 한때는 중국 공산주의 혁명을 지지하는 책도 썼다. 한수인은 팬네임(필명)이고 '보통소리'라는 뜻이다.

그녀는 1931년 북경종합의과대학에서 타이피스트로 일하다 1933년에 연경대학에 입학하였다. 1935년 벨기에 브뤼셀에서 의학을 공부하고 1938년 중국으로 돌아와 국민당 장교 당보황(唐保璜)과 결혼하였다. 쓰촨성(四川省) 청두(成都)의 한 미국선교병원에서 일한 경험을 토대로 첫 소설 『*Destination Chungking*(중경 가는 길)』(1942)을 썼다. 1944년에 딸과 함께 런던으로 가서 의학을 더 공부하고 있는데 남편이 만주전선에서 1947년에 전사하였다. 1949년에 홍콩으로 가서 퀸 메어리병원에서 근무하였다. 이때 호주계 영국기자 이안 모리슨(Ian Morrison)과 연인이 되었는데, 모리슨도 1950년 한국전쟁에서 전사한다. 이것을 『*A Many-Splendored Thing*(모정)』에 그려 세계적 베스트셀러가 되었고 이어 *Love is a Many-Splendored Thing*이란 영화와 주제곡으로 만인의 심금을 울렸다. 이 사실은 그녀의 자서전 『*My House Has Two Doors*(내 집에는 두 개의 문이 있다)』(1980)에 서술되어 있다.

1952년에 말레이시아에서 영국인 장교 콤버(Leon Comber)와 재혼하고 싱가포르에서 병원을 개업하였다. 1955년 싱가포르에 난양대학을 세우는 데 기여했으며, 그해에 그녀의 소설이 〈모정〉으로 영화화되어 주제곡이

만년에도 왕성히 활동한 한수인. 1988년 홍콩에서

아카데미음악상을 받았다. 1956년에 *And the Rain My Drink*란 소설을 발표하고 1958년에 이혼하였다.

1960년에 인도인 장교 라트나스와미(Vincent Ratnaswamy)와 결혼 하여 인도 방갈로어에서 살았다. 그 후 홍콩에서 살다 스위스 로잔느에서 살았다. 이처럼 세계 여러 곳에서 살았지만 조국인 중국을 1956년부터 매년 방문했다. 샌프란시스코에서 미중친선협회를 지원하는 연설을 하기도 했다.

한수인은 2012년 11월 2일 로잔느에서 세상을 떠났고, 슬하에 두 양녀와 세 손주를 남겼다. 그녀의 인간적 면모는 글라스킨(G. M. Glaskin)이 쓴 전기 *A Many-Splendoured Woman: A Memoir of Han Suyin*에 잘 묘사되어 있다. 중국에는 한수인 문학번역상(Han Suyin Award for Young

Translators)이 제정되어 있다.

한수인의 소설로는 *Destination Chungking*(1942), *A Many-Splendoured Thing*(1952), *And the Rain My Drink*(1956), *The Mountain Is Young*(1958), *Two Loves*(1962), *Four Faces*(1963), *L'abbé Pierre*(1965), *L'abbé Prévost* (1975), *Till Morning Comes*(1982), *The Enchantress*(1985) 등이 있고, 자서 전으로는 1885년부터 1928년까지 중국에서의 가족사를 적은 *The Crippled Tree*(1965), 1928~1938년의 개인사를 적은 *A Mortal Flower*(1966), 1938~1948년의 개인사를 담은 *Birdless Summer*(1968), 1949~1979년을 담은 *My House Has Two Doors*(1980), 1977~1991년을 담은 *Wind in My Sleeve*(1992) 등이 있다.

그 외에 역사에 관한 책들도 썼는데, *China in the Year 2001*(1967), *Asia Today: Two Outlooks*(1969), *The Morning Deluge: Mao Tsetung and the Chinese Revolution 1893~1954*(1972), *Lhasa, the Open City*(1976), *Wind in the Tower: Mao Tsetung and the Chinese Revolution, 1949~1965*(1976), *China 1890~1938: From the Warlords to World War*(1989), *Eldest Son: Zhou Enlai and the Making of Modern China*(1994) 등이 있다. 또 수필집으로 *Tigers and Butterflies: Selected Writings on Politics, Culture and Society*가 있다.

작품 속으로

———

한수인은 서양에서는 중국혁명가로 중국에서는 부르주아지로 비쳐졌 지만 동서양의 두 세계를 아우른 삶과 문학을 보여주었다. 티베트에 대해 서도 작품을 썼고, 특히 간디, 모택동, 주은라이 등과 만나 쓴 전기로 전 세계에 명성을 떨쳤다.

그녀는 얼핏 보면 연약하게 보이지만 카리 스마가 넘치는 여성작가였다. 1938년 일본군이 중국를 점령할 때 간호원으로 활동하며 애국심 을 키웠고, 이때의 경험을 바탕으로 첫 소설 『*Destination Chungking*(중경 가는 길)』(1942)을 썼다. 작가라면 자신의 삶과 시대를 직시해야 하지 않을까? 그런 면에서 그녀는 훌륭한 작가

A Many-Splendored Thing(1952) 초판본

였다. 격동하는 중국 현대사와 함께하는 자신의 삶을 소설뿐만 아니라 자 서전으로 남긴 세계적인 작가였다. 나는 솔직히 한국의 작가 중에서 이런 작가가 없다는 사실이 아쉽다.

소설 『*A Many-Splendored Thing*(모정)』은 1955년에 영화 〈모정〉으로 제작되었다. 이 영화에서 한수인 역을 맡은 여주인공 제니퍼 존스 (Jennifer Jones, 1919~2009)의 본 명은 이슬리(Phylis Isley)이고, 남 주인공은 윌리엄 홀덴(William Holden, 1918~1981)이다. 이 영화 의 원작자인 한수인과 마찬가지 로 영화의 주인공들도 모두 세상 을 떠났지만 이 영화는 지금도 유 튜브를 통해 볼 수 있다.

나는 1993년 7월, 홍콩이 영 국에서 중국으로 반환되기 4년

영화 〈모정〉의 주인공 제니퍼 존스와 윌리엄 홀덴

전에 홍콩을 여행하였다. 무엇보다도 감명 깊게 본 영화 〈모정〉의 실제무대를 보고 싶어 리펄스 베이(Repulse Bay, 淺水灣)를 찾아갔다. 바람 부는 언덕의 소나무 아래서 제니퍼 존스와 윌리엄 홀덴이 사랑을 나누던 장면을 회상하면서 언덕만 찾았다. 그러나 높은 아파트들만 보였다. 그런데 한 아파트에 족히 4가구는 들어갈 만한 구멍이 뻥 뚫려 있다. 그래서 물어봤더니, 그 구멍은 용이 지나가도록 만든 통로라 한다. 한국인도 용을 신성시하지만 중국의 용신앙에 놀라고 말았다. 지나간 환상을 찾아 헤매는 나 자신의 모습에 실소가 나오기도 했지만, 이곳은 한수인과 모리슨의 역사적 사실이 묻어 있는 곳이라 생각하니 풀 한 포기도 유심히 보였다.

소설 『A Many-Splendored Thing(모정)』은 한국어 번역본이 없기 때문에 아쉬운데, 영어원서는 총 306쪽이고 모두 4부로 되어 있다. 한국과 관련된 내용은 제3부의 9절 '조용한 아침의 나라'(Land of Morning Calm)와 10절의 '많은 아름다운 것'(A Many Splendored Thing)에 서술되고 있다. 또 287~300쪽에는 마크(실제인물 이안 모리슨)가 《타임스(Times)》지 종군

기자로 한국전선에서 한수인에게 보낸 편지 21통이 실려 있다. 이 편지들은 전쟁 중에 쓴 것이라 일본을 오가는 친구를 통해 보냈는데, 대부분은 마크가 전사한 뒤에 배달되었다. 이 편지의 일부를 여기에 번역 소개한다.

1944년 무렵의 이안 모리슨

1950년 7월 13일 편지

이것은 나에게 가장 싫은 할당이야. 말라야, 뉴기니아, 인도네시아가 모두 하나에 뭉친 것 같아. 그것은 오늘 아침 돌아간 데이비드(David)에겐 너무 많은 것이고. 나는 이 모든 불유쾌한 것들을 보고 느껴야만 해. 그렇지만 보도하는 직업으로서의 기술적인 다른 면도 있지. 내가 8년 전에 한 미군부대에 특파원으로 있던 때로 되돌아간 느낌도 있어. 의사소통의 어려움, 어떤 사건들과 광경들이 일으키는 감정들, 겁을 먹은 인간들, 고통받는 인간들, 이해할 수 없는 끔찍한 사건에 휩싸인 무고한 사람들, 아름다운 자연과 인간행위의 대조, 멀리 사라지는 과거, 더 나아가 미래… 이런 것들을 나는 전에 겪은 것처럼 보여. 그리고 한국인들은 참 좋은 민족(such nice people)이야. 그들 중 많은 사람들이 이미 죽어가고 있어. 나는 이 '불유쾌한 일(unpleasantness)'이 끝나면 많은 한국인들이 살아 있지 않을 것같이 때때로 느껴져. (287쪽)

1950년 7월 14일 편지

데이비드가 도쿄로 날아가 이 편지를 부쳐주기로 약속했지. 나는 매일 밤 마루에서 자는데 당신 시설(병원)에서의 딱딱한 침대를 생각해. 그리고 나에게 무엇이 일어나고 있느냐고? 나도 모르겠어. 오랫동안 알려고도 하지 않을지도 몰라. 나는 몇몇 끔찍한 일들도 보았는데 이전에도 보았지만 나이가 들어서 더 깊이 느껴져. 한국인들에게 더 미안하게 느껴져. (288쪽)

1950년 7월 15일 편지

어제 나는 이승만과 인터뷰했는데, 4년 전쯤 망명자 수뇌로 남한정부를 세운 75세의 노인이지. 그의 외무장관도 38년간 망명했다가 작년에 돌아왔어. 우리가 지금 상대하는 아시아인들은 이곳의 이승만, 필리핀의 퀴리노, 장개석과 일당, 바오다이- 이 얼마나 일당이냐!

북쪽의 공포의 지배, 인민재판(확인하기는 힘들지만 북에서의 살인과 제거에 대해 상당한 진실이 있지).

그리고 남한인들이 포로를 다루는 방식! 정치범들이 트럭으로 실려 몰래 처형되고 있어. 트럭에 무릎이 꿇리고 울부짖는 비명소리. 어젯밤 통행금지시간 이후 나는 감옥으로 끌려간 2천 명의 긴 명단을 보았어, 네 사람씩 한 손을 새끼줄에 매고 다른 한 손은 앞 사람의 셔츠를 잡게 했는데. 상당부분이 여자들이고 등에 아이들을 업었어. 정말 기겁시키는 광경이었어. 양쪽으로 10야드마다 권총을 찬 헌병들이 서 있어.

왜 인간은 서로 이런 행동을 해야 하는지? (…) 내가 당신을 다시 볼 수 있을까? 그럴 수 없을 것 같아. 두 주 전에 우리 둘이 함께 있으면서 함께 얘기하고 함께 걷고 함께 사랑했던 것이 믿기지 않아. 나는 정말 행복했어. 나는 이제 당신을 형이상학적으로만 생각할 수 있어. 정말 다시 보고 싶어. (289쪽)

지면관계로 나머지 18통은 소개할 수 없지만, 이 리얼한 편지들은 문학뿐만 아니라 역사적 사료로서 반드시 발굴되어 보존되어야 할 것이다.

이 소설의 주인공 마크 엘리엇의 실제인물인 이안 모리슨(Ian Ernest McLeavy Morrison)은 1913년 5월 31일 오스트레일리아에서 태어났다. 영국 《타임스》 지의 특파원으로 한국전쟁에 파견되어 전사한 외국인 언론인의 하나였다. 그는 이전에 싱가포르에도 체류했고, 아시아 곳곳을 여행했다. 한국전쟁 당시인 1950년 8월 12일 그와 인도 중사 나야르(M. K. Unni

Nayar), 영국 기자 버클리(Christopher Buckley)를 태운 지프차가 지뢰를 밟고 폭파되었다. 모리슨과 버클리는 대구의 선교사 묘지에 묻혔다. 그의 이름은 홍콩의 외국기자클럽에도 새겨져 있다. 모리슨은 생전에 세 권의 책을 내었는데, *Malayan Postscript*(1942), *This War against Japan*(1943), *Grandfather Longlegs: The Life and Gallant Death of Major H. P. Seagrim*(1947)을 남겼다. 그는 비록 37년의 짧은 생을 살았지만 3권의 저서를 냈고, 한수인이라는 세계적인 작가와 깊은 사랑을 나눈 남성으로 세계문학사에 이름이 남을 것이다.

영화 〈모정〉과 관련하여 한 가지 밝히고 싶은 것은 주인공 한수인의 삼촌으로 나오는 배우가 필립 안(Philip An)이란 사실이다. 도산 안창호 선생의 아들로 할리우드에서 배우로 활동한 필립은 펄 벅의 〈대지〉 영화에도 등장하였고, 한수인의 〈모정〉에도 출연하였다. 펄 벅과 한수인은 전기문학의 관점에서 비교연구할 좋은 대상이다.

영화 〈모정〉에서 한수인과 대화하는 숙부로 출연한 필립 안.
필립 안은 200여 편의 영화에 출연하였으며, 아시아계 인물로는
최초로 할리우드 '명예의 거리'에 자신의 이름을 올렸다.

60

한국전쟁을 그린 프랑스 소설가
피에르 피송
Pierre Fisson, 1918~2013

『서울의 연인들 *Les Amants de Séoul*』(1952)

피에르 피송(Pierre Fisson)은 한국인에게 거의 알려지지 않은 서양작가이다. 나도 솔직히 이름조차 듣지 못하다 이 책을 준비하면서 발견하고 그의 작품을 읽어보았다. 한국전쟁을 소재로 쓴 『서울의 연인들 *Les Amants de Séoul*』은 독특하게 마음을 끄는 바가 있다. 다행히 프랑스어로 쓰인 이 소설이 일찍이 1953년에 일본어로 번역되었고, 후에 한국어로도 번역되어 나왔다.

그런데 이 책은 서점에서 보기 힘들고 도서관에서만 볼 수 있게 되었다. 서양인들은 한국전쟁을 '잊혀진 전쟁'이라고 표현하기도 한다. 그렇지만 한국인의 마음에, 한국역사에 어찌 한국전쟁이 지워질 수 있겠는가!

어쩌면 노벨문학상을 받는 한국작가가 나온다면 한국전쟁을 무대로 한 작품이 될 것이란 얘기도 있다. 그렇지만 아직도 한국인은 그것을 이루

피에르 피송과 그의 아내 헬렌느(1951 멕시코)

지 못했다. 김은국의 『순교자 *The Martyred*』가 기대되었으나 일찍 작고하였다. 아무튼 피에르 피송의 『서울의 연인들』은 한국전쟁을 다룬 소설 중 빼어놓을 수 없는 작품이고, 이제 도서관에 처박혀 있기만 할 것이 아니라 새 책으로 출간되어 서점에서 쉽게 구할 수 있기를 희망한다.

작가의 생애

———

피에르 피송(Pierre Fisson)은 1918년 프랑스 조지아(그루지아)의 티플리스(Tiflis)에서 태어났다. 파리에서 공부하고, 베를린 주재 미국 대사관과 멕시코 주재 프랑스대사관에서 공보관으로 근무하였다. 1951년에 부인 헬렌느와 함께 멕시코에서 사진여행을 하여 책으로 내기도 하였다.

소설가와 수필가로 활동하며 10여 권의 책을 쓰고 2013년 7월에 95세로 세상을 떠났다. 대표작은 『*Voyage aux horizons*(수평선으로의 항해)』(1948)가 있다.

작품 속으로

Les Amants de Séoul(1952) 초판본

피송이 한국전쟁을 소재로 쓴 『서울의 연인들 *Les Amants de Séoul*』은 1952년에 나왔다. 세계적으로 한국전쟁에 대한 관심이 높았던 때였지만, 전쟁이 2년이나 경과되어 교착에 빠진 상태였다. 이내 일본어 번역판도 나왔고, 이어서 한국어 번역은 소설가 백인빈(白寅斌)이 하였다.

이 작품은 인류가 앓고 있는 두 가지 병, 처절한 전쟁과 숭고한 사랑을 다루고 있다. 처음부터 끝까지 한국전선을 무대로 전개되지만 한국전쟁은 한국에 국한된 것이 아니라 세계전쟁임을 실감나게 보여준다. 또한 전쟁에 극한의 야만성과 문명성이 혼재되어 있음을 보여주기도 한다.

이 소설의 주인공은 프랑스계 미국인 24세의 병사 J. B. 드벨이다. 주인공을 통해 전쟁이라는 극한의 상황에 처한 인간의 실존에 대해 진지하게 묻고 있다. 인간은 어디까지 참고 견딜 수 있을까? 극한에서 극한으로 계속되는 상황 속에서 '이것이 전쟁이다'고 절규하고 있다. 살아야 한다는 의지마저 몇 번이나 포기하고, 숭고한 사랑마저 떨치고 도망치다 다시 사랑에 휩싸이는 주인공은 한 미국인으로 머물지 않는다. 부자의 아들이고 방탕한 삶도 겪은 그는 폐허와 기아 속에서 자신의 모습을 되돌아보게 된다. 한국전쟁의 극한 상황을 몸소 겪는 드벨은 더 이상 낯선 이방인이 아니다. 어느새 그는 한국인의 친구가 된다.

나는 살고 싶다. 살기 위해서는 어떤 비겁한 짓이라도 할 수 있는 태세를 갖추고, 하고 싶은 말도 다 해야 하겠다는 생각이 든다. 그러면서도 나는 아무 말도 하지 않고 움직이지도 않고 아무것도 하려 하지 않고 있다. 우리 안에 갇힌 짐승처럼 흥분해 있다. 살육 직전에 우리들은 각자가 혼자서 절망하고 있는 것이다. 나를 이곳에 보낸 자들을 저주한다. 나는 내가 약자이기 때문에 그들을 증오한다. 그리고 내가 이 세상에서 영영 사라지고 말지도 모를 이 순간에 나는 갑자기 그렇게 되어야 하는 이유를 알고 싶기 때문에 그들을 더욱 증오하고 있는 것이다. 우리들 모두의 눈에는 나와 똑같은 증오가 서려 있다. 군대, 그것은 아름답다. 전쟁, 그것도 멋있다. 그러나 나는 정작 그것을 보지도 느끼지도 못한다. 아침 나팔소리는 마치 우리들의 죽음에 대한 조종(弔鐘)으로 울리는 것 같다. 그러나 어떤 북소리도 우리를 흥분시키지는 못할 것이다. 어떠한 용감한 말이나 행동을 해도 우리를 영웅으로 받들지 않을 것이다. 우리는 너무나 바보가 되어 있는 것이다. (171쪽)

이 소설은 1950년 11월 24일의 전황에서부터 시작된다. 드벨이 한국에 온 것은 이보다 30일 전으로 10월 25일쯤이었다. 10월 19일 평양을 점령한 국군과 유엔군은 한·만 국경을 향하여 물밀듯 전진하고 있었다. 11월 21일에는 아몬드 장군 휘하의 제10군단 선발대가 압록강에 도달하였고, 크리스마스까지는 전쟁이 끝날 것이라 낙관하고 있었다. 그러나 눈보라가 휘몰아치는 황량한 북녘 땅에 중공군이 대거 참전하였다. 이미 10월 11일에 전초 병력을 북한에 투입한 중공군은 이어 수십만의 인해전술로 몰려왔다.

11월 24일은 맥아더 장군이 청천강 부근에 있는 제8군사령부로 가서 다섯 시간에 걸쳐 전선을 시찰한 날이다. 바로 이날 마지막 승부를 걸기 위해 대규모 정찰 공격을 하였다. 드벨을 비롯한 18명의 장병은 수색대원으로 전방 깊숙이 들어간다. 이때 사흘 전부터 전방에 나가서 사격하던 포대와 탱크부대가 후퇴하며 이렇게 말한다. "너희는 이제 제1선의 용사가 되었다." 그렇게 그들은 고립되고 만다.

우리가 생명을 구할 수 있었던 것은 오직 눈 때문이었다. 눈은 우리가 남긴 발자국을 곧 없앴던 것이다. 우리 다섯 사람은 눈 속에 바짝 엎드려 있었다. 주위가 조용해지자 떠들고 있는 적군의 소리가 들리고 눈을 밟는 소리도 들린다. 중공군은 우리의 발자국을 따라 건너와서 어젯밤에 다른 방향으로 강을 건너와 이 근처에서 잠복해 있던 일당과 합류하고 있었다. 여러 사람이 웃는 소리가 크게 들려왔다. 웃음소리는 산을 울렸다. 그 울림은 통쾌와 불길이 섞여 있는 그런 것이다. 그 소리는 진혼곡처럼 우리들의 가슴속에 부딪쳐왔다. 이번에는 새가 지저귀는 듯한 중국말이 시작되었다. 쏼라거리고 있었다. 지척에 있는 것 같았다. 그들은 시체를 뒤지는 모양이다. 시체가 나뒹굴어지는 소리 같다. 개머리판으로 철모를 두드려 보기도 하는 모양이다. 잠시 후 나는 정적의 세계로 빠져들어 가는 듯한 착각을 느꼈다. 들려오는 것이라곤 내려 쌓이는 눈 소리뿐이다. (192쪽)

11월 26일 중공군의 총사령관 린뱌오(林彪)는 100만의 대병력으로 압록강을 넘어 총공격을 해왔다. 이날부터 드벨 일행은 상상을 초월한 극한의 악전고투를 겪게 된다. 전우들이 바람에 흩날리는 낙엽처럼 무참히 죽어간다.

도대체 오늘이 며칠일까? 나는 죽어 있는 것일까 살아 있는 것일까? 이런 것까지도 알 수 없다. 내 이름도 기억나지 않는다. 우리를 괴롭히던 모든 것마저 사라져갔다. 나는 너무나 비었고 벌거숭이다. 그러므로 아무것도 마음에 걸리는 것이 없다. 이따금 자의식을 되찾게 되는 것은 오직 나 자신의 더러운 모습을 느끼기 때문이다. 내가 마음이 쓰이는 것은 손과 발뿐이다. 이것이 얼고 만 것인가? 어느 정도에서부터 내가 참을 수 있는 한도를 넘어서는 것일까? 나는 돌을 하나 집어 들고 이따금 의식적으로 발을 때려보았다. 아픔을 느끼게 된다. 그 아픔은 발에서 눈으로 전해진다. 아직 발은 괜찮다는 것을 알 수 있다. 이것이 우리의 모습이며 비밀이란 말인가? 나의 육체를 감싸고 있던 영혼은 내부로 깊숙이 들어가 숨어 있다. 지혜의 파편 같은 것이 아직 어딘가에 남아 있는 것이다. 우리는 개인의 힘만으로는 어떤 기회도 얻을 수 없다는 것을 이미 느끼고 있었다. 우리는 함께 어울리지 않으면 안 된다. 가끔 서로를 볼 때는 상대가 더 따뜻한 세계에 있는 것처럼 보인다. 나를 위해 걷고 있는 것일까, 프랑스를 위해 걷고 있는 것일까? 이런 생각을 하는 바보가 있을까? 그러나 우리는 맹목적으로 걷고 있는 것은 아니다. 지금의 나의 이 상태로는 나는 내 아버지를 죽일 수 있고 내 고향의 모든 사람을 죽일 수도 있을 것이다. 이름도 없는 한 인간이 발이 얼어서 죽든 일개 소대가 전멸하든 문제가 안 된다. 그들은 모두 영원불멸의 인간이 아니다. 그러면 어떻게 될까? 따뜻하고 그리운 가정이라는 울안에서 아이들을 제멋대로 뒹굴게 버려두었기 때문에 그 아이들의 머리가 터지고 피가 흐르는 것을 인간은 얼마나 냉담하게 바라보고 있는가?(197쪽)

드벨은 "나는 살고 싶다"고 부르짖는다. 지휘관도 죽고 대원은 자꾸 줄어간다. 중공군의 포위망을 뚫고 나가야 한다. 적어도 청천강 이남으로 가야 한다. 드벨은 심한 부상을 입는다. 이러한 극한상황 속에서 그는 성욕이 꿈틀거리기도 한다. 공포 속에서 시체들과 익숙해지면서 집으로 돌아갈 수 있으면 얼마나 좋을까 생각하는 드벨의 본능은 "뜨거워졌다"고 표현된다. 이것이 전쟁이다.

> 곁에 있는 나무에 기대어 내 기분은 매우 좋았다. 나는 클레이의 잡낭에서 커피콩 몇 알을 발견했다. 그것을 입에 넣고 씹었다. 영원한 것이 느껴졌다. 나는 하나의 희망을 발견했다. 나는 그것을 혼자서만 간직하고 있었다. 인간은 아무도 자신을 구할 수 없는 것이다. 다만 남을 구할 수 있을 뿐이다. 나는 왠지 잠들어가는 것처럼 느껴졌다. 나는 공포에 완전히 익숙해져 있었던 것이다. 그것은 내가 친근해지고 익숙해진 풍경이다. 여기서 나의 성욕이 눈을 떴다. 뜨거워졌다. 시체의 악취가 풍겼어도 멈추어지지 않았다. 내가 여자를 상상한 것은 이번이 처음이다. 나는 이곳에서 여자를 끌어안고 지낼 수는 없다. 그러나 이 세계의 현실을 보지 않은 채 여자가 꿈속에서라도 나타난다면 나는 그녀의 손을 잡고 눈에다 키스를 했을 것이다. (243쪽)

일행은 터키군에게 구조되어 청천강 이남으로 후퇴하게 된다. 이후 평양 이남으로도 후퇴하게 되는데, 한국인에게는 또 하나의 비극이었다. 드벨은 그 처절한 피난민 대열에 휩쓸린다.

드벨은 서울 근교에서 다시 낙오된다. 온몸이 부상당한 그를 사망한 것으로 오인해 일행이 버려두고 떠났기 때문이다. 그러나 서울에 남은 한 한국인 가족에게 구출된다. 의사소통이 안 되어 손짓발짓으로 소통하지만 정인원과 그의 아내 자숙, 청순한 처녀 재순의 지순한 사랑이 처절한 전쟁 속에서도 생존의 힘이 되어준다. 전쟁 속에서도 사랑은 싹트고, 드벨은 재순에게 이런 감정을 느낀다.

때로는 나에게 가까이 오기도 했다. 어떤 기회를 엿보면서 나는 한 가지만은 행복하게 생각하고 있었다. 나는 그것을 잘 알고 있었다. 전 같았으면 나는 내 욕망에 따라 몸을 던졌을 것이다. 무엇보다 나를 변화시키고 나를 인도한 것은 전쟁과 고민이었다. 틀림없다. 나는 그들 두 남녀의 사랑을 지켜주겠다고 생각하는 나 자신을 잘 알고 있다. 소란스럽고 증오에 찬 이 세상에서 그들 두 사람다운 세계라고 생각된다. 내가 남의 사랑에 접근하여 그것을 이해하기는 이번이 처음이다. 이들 두 남녀가 여는 문에 의해서만 인간은 지옥을 면할 수 있을 것 같다. 그러나 이렇게 말은 하면서도 이 사실로 해서 괴로워하고 끝없이 폭발하려 하고 있다. 나는 이 여자를 사랑하고 있다. 그녀가 아름다운지는 모른다. 얼마나 훌륭한 여자인지도 모른다. 그러나 어쨌든 나는 그녀를 사랑한다. 그러나 나는 이방인이다. 그들의 생활 속으로 도저히 접근할 수 없는 이방인. 내일은 떠나지 않으면 안 된다. (323쪽)

유엔군이 서울을 재탈환하여 드벨은 구출되지만 제7 야전병원으로 후

송된 후 정보장교의 심문을 받는다. 1951년 1월 3일부터 3월 17일까지 71일 동안 무엇을 했느냐는 것이다. 이 기간에 드벨은 자숙, 재순 모녀의 보호를 받았지만 공산군과 접촉하지 않았느냐고 의심받는다. 드벨은 "내 이모부는 상원 국방위원장 동생의 남편"이라고 댄다. 그는 전방의 군인과 후방의 군인을 대비하며 군인사회의 추악상을 보여준다. 돈, 술, 담배, 여자, 도둑질, 이것을 파는 데가 후방군인이냐고 드벨은 외친다. 진주에 있는 중앙훈련소에 지원하여 들어간 그는 전쟁의 더러움과 그 뒤에서 온갖 더러운 짓을 하는 인간상들을 본다.

다시 전선에 나간 드벨은 야만적인 중공군의 인해전술 앞에서 부르짖는다. "이것이 전쟁이다"고! 시체가 탱크의 캐터필러에 짓뭉개어진다. 이것이 전쟁이다. 중공군의 인해전술이 야만적이라면 과학이 발달시킨 현대 무기로 저지하다 백병전(白兵戰)으로 맞서야 하는 이것은 또 무엇인가? 드벨은 어깨와 다리에 부상을 입고 부산으로 후송되어 귀국길에 오르게 된다. 여기서 오직 하나 남은 전우를 만난다. 전우는 징집되기 전에 하던 수도계량기 검침원이 다시 되겠다고 한다. 지하에서 하는 일이므로 아무도 만나지 않을 수 있기 때문이라고 하면서. 드벨은 말한다. 이것이 전쟁의 끝이 되기에는 아직도 멀었다고.

이것이 한국전쟁이었다. 이 소설이 담아낸 한국전쟁은 동족끼리 죽이는 국지전이 아니라 세계의 수치스런 전쟁이다. 이러한 진실을 담아낸 작가 피에르 피송을 한국의 친구로 생각해야 할 것이다. 이런 좋은 작품을 쓴 작가를 한국정부는 초대했는지, 그는 한국을 몇 번이나 방문했는지 아직 아무것도 모르고 있다.

한국 도자기를 사랑한 미국 외교관

그레고리 헨더슨
Gregory Henderson, 1922~1988

『소용돌이의 한국정치 *Korea: The Politics of Vortex*』(1968)
『*Korean Ceramics*(한국의 도자기)』(1969)

그레고리 헨더슨(Gregory Henderson)이라면
한국 현대사에 조예가 깊은 미국의 외교관 출
신 학자이거나 한국 도자기를 대량으로 유출
한 사람이라고 알 것이다. 우리에게 헨더슨이
나쁜 이미지로 비쳐진 이유는 그에 대한 정확
한 이해 없이 단편적 언론 보도에 휩싸였기 때
문이다. 헨더슨이야말로 일찍이 한국과 인연
을 맺고 한국을 사랑하여 평생 '한국통'으로
산 지식인이었다. 그는 주한 미국대사관의 문정관으로 있다가 귀국한 후
하버드대학에서 연구하며 저술 활동을 한 학자였다.

나는 1988년 하버드대학에 방문학자(visiting scholar)로 있을 때 그를

그레고리 헨더슨과 부인 마이아 헨더슨

처음 만나 옌칭연구소에서 자주 대화를 나누었다. 귀국한 뒤 1년도 안 되어 그가 사고로 별세했다는 소식을 듣고 놀랐다. 그 후 세월이 흘러 다시 옌칭연구소의 〈헨더슨 문서(G. Henderson Papers)〉를 살펴보면서 다시 한 번 그가 한국과 깊은 인연을 맺은 사실을 확인한 바 있다. 이 책에 그를 포함시키면서 그와 부인 마이아(Maia)의 한국 사랑을 다시 뜨겁게 느끼고, 그와 미국대사관에서 함께 근무한 김환수 전 공보관과 연구가 김정기 교수의 증언들이 또한 크게 도움이 된 것에 감사한다.

작가의 생애

———

그레고리 헨더슨(Gregory Henderson)은 1922년 6월 13일 미국에서 태어났다. 제2차 세계대전을 전후하여 하버드대학교에서 고전(Department

김구 선생이 헨더슨에게 써준 휘호
'한미친선평등호조'(韓美親善平等互助·등록문화재 제442호)

of Classics)을, 같은 대학 인문대학원에서 극동연구(East Asian Studies)와
경영대학원에서 경영학을 전공하였다. 1947년 외교관이 되어 버클리의 캘
리포니아대학교에서 한국학 교수 조지 맥큔(George M. McCune)에게 한국
어와 한국에 관한 특별교육을 받고 1948년 26세의 젊은 나이에 주한 미국
대사관 정치과 3등 서기관으로 부임하였다. 그는 한국 정치 정세를 분석하
였고, 한국전쟁 당시에는 부산에 속속 입항하는 각국 유엔군 부대와 연락
하는 업무도 맡았다.

한편 한국의 지도자들과도 교분을 쌓았다. 김구는 1949년 1월에 그에
게 '韓美親善平等互助(한미친선평등호조)'란 휘호를 써주었는데 후일 백범
기념관에 기증하였다. 2년여의 첫 번째 한국 근무 중 국회 프락치사건을 목
격하여 보고서를 작성하였는데, 후일 이 보고서를 김정기 교수(외국어대 부
총장)에게 주어 『국회 프락치사건의 재발견』(전3권, 2008)이란 책으로 간행
되었다.

1957년부터 1년가량 미국 국무성의 한국과장으로 근무하고, 1958년
봄에 주한 미국대사관에 문정관으로 부임하였다. 1962년까지 근무하면서
학술과 교육예술 분야를 비롯하여 한미간의 광범한 교류 협력에 힘썼다.
한국의 역사와 문화를 연구하였고, 특히 다산 정약용에 대한 연구논문을

김환수 씨 댁에서의 헨더슨과 부인 마이아 여사

발표하였다.

그는 사교적이면서도 자신의 소신을 분명히 하였다. 1961년 5·16이 발생하고 문정관 임기를 끝내고도 한국에 머물다가 신임 버거(Samuel Berger) 대사와 마찰을 빚고 홍콩을 거쳐 귀국하였다. 그 후 7년간의 한국 생활을 포함한 일본, 독일에서의 13년간의 외교관직을 청산하고 하버드대학에 머물며 연구 활동을 하였다. 1966~1968년 하버드대학 국제문제연구소의 연구원으로 있으면서『소용돌이의 한국정치 *Korea: Politics of The Vortex*』(1968)를 내었다. 또한 한국도자기 150점을 하버드대학 박물관에 기증하였다.

1988년 10월 16일 메드포드(Medford) 집에서 지붕 수리를 하다 낙상하여 66세로 사망하였다. 한국을 사랑했던 그의 묘비에는 '한대선(韓大善)'이란 한국명이 적혀 있다. 나는 이곳을 방문하였고, '한대선'이란 서명을 한 친필편지를 보며 가끔 그를 생각한다.

작품 속으로

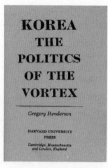

Korea: The Politics of
Vortex(1968) 초판본

『소용돌이의 한국정치 *Korea: The Politics of Vortex*』는 서양인들이 한국 정치를 이해하기 위한 필독서로 꼽힌다. 이 책은 핸더슨이 미국 하버드 대학 국제문제연구센터의 공동연구원으로 지내는 동안 집필했고, 1968년 초에 출간되었다.

이 책은 모두 13장으로 '1. 단극자장, 2. 전통사회, 3. 근대적 정치동원의 시작, 4. 전체주의적 시민정책, 5. 혼돈의 문, 6. 정치적 정통성 추구(1948~87), 7. 중앙집권화와 정치적 유동성, 8. 기능과 기구의 확산, 9. 파벌주의와 평의회의 기능, 10. 정당, 11. 공산주의, 12. 군부, 13. 선택: 다원화를 통한 결집'으로 구성되어 있다.

이 책은 한국정치가 안고 있는 모순과 문제점들을 정치학적으로 예리하게 분석했다. 주한 미국대사관에서 근무하며 한국 정치를 몸소 경험한 저자로서 한국 정치가 어떻게 생성되었고 어떤 특성을 지녔는지를 객관적인 시선으로 냉철하게 바라본 것이다.

그렇다면 한국 정치는 어떤 특성을 지니고 있을까? 이 책의 제목으로 '소용돌이'라는 단어를 사용한 이유는 저자가 한국 정치에 한마디로 '소용돌이(Vortex)' 현상이 나타난다고 보았기 때문이다. 이 책에서 말하는 소용돌이는 한국 정치에 나타나는 동질성과 중앙집중화 현상 때문에 발생한다. 한국 사회의 모든 분야와 개체들은 오직 권력의 중심만을 향해 돌진하는 경향을 보인다. 이로 인해 사회적·정치적으로 통합되어 근대화를 이루었지만 한편으로는 진정한 민주주의에 이르지는 못하게 되었다.

한국인은 단일민족, 단일언어, 단일문화를 자랑하는 동질성이 있는데,

이 책은 한국인의 뿌리가 되는 민족으로 예맥족을 이야기하고 있다.

> 예맥족이 종전의 신석기시대 종족을 흡수함으로써 한국인들의 뿌리가
> 되었는데 이들 한국인 조상의 숫자는 약 2~3천 명에 지나지 않았던 것 같
> 다. 김원용 박사는 한반도 남쪽으로 내려온 예맥족이 한(韓)이라 불렸으
> 며 이들이 훗날 남부 왕국인 신라와 백제를 건국한 것으로 믿고 있다. 또
> 그의 이론에 따르면 북쪽에 살던 예맥족은 고구려 건국의 선구자들이 되
> 었다. 이렇게 각 왕국들로 나눠지긴 했지만 각국 주민들 간의 차이점은
> 근본적인 것이 못되었으며 그마저 7세기에 통일이 되면서 사라져버렸다.
> 이 예맥족의 일부는 일본열도로 건너가 야요이문화를 일으키고 일본 지
> 배종족의 바탕이 되었다. (61쪽)

단일성과 동질성은 중앙집권화를 이루는 데 유용하기는 하지만 민주
주의의 근본인 다양성을 훼손할 수도 있다. 이 점에 주목한 저자는 단일성
과 동질성이 한국 정치에 소용돌이를 일으키게 되었다고 본 것이다. 자신의
주장만 옳다고 생각하면 여야 간의 타협도, 정책을 위한 진지한 토론도 성
사될 수 없다. 이 책은 한국에 중앙집권화의 특성이 나타나게 된 역사적 배
경을 다음과 같이 소개한다.

> 조선은 지상에서 가장 크고 중앙집권화된 거대국가(중국)의 축소판이
> 었으며 5세기에 걸친 조선시대가 한국인들의 생활 구석구석에 영향을 미
> 쳤다. 정치와 사회질서의 여러 문제에 독특하게 중앙집권화를 성숙시켜
> 온 중국 특유의 방식이 조선의 정치적 사회적 안정의 지도원리가 되었는
> 데 그 강도가 이전 왕조 때보다 훨씬 높았다. 유교는 무엇보다 하나의 보

편적 체계이다. 그것은 인생에 관한 포괄적 해설과 사람이 살아가는 법칙을 제공했다. 기나긴 지배를 통해 유교는 한반도 구석구석 그리고 사회 각층에 각각 다른 깊이로 침투했다. 유교의 가르침은 국가의 조직이나 정치뿐 아니라 가족, 동업조합(길드) 및 일족의 일에도 원용되었다. 이런 점에서 유교는 중세 유럽의 교회와 유사하지만 교회와 국가의 분리가 전혀 이루어지지 않았다는 점에서 결정적으로 유럽과 다르다. 유럽이나 중동아시아와는 달리 유교사회는 교회(서원)에 독자적인 교권제도가 없었다. 모든 것의 정점은 왕과 그 왕을 통제한 상층 관료였다. 이 시대의 정치 권력을 행사한 사람들은 우리들이 중국에 관해 곧잘 말하고 있는 것처럼 "윤리강령을 자기방식대로 해석하는 범위 내에서는 절대적이 되는" 경향이 있었다. 관리들은 이런 권한을 왕의 이름을 빌려 대행했다. (69쪽)

조선 시대는 중세 봉건사회였다. 한국은 조선 시대와 일제강점기를 거쳐 대한민국정부가 수립되면서 현대 민주주의가 시작되었다. 하지만 이승만, 박정희 정권을 거치는 과정에서도 '소용돌이' 현상이 나타났다.

이승만 박사는 스포츠맨은 아니지만 정치적인 문제에 관한 한 경기를 주관하기 좋아했다. 이 박사는 인물의 감식안(鑑識眼)에서는 전임자인 미국인들보다 훨씬 전문적이었으며 훨씬 우수한 고문들을 고용했다. 그러나 행정부에 대한 그의 사고방식은 근본적으로 조선말기와 같았다. 야망을 가진 사람들이 출세를 위해 매달릴 곳이라곤 이 박사뿐이었고, 게다가 이 박사는 빈번한 인사이동을 통해 그들이 스스로 어떤 이익그룹에 속하는 것을 막았다. 그는 최초의 비 왕족 출신의 국가원수였지만 대원군처럼 후계자 문제를 포함해, 어떤 면에서는 섭정처럼 행동했다. (…) 이승만의 통치패턴은 1948년 8월 4일 발표된 최초의 내각에서 나타났다. 각료로 임명된 지 몇 주 만에 해임된 사소한 예외를 제외하면 미군정의 장관으로 있다가 새 정부로 옮겨온 사람은 없었다. (335쪽)

박정희는 그의 공화당과 함께 확실하게 권력을 장악하고 있었고, 경제도 나아지고 북한의 위협도 수그러들고 있는데도 자신의 권력에 대한 욕심을 억누를 수 없었다. 그는 계속된 학생시위와 1971년 3월의 1개 사단의 미군 철수, 그리고 완전히 획일적 체제인 북한과의 심각하게 되풀이되는 협상으로 인해 안정감을 찾지 못하고 있었다. 비록 이런 상황의 그 어느 것도, 어떤 관점에서도, 그 자신의 강력한 권력 장악욕 이외에는 정당화시킬 만한 것이 없음에도 불구하고 박정희는 1971년 12월 6일 국가비상사태를 선포하고 야당이 불참한 국회에서 비상대권을 부여받았다. 그리고 9개월 후인 1972년 10월 17일 친위쿠데타를 일으켜 계엄을 선포하고 헌법을 정지했으며, 언론과 결사의 자유를 취소하고 정치 활동을 금지시켰다. 1974~75년에는 기상천외하게 억압하는 '긴급조치'들을 잇달아 발표하면서 정부에 대한 모든 비판을 불법화했다. 이른바 캠퍼스에서 4명의 학생들이 모여 회합만 해도 이들 4명은 이론적으로는 사형선고를 받을 수 있게 되었다. 박정희는 헌법을 72개 군데나 뜯어고쳐 만신창이로 만들었으며 입법부와 사법부의 독립성을 격하시키고 핵심권한을 거두어버렸다. 그는 또한 자신이 의장이 되는 통일주체국민회의라는 괴상한 이름을 붙인 선거인단을 만들어 그에 의한 간접선거제도를 도입했으며, 1972년 12월 23일, 2천359명의 선거인단 투표자 중 2천357명이 공손하게 그에게 투표함으로써 북한식 절대다수의 지지표를 획득, 6년으로 임기가 연장된 새 대통령에 당선되었다. 그리고 대통령이 국회의원의 3분의

1을 지명할 수 있게 함으로써 행정부에 장악된 국회는 더욱 약체화될 수밖에 없었다. 그 당시의 한국헌법은 심지어 공산국가의 헌법까지 포함해 세계에서 가장 억압적인 헌법 중 하나였다. 박정희는 이런 독재주의적 괴물을 유신체제라고 명명했다. (291쪽)

이 책은 한국 정치의 문제를 낱낱이 밝혔는데, 한국인의 장점에 대해서도 말하고 있다. 한국인에게 역동성이 있기 때문에 한국사회가 세계적으로 주목받을 것이라고 말하며 끝맺는다.

한국사회는 극도로 개방적인 사회다. 물질적 생산성이 높고 끊임없는 경제적 변화가 있는 역동적 사회에서 생활한 미국인들은 물질적 가치와 새로운 그룹에 적응하는 정신을 강조하는 태도로 반응을 나타냈다. 한국인들은 거의 동일한 역동적인 정치사회에서 생활해왔다. 그들은 새로운 배치, 새로운 환경, 새로운 변화에 대응해 다른 종류의 정치제도에 적응하며 살아가는 고도의 능력을 갖고 있다. 이런 역동적인 성격은 과거의 속박을 크게 받지 않고 그들이 필요로 하는 종류의 다원사회를 추구하는 데 유효하게 작용할 것이다. 지적이고 자유로운 한국인의 정신으로 구축하는, 새롭고 좀 더 다양한 미래의 한국사회는 세계적으로 주목을 받는 사회가 될 것이다. (530쪽)

이처럼 저자는 우리에게 진심어린 쓴소리와 칭찬을 건네었고, 그 누구보다 한국을 사랑한 인물이다. 그런데 왜 그런 그를 한국 언론은 비난했을까?

1950년대까지만 하더라도 간송 전형필 같은 소수를 제외하고는 우리

스스로도 고미술품과 도자기에 대한 관심이 부족했다. 이러한 때에 헨더슨 내외는 한국 미술을 진심으로 사랑했다. 헨더슨의 부인은 조작가라서 한국 도자기의 가치를 알아봤는데, 헨더슨은 미국대사관 문정관으로 활동하면서 한국 도자기를 열심히 모았다. 그런데 후일 그가 박정희 정권에 대하여 비난하자 당시 국내 언론이 '미술품 불법반출'을 비난하고 나선 것이다. 이제 헨더슨 부부는 고인이 되었고 그 고미술품들은 하버드대학 박물관에 소장되어 가끔 전시회를 가지고 한국의 미를 세계인들에게 알리고 있다. (자세한 내용은 김정기, 『미의 나라 조선: 야나기, 아사카와 형제, 헨더슨의 도자 이야기』, 한울, 2011, 260~307쪽 참조하기 바람)

헨더슨 자신이 쓴 *Korean Ceramics*란 책자는 60쪽에 이르는 오하이오

Korean Ceramics (1969)
표지

대학 전시회 카탈로그로 만든 안내서이다. 헨더슨은 전시회의 성격을 설명한 후 17쪽에 걸쳐 한국 도자기의 역사를 서술하고 있다. 이어서 145종류의 도자기를 사진으로 보여주면서 하나하나 해설을 하고 있다. 외국인의 눈으로 그만큼의 해설을 붙이기가 얼마나 어려울까 싶은데, 특히 부인 마이아 여사의 전문가적 심미안이 없이는 불가능하였을 것이라 생각된다.

1998년에 헨더슨 10주기에 그를 추모하는 20명 정도의 인사들이 서울에서 모였다. 기념촬영 사진을 보면, 앞줄부터 시계반대방향으로 김정자(서울대 미대 교수), 이대원(홍익대 총장), 이만갑(서울대 교수), 강영훈(전 국무총리), 김용구(언론인), 이경숙(서울대 음대 교수), 스테판 브레드너(주한 유엔군사령관), 뒷줄 김환수(전 주한미국공보원 고문), 최종고(서울대 법대 교수), 김달중(연세대 교수), 조셉 콤턴(전 주한영국대사관 외교관), 박석기(합동통신

헨더슨 10주기 추모의 밤(1998)

문화부 기자), 이영희(한양대 교수), 최기만(한국외항선교회 목사), 곽소진(한
국저작권회사장), 박을술(세무회계사), 김용성(주한미국대사관 정치과), 김정
기(한국외국어대 부총장) 제씨였다. 화환을 보낸 김대중 대통령을 포함하여
절반 가까이 고인이 되셨다.

62

시조와 뜨개를 사랑한 신부

세실 리처드 러트
Cecil Richard Rutt, 1925~2011

『고독의 애상 *Korean Works and Days*』(1964)

『풍류한국』(1965)

『*Martyrs of Korea* (한국의 순교자)』(2002)

'노대영 신부'라고 널리 알려졌던 세실 리처드
러트(Cecil Richard Rutt)는 한국에서 20년이나
살았던, 한국인을 깊이 알고 사랑한 성공회 사
제였다. 나는 1960년대 대학생 시절에 신문이
나 잡지에 실린 그의 글을 보면서 한국과 한국
인을 이렇게 속속들이 이해하고 표현할 수 있
는 외국인이 있다는 것에 놀라며 공부하던 기
억이 난다. 당시 이어령의 『흙 속에 저 바람 속에』와 이규태의 '한국인론 한
국학'과 펄 벅의 소설은 대학생들에게 교양의 자양분이었다. 러트 신부는
마치 한국의 양반이나 선비와 같았는데, 한국인의 자긍심과 미의식을 높여
주었던 것으로 회상된다. 당시 성공회는 러트 신부와 조광원 신부, 영문학

자 김진만 교수 등의 왕성한 문필활동으로 대학생들에게 매우 지성적으로 어필되고 있었다. 지금도 대학로의 서울대병원 위쪽의 성공회관 앞을 걸으면 그 시절이 그리워진다. 한국에 살면서 한국인을 사랑하여 10권에 이르는 한국관계서를 저술한 그분의 삶과 사상은 실로 존경스럽기만 하다.

작가의 생애

———

세실 리처드 러트(Cecil Richard Rutt)는 1925년 8월 27일 영국에서 태어났다. 노팅엄셔(Nottinghamshire)의 캘함신학교에서 공부하고 케임브리지 팸브로크대학에서 미술 석사학위를 받았다.

1952년에 성공회 신부가 되었고, 2년 후 한국에 파송되었다. 서울에서 사목하다가 1966년에 대전교구의 보좌주교로 임명되었다. 1968년 2월에 대전교구 주교로 임명되었고, 1966년 10월 29일 성공회 서울성당에서 거행

A History of Hand Knitting (1987) 책을 펴낸 러트 신부

된 주교서품식은 최초로 한국어로 진행되었
다. 성공회 사제로 활동한 42년 동안 그리스
도교의 일치를 위해 힘썼고 박해받는 교회를 지원하는 데 헌신하였다.

　　1969년 5월 홍콩에서 조안 포드(Joan Ford, 1919~2007)와 결혼하였다.
1973년에 영국정부로부터 대훈장을 받았다. 1974년에는 영국왕실협회
(Royal Asiatic Society) 한국지부장을 맡았다. 1979년에 레이스터(Leicester)
의 대주교가 되었다. 1994년에 성공회에서 은퇴하고 이듬해 로마 가톨릭
으로 개종하였다. 2009년에 교황 베네딕토 16세에 의해 서훈되었다. 2011
년 7월 27일 영국 콘월에서 선종하였다.

　　1954년부터 1974년까지 20년간 한국에 살면서 한국문화와 역사를 연
구하여 게일(James Scarth Gale), 헐버트(Homer B. Hulbert), 존스(George
Heber Jones)와 트롤로프(Mark Napier Trollope) 주교를 잇는 마지막 '학

자선교사(Scholar Missionary)'로 알려졌다. 특히 시조와 뜨개에 관심이 많았고, 한국관계 장서를 옥스퍼드대학 보들레인(Bodleian) 도서관에 기증하였다.

지은 책으로 *Martyrs of Korea* (2002), *Korea: A Historical and Cultural Dictionary* (with Keith L. Pratt) (1999), *The Book of Changes(Zhouyi): A Bronze Age Document* (1996), *A History of Hand Knitting* (1987), *A Nine Cloud Dream by Man-jung Kim* (1980), *Virtuous Women: Three Classic Korean Novels* (1974), *History Korean People* (James Scarth Gale) (1972), *The Bamboo Grove: An Introduction to Sijo* (1971), *Korean Works and Days: Notes from the Diary of a Country Priest* (1964), *An Introduction to the Sijo, a Form of Short Korean Poem* (1958), *The Church Serves Korea* (1958) 등이 있다.

작품 속으로

———

러트 신부의 한국에 관한 최초의 책은 영문으로 낸 *Korean Works and Days* (1964)인데, Notes from the Diary of a Country Priest라는 부제가 붙어 있다. 속표지에는 『槿域時事 司鐸鄕記(근역시사 사탁향기)』라는 한문식 표제가 붙어 있고 저자명도 盧大榮神父(로대영 신부)라고 한자로 적혀 있다. 도쿄의 Tuttle 출판사에서 낸 231쪽의 이 책은 원래 그가 평택에서 시골 신부로 있으면서 적은 일기를 1957~1958년《Korea Times》에 컬럼으로 연재한 것이다.

러트 신부는 이 책을 한글로 옮겨『고독의 애상: 이것이 코리아다』라는 한국어판을 1965년에 내었다. 이 책에는 저자 프로필이 적혀 있는데, 흥미

『고독의 애상: 이것이
코리어다』(1965)
한국어판 초판본

있는 것은 생년월일에 乙丑(을축)년이라 적고 생년월일도 양력 1925년 8월 27일 외에 음력 7월 7일로 병기한 것이다. 이어서 케임브리지대학 어학과 졸업(MA), 켈럽신학교 5년 수료, 1954년 대한성공회 파견, 성공회 성베다관장, 다산문화상 수상(1964), 성공회 성미카엘신학원 원장, 외국어대학, 서울대 문리대, 한국신학대학, 휘문고교 강사, 이화여대, 연세대, 육사, 공사 강의, 시사영어연구, 코리아 타임즈, 동아일보, 조선일보, 월간《女像》에 기고, 한시 시조 시문 소설 다수 영어번역이라고 적혀 있다.

『고독의 애상』으로 다산(茶山)문화상을 수상했는데, 심사위원들(유진오, 김활란, 이숭녕, 김준엽, 김재원)은 이렇게 적었다.

본상의 수상대상인 「고독의 애상(원명 *Korean Works and Days*)」이라는 저술을 통하여 필자는 어떤 체계나 예술적 가치관을 떠나 우리나라 사람들의 일상생활을 사실 그대로 통찰하고 그 가운데서 한국인의 참 모습을 나타내고 있다. 이 책은 춘, 하, 추, 동의 4장으로 나눠 소제목들도 한문식 제목으로 달려 있다. 1950년대까지 한문이 지배적이었음을 보여주어 흥미롭다.

이 책에는 러트 신부 자신이 찍은 것으로 보이는 사진들이 스무 컷 정도 보인다. 그 중 몇 가지를 소개한다.

『고독의 애상: 이것이 코리어다』에 실린 러트 신부의
사진 작품들

『풍류한국』은 1965년 서울의 신태양사에서 나온 수필집이다. 자신이 왜
한국어에 관심을 갖게 되었는지를 저자는 머리말에서 이렇게 밝히고 있다.

한국의 매력은 구분하기가 어렵습니다. 나는 11년 전 한국에 처음 올
때에 그 매력을 처음 느꼈습니다. 그리고 너무나 좋아서 다른 분들에게

『풍류한국』(1965)
초판본

그 느낌을 전달하고 싶던 중에 여러 신문과 잡지에 한국에 대한 기사를 기고하게 되고 그때까지 영어로 번역되지 못했던 시조도 한 2백 수를 번역하여 발표했습니다. 물론 다 영문으로 지은 글이요, 서양 사람들에게 한국을 소개하기 위한 것으로 생각한 것입니다. 서울에서 제일 역사 깊은 영자신문인 《코리아 타임스》의 편집국장은 내 좋은 친구로서 이런 글을 더 많이 짓도록 끊임없이 격려했습니다. 본 수필집 중의 대부분은 《코리아 타임스》에 처음 게재된 글의 역문(譯文)입니다. (…) 독자들이 이 책을 통독하시면 원래 내가 한국말로 지어본 글과 내 모국어인 영어로 지은 것을 쉽게 구별하실 수 있을 겁니다. 아담한 한국어 문체로 번역된 것은 다 정종화 선생과 그 부인 최옥영 씨의 수고에 의한 것입니다. 나머지 거칠은 '외국인의 한국어'로 된 부분은 내 자신이 지었으나 어느 정도까지 한국인들이 편집해주신 것이 있습니다.

이렇게 저자는 한국인들의 도움 덕분에 한국어로 된 책을 내게 되었다고 밝혔는데, 그렇지만 한국어로 초고를 쓸 정도로 한국어 실력이 뛰어났다. 저자는 머리말에서 어떻게 한국어와 한국문화를 습득하였는지를 밝히고 있다.

처음 한국에 왔을 때 2년간 다른 책임이 조금도 없어 온몸과 마음을 한국어를 배우는 데 바칠 수 있었습니다. 그 후에 2년간 경기도 평택군 안중이란 동네에서 시골교회 일을 보았습니다. 그때는 말이 아직도 능통치 못했으므로 지방 사람과 깊은 우정을 나누지 못하였으나 안중에 있는 동안 한국 경치와 한국의 전통적 사회를 알게 되었습니다. 특별히 그때에 한국말을 좋아하게 되었습니다. 자연계에 대한 풍부한 단어와 표현에 까다로운 뉘앙스를 감상하기 시작했습니다. (…) 외국인 신부는 선교사이므로 언제든지 자기가 와 있는 나라와 그 국민에 대하여 힘껏 공부할 부분이 있는 것으로 압니다. 한국을 모르면 어찌 저 한국사람들에게 인간의 문화를 초월한 진리에 대해 적절한 말씀을 드릴 수 있겠습니까? 많은 한국인 친구 중에 특히 휘문학교 졸업생과 재학생들에게 드리고 싶습니다. 4년 동안 휘문에 강사로 다니는 동안 정이 들었을 뿐만 아니라 이 여러 영문 수필을 번역해주신 정종화 선생을 처음 만난 때가 정 선생도 휘문에서 가르치실 때이며 또한 많은 휘문 출신인 친구들 중에 특별히 나에게 한국의 관습과 한국어의 미를 감상하기에 많은 지도를 해주신 송태원 선생 때문에 휘문학교에 대한 특별한 감이 있습니다. — 1965년 가을 오류동 벽도제에서 저자

이 책은 모두 4부로 구성되었다. I. 한국풍류 편에는 아리랑, 무궁화, 달맞이, 부채, 도장과 운명, 목욕, 행상인, 곡마단, 무당-박수, 탈춤, 우표, 만득이 이야기, 夏日閑談(하일한담), 여관과 山寺(산사), 旅昌一夜(려창일야), 항도풍경, 山家有情(산가유정)이 실려 있고, II. 書舍餘話(서사여화) 편에는 한국인과 서양인의 발성법, 화랑도는 무사도인가, 한국사람과 고양이, 기독교는 서양종교인가, 한국에 봉건제도가 있었나, 설렁탕과 설농탕, 기도문부터 통일을, 대학의 복식과 각모, 국전 서예부, 익살-해학-재담, 한국식 새 동사, 萬島之主(만도지주), 성탄절 전후의 영어, 한글의 로마문자, 예술비평은 엄격히, 새드 무비, 영국청년과 참새구이, 을축 7월생, 비틀

스의 이름값, 서울-세울-시울, 어원사전 있었으면, 셰익스피어 공부, 박쥐와 복의 관계, 茶이야기, 다시 茶이야기, 한국청년들의 노래, 색깔 한담이 수록되었고, III. 時感隨想(시감수상) 편에는 한국의 마음, 한국의 멋, 한국의 미, 한국의 문화, 한국인의 감수성, 한국의 전통과 서구문명, 한국의 국호변천고, 한국인의 인쇄사, 영국신사와 한국, 한국의 크리스마스, 살아 있는 갈대, 순교자와 한국적인 토착미가 실렸으며, IV. 한국통신 편에는 제1신, 나무를 사랑하는 사람들, 제2신, 물, 나물, 색깔, 제3신 남도기행, 제4신 고적-혼례-花菜(화채), 제5신 한국의 여름, 제6신 은하수-막걸리-가을꽃, 제7신 추석, 제8신 까치와 쇠똥, 기타가 수록되었다.

이 책에는 펄 벅의 『살아 있는 갈대』와 김은국의 『순교자』에 대한 논평도 실려 있고, 특히 인상적인 것은 저자가 한국에서 체험한 것들을 한 달 간격으로 영국의 어머님에게 편지로 쓴 『한국통신』이다. 그는 한국의 나무에 대해 이렇게 전하고 있다.

한국의 소나무 중에도 무척 아름다운 나무들이 있습니다. 어떤 나무는 아주 오래되고 아름다우므로 국보로 등록되어 있습니다. 영국 사람들이 그런 말을 들으면 놀라겠지요? 나무를 국보로 한다고. 한국 사람들은 자기네 나무를 그만큼 사랑하는 것입니다. 어머님은 7년 전 한국에 오셨을 때 수원에 가셨던 것을 잘 기억하실 것입니다. 수원 북문 앞 큰길 옆에 있던 소나무를 기억하십니까? 나는 수원에 갈 적마다 그 나무를 구경하고 싶어집니다. (244쪽)

어머님은 오동나무도 모르시겠지요? 영어로는 그 이름이 예쁜데, 폴로니아라고 합니다. 그 이름은 어떤 러시아 공주의 이름을 따서 지은 것입니다. 두 가지가 있는데 보통 것은 연한 자주꽃이 피고 향기가 아주 좋습니다. 다른 것은 그 줄기나 껍질이 파랗기 때문에 '벽오동'이라 합니다. 작년에 어느 여류소설가가 「벽오동 심은 뜻은」이란 소설을 지었고, 또한 그 소설을 따라 영화가 만들어졌습니다. 그 제목의 뜻은 한국의 옛 시조에서 나오는 것인데, 그 시조의 원뜻은 봉황새가 오직 오동나무에만 깃들인다고 하는 전설에 의하여 어느 여자가 그의 애인을 기다림에 벽오동을 심은 얘기입니다. 아마 그 소설과 영화가 나오기 전에도 이런 벽오동에 대한 관심이 많았을 것입니다. 내가 맨 처음 한국에 왔을 때, 영국서 볼수 없는 나무가 많았는데 이 벽오동을 보고는 곧 좋아하게 되었습니다. 이번에 우리 집 앞에 벽오동 하나를 심었습니다. 그것을 심은 뜻은 내가 그 나무의 모습을 좋아한 것뿐입니다. (246쪽)

이처럼 한국의 나무를 사랑한 그는 여행에서 보고 느낀 것들을 어머니에게 편지로 보내드리기도 하였다.

저녁에 해인사에 도착했습니다. 해인사도 법주사와 같이 유원지가 되었지만 어쩐 일인지 나는 해인사에서 신성한 공기를 맛보았습니다. 그것은 나무들이 우거진 골짜기에서 울리는 목탁 소리부터였습니다. 한국 속담에 의하면 '절에 가면 중 되고 싶다'고 합니다. 한국사람뿐 아니고 나도 여러 번 그렇게 느꼈습니다. 함께 다니는 젊은 신부들도 자동차를 탔을 때는 농담과 희롱이 많았으나 절에 들어갈 때에는 신중한 표정을 지으며 가벼운 얘기를 그치셨습니다. 도착한 것이 저녁때였으므로 관광객들은 대부분 벌써 여관이 있는 동네로 내려간 듯 몇 여인들이 남아 염주를 매만지며 각 석탑을 세 번 돌면서 정성을 드리고 있었습니다. 그때에

큰 북소리가 울렸습니다. 법주사에서는 모든 건물을 단청으로 꾸몄으나 이 해인사는 더 자연스러운 색으로 마음을 잔잔하게 잠재워 주는 듯했습니다. (262쪽)

기념품을 파는 장사한테서 단장을 샀습니다. 단장을 산 이유는 그 가게에 좋은 나무로 된 단장이 있었기 때문이었습니다. 주인은 젊은이였습니다. 글을 그 단장에 새겨주겠다고 하더니 사람의 이름은 새길 수 없다 하였습니다. 담뱃대, 단장, 부채, 수건에다 이름을 적으면 운이 나빠진다고 합니다. 나는 재미있게 들었습니다. 그리고 그분은 나에게 '영국 신사'와 단장의 습관에 대해서 친절히 설명해 주었습니다. 아마 내가 미국사람인 줄로 알았겠지요. 정말 여행하면서 한국 사람들과 같이 온갖 애기를 할 수 있어 매우 재미있는 여행이었습니다. 그런데 한 가지 모두가 바라는 것은 벼를 심을 때가 되었는데 비가 오지 않아 논바닥이 갈라져 가슴 아픈 일을 보았습니다. 속히 비가 오셔야 합니다. (269쪽)

저자는 해인사에서 스님들이 하루 일과를 마치며 치는 법고 소리도 듣고, 기념품 가게에서 단장을 사기도 했다. 그는 한국 사람들과 이야기를 나누는 것을 즐거워했고, 농부가 아닌데도 가뭄을 걱정했다. 한국과 한국인을 사랑하는 진면목을 엿볼 수 있는 대목이다.

한편 저자는 한국의 전통문화와 음식, 노래(민요는 물론 대중가요까지)도 사랑했다.

한국 사람들은 은하수를 참 좋아한답니다. 제일 유명한 애기는 '견우와 직녀'의 애기인데 그날에는 비가 꼭 온다고 합니다. (⋯) 한국에 온 후

에 내 생일을 음력대로 계산해보니 바로 칠석날이었습니다. (293쪽)

어머님, 사실을 고백해야 하겠습니다. 추석 다음날에 체했습니다. 아마 너무 명절을 열심히 지켜서 떡을 많이 먹은 모양입니다. 한국의 떡은 특수한 음식입니다. 서양 사람들은 대개 맛이 없는 것으로 여깁니다. 성경 말씀에 있어서도 우리 영어 성경에 '빵'이라고 한 것을 한국 성경은 '떡'이라 합니다. 그래서 예수의 말씀 한 가지는 '사람은 떡으로만 살 수 없다'라 합니다. (…) 한국에 몇 해 살며 한식을 먹으면 그 진미를 감상하게 됩니다. 지금의 나는 떡을 참 좋아하고 기회가 있으면 많이 먹습니다. (303쪽)

홍콩에서 내가 한번 교외에 있는 성당에서 청년들과 만났을 때였습니다. 여러 가지 재미있는 얘기 중에 한국 노래 하나를 불러달라고 했습니다. 그런 부탁을 받으면 대개 맨 처음에 〈아리랑〉을 부르지 않습니까? 그래서 잘 부르지는 못하지만 아리랑의 한 절을 불렀습니다. 청년들은 좋아했습니다. 그러나 그들의 지도자인 젊은 선생님은 "그 노래가 일본 노래"라고 말했습니다. 너무 섭섭했습니다. 언론인들이 아리랑을 많이 빌려 이용하였기 때문에 아마 그렇게 생각하는 외국사람들이 많을 것입니다. 청년들은 바로 한국 유행가를 듣고 싶어 했습니다. 그래서 〈노란 샤스의 사나이〉를 불러주었습니다. (308쪽)

저자의 한국사랑은 그렇다 치고 문장력이 뛰어나서 이 책은 재미있게 읽힌다. 영국인은 수필을 잘 쓴다고 하는데, 러트 신부의 수필을 읽으면 그 말이 와 닿는다.

History of the Korean People (1972) 초판본

Virtous Women (1974) 초판본

The Bamboo Grove (1971) 초판본

Korea: A Historical and Cultural Dictionary (1998) 초판본

　　지면관계로 그의 다른 저서들의 내용을 언급하지 못하고 책 표지만 사진으로 소개한다.

　　2016년 1월 15일, 리처드 러트 주교의 유품이 서울대교구에 전달되었다. 한국 성공회 대전교구장을 지낸 리처드 러트 주교는 1994년 가톨릭으로 회심하여 이듬해 가톨릭 사제 서품을 받았다. 이후 성장하는 한국교회를 지지하는 의미로 교황청 재단 '고통받는 교회 돕기'(ACN)에 유품을 기증한다는 유언을 남겼다. 그리하여 두 개의 주교 십자가, 자수정과 금으로 만든 주교 반지, 배나무로 만든 주교 지팡이 그리고 은으로 만든 주교 성유함이 네빌 커크스미스(Neville Kyrke-Smith) ACN 영국지부장을 통해 서울대교구장이자 ACN 한국지부 이사장인 염수정 추기경에게 전달되었다. 염 추기경은 그 보답으로 리처드 러트 주교의 저서 『*Martyrs of Korea*(한국의 순교자)』를 선물하였다.

63

동아시아사의 역사소설가
시바 료타로
司馬遼太郎, 1923~1996

『한나라기행 韓のくに紀行』(1972)
『탐라기행 耽羅紀行』(1990)

나는 시바 료타로(司馬遼太郎)를 만난 적이 없지
만 일본 작가 중 가장 관심 있는 작가이고 한국
의 이병주 작가와 친했다는 얘기를 들어왔다. 역
사를 소설 속에 농축시키는 이른바 역사소설을
쓴다는 것은 상당히 어려운 일이다. 시바 료타
로는 일본에서 가장 유명한 역사소설가이고, 한
국에서도 그의 역사소설들이 많이 번역되어 출간
되었다.

　그런데 그의 역사관에 대해 보수적이라고 생각하는 한국 독자들도 적
지 않지만 그에 대해서는 논외로 치자. 시바 료타로만큼 동아시아 역사에
정통한 작가는 없을 것이다. 그는 '아직 사마천에서 먼 사나이'란 필명을 썼

는데, 이런 포부로 많은 역사소설을 썼다. 그리고 한국에 관한 소설도 세상에 내놓았다.

작가의 생애

———

시바 료타로(司馬遼太郎)는 1923년 8월 7일 오사카에서 태어났으며, 본명은 후쿠다 데이이치(福田定一)이다. 1943년 오사카외국어대학 몽골어과를 졸업하였고, 1946년부터 1961년까지 산케이신문사에서 기자 생활을 하면서 틈틈이 작품을 발표했다. 1956년 『올빼미의 성 梟の城』으로 나오키상을 수상했다. 1966년 『료마가 간다 龍馬がゆく』로 기쿠치칸상을 받았는데, 이 소설은 그의 대표작이 되었고 5번이나 드라마로 제작되고 만화

오사카에 있는 시바 료타로 기념관

로도 출간되었다. 1970년대 이후 소설 집필을 줄이고, 일본의 현재와 미래를 고심하는 에세이를 주로 썼다. 시바 료타로는 일본 역사소설의 황금기를 열었고, 일본 역사소설을 완성시킨 소설가로 추앙되었다.

지식인들 사이에서 '일본의 국사(國師)'라고까지 불린 그는 한국에도 많은 독자를 가지고 있다. 1988년 『시바 료타로 전집』 50권을 발간했고, 『언덕 위의 구름』, 『나는 것처럼』, 『항우(項羽)와 유방(劉邦)』 등의 역사소설을 남겼다. 그는 1996년 2월 12일 사망하였는데, 공교롭게도 소설가 엔도 슈사쿠(遠藤周作)와 출생년도와 사망년도가 동일하다. 현재 오사카시에 시바 료타로 기념관이 있는데, 시바 료타로가 소장했던 책들과 유품들을 전시한 기념관과 생전에 살았던 자택이 같이 있다.

작품 속으로

죽는 순간까지 펜을 들고 있는 작가가 가장 행복하다고 했던가? 시바 료타로는 1971년부터 1996년까지 에세이집(기행문) 「가도를 가다 街道を ゆく」를 집필하다가 사망했다. 25년간 연재한 이 에세집만 단행본으로 43권 분량이다. 국내에는 그중 2권 『한나라 기행 韓のくに紀行』(1972)과 28권 『탐라기행 耽羅紀行』(1990)만 번역되었다. 시바 료타로는 전선으로 끌려갈 때, 기차 안에서 서울역 인근의 청기와를 덮은 지붕들을 보면서 '내가

『한나라 기행
韓のくに紀行』(1972)
초판본

『탐라기행 耽羅紀行』
(1990) 초판본

만약 이 전쟁에서 살아남는다면 조선에 꼭 와봐야지'라고 다짐했다고 한다. 그래서 한일수교가 되자마자 기를 써서 노력한 끝에 한국에 올 수 있었다. 한일수교는 1965년, 이 책이 나온 것은 1972년이다.

그는 신숙주가 쓴 『해동제국기』도 읽어봤고, 일본에서는 한국을 잘 아는 지한파(知韓派)로 통한다. 1980년 김대중 전 대통령이 신군부에 의해 사형선고를 받았을 때, 당시 스즈키 젠코 총리에게 김대중 씨의 구명에 나서 달라는 서한을 보낸 적도 있다.

그는 수필이나 칼럼 등에서 한국에 대해 쓰면서 상업이 발전하지 않았다거나 봉건사회에 머물고 있다고 하여, 일본의 식민지배를 은근히 미화하는 우익사관을 가진 것 아니냐는 비판도 받았지만, 『한나라 기행 韓のくに紀行』에서 그

러한 오해를 잠재울 만한 문장들을 실었다. "나는 일본의 선조의 나라를 간다", "일본보다 오랜 시대부터, 당당한 문명과 독립국을 운영한 조선인 (한국인)", "일본의 혈액의 60%는 조선반도에서 전해져 왔다. 90%, 아니 그 이상일지도 모른다"라고 적은 것이다.

또 다른 책『탐라기행 耽羅紀行』은 시바 료타로가 제주도를 여행하고 쓴 기행문이다. 이 책에서 저자는 한라산, 몽고말, 신내림굿을 하는 무녀, 고대 탐라국의 상징인 해녀 등에 대한 이야기와 함께 원시성을 간직하고 있는 제주도를 소개했다.

제주도에 와서 반가운 일 가운데 하나는 낡은 초가집을 아직도 볼 수 있다는 것이다. (55쪽)

오늘날의 문명에는 바보스러운 데가 있다. 학교를 난립시켜, 아이들을 몽땅 우리 속에 가둬 놓고 어느 우리가 더 나은지 등급을 매기고 있다. 사회나 부모가 다 아이들을 닦달하여 등급이 매겨진 우리 속에 밀어넣고 자타를 구별함으로써 안도하는 사회의식을 드러내고 있다. 신분제가 없는 사회가 되면 흡사 광장공포증에 걸린 생쥐 같은 심리 상태가 되어, 그런 우리를 만듦으로써 일종의 신분적 차별성을 향유하는 것이다. (253쪽)

사제출신으로 한국 화가와 결혼한 문학인

로저 오귀스트 르브리에

Roger Auguste Leverrier, 1928~2011

『외국인이 본 한국과 한국인』(1979)

나는 1960년대에 대학을 다닐 때, 여동찬(呂東贊)이라는 한국명으로 글을 발표하고 텔레비전에도 출연하여 한국말을 유창하게 구사하는 위트 넘치는 서양인을 보았다. 약간 시니컬하게 보이고 배짱이 두둑한 남성 같다는 인상을 받았다. 로저 오귀스트 르브리에(Roger August Leverrier)는 원래 신부였는데 한국 불교에 심취하고 한국 여성과 결혼하여 환속하였다.

　그 후 세월이 훌쩍 흘러 반세기 이전의 이야기를 복원하고 고인이 된 그를 '한국을 사랑한 세계작가'로 자리매김하려니 이것이 인생이고 역사인가 하는 감회가 솟는다. 그러면서 이 책에 그를 소개하지 않으면 그런 인생과 역사는 우리의 기억에서 영원히 사라질지도 모른다는 생각도 들어 사명감 같은 것도 느끼게 된다. 그는 천주교 신부로 한국에 왔다가 한국 여성과 결혼하여 살다 모국에 돌아갔으니 그에 대한 자료가 거의 남아 있지 않다.

이제는 인터넷으로도 그의 정확한 생 애를 알기도 어렵게 되었다. 그렇지 만 '한국을 사랑한 세계작가'로 절대 잊혀서는 안 될 인물이라고 생각해서 이 책에 소개한다.

작가의 생애

———

　로저 오귀스트 르브리에(Roger August Leverrier)는 1928년 프랑스에서 태어났다. 1953년 파리외방전교회 신학대학을 졸업하고 1956년 한국으로 와서 경상북도 안동에서 선교사업을 펼쳤다. 이렇게 한국과 한국인을 사랑하다가 동양화가 박정자와 알게 되어 깊이 사랑하고 파계하여 결혼하였다. 1969년부터 1993년까지 한국외대 교수로 재직하면서 '한국인보다 더 유창한 한국어' 실력과 구수한 입담으로 방송과 강연 등 폭넓은 문화활동을 하였다. 1997년 41년 만에 본국으로 돌아가 2011년 10월 30일 프랑스 노르망디 자택에서 83세로 별세하였다. 그 소식을 들은 한국외대 불어과는 프랑스어권 도서관에 분향소를 차려 추모하였다.

　한국어로 된 수필집으로 『외국인이 본 한국과 한국인』(1979), 『좋은 한국인 싫은 한국인』(1981), 『이방인이 본 한국, 한국인』(1987) 등이 있다. 1981년 한국영주권을 취득하고 한국문학작품 30여 종을 프랑스어로 번역하기도 했다.

『외국인이 본 한국과 한국인』
(1979) 초판본

작품 속으로

『외국인이 본 한국과 한국인』은 르브리에가 한국외대 교수로 활동하던 당시에 쓴 책이다. 이 책은 12장으로 '1. 어디에 있어도 산뿐인 땅, 2. 춤과 노래를 좋아하는 민족, 3. 여성 유폐의 민족, 4. 한국인이 믿는 하나님, 5. 귀신들과 함께 사는 사람들, 6. 한국말과 한글, 7. 이조의 정치와 사회, 8. 대원군 이하응, 9. 국제사회와 한반도의 관계(Ⅰ), 10. 국제사회와 한반도의 관계(Ⅱ), 11. 한국인과 교육, 12. 역경을 이겨나가는 한국경제'의 순으로 되어 있다. 이 책의 맨 앞에는 시인 모윤숙(1910~1990)의 추천사도 실려 있다. 이 추천사를 읽어보면 그가 얼마나 한국을 사랑하는지 알 수 있다.

르베르 교수는 너무나 우리가 잘 아는 분이시다. 한 개인이나 단체뿐만 아니라 한국의 친구로 그 생의 절반 이상을 우리와 함께 살고 있다. 그는 성직자로 이 나라에 와서 그것도 도회지도 아닌 안동지방에서 때 묻지 않고 소박한 시민들 속에서 한국의 정을 느꼈고, 또 그 낯선 사람들에게 신(神)의 소리를 전달하고 인간의 구원을 갈망하는 봉사자였다. 현재는 외국어대학의 불문학 교수로 『한불사전』마저 훌륭하게 내놓았다. 그는 불란서인으로서만의 긍지와 보람을 가지고 살아온 것이 아니라 한 인간으로 아니 세계인으로서의 신앙생활을 하면서 다른 어느 곳도 아닌 한국에 그 생을 정착시켰다. (…) 그가 너무 능숙한 한국말의 기수임을 아는 모든 사람은 그와 만나기를 즐겨하고 김치와 시래기 사발을 서슴없이 앞에 놓고 한국을 즐기는 그에게 더욱 친근감을 느끼게 된다.

르브리에는 생의 절반도 넘는 41년간 한국에서 생활했으므로 한국어
는 물론 한국문화에 대해서도 한국인 못지않게 잘 알았다. 저자는 서문에
서 이렇게 적고 있다.

10년이면 강산이 변한다고 한다. 필자가 동국(東國)에 온 지가 벌써 22
년, 수천 년 역사에 비하면 지극히 짧은 세월에 불과하나 사실 한 개인에
게 있어서는 인생의 기나긴 부분이라 생각하지 않을 수 없다. 이 소중한
세월을 뜻있게 보내고자 그동안 많은 연구도 하고, 삶을 더욱 풍부하게
만들 수 있는 것으로 생각되는 많은 것들도 배워왔다. 충분히 이해를 하
게 되었다고 장담할 수는 없지만 이 나라에서 사귀게 된 수많은 친구들의
덕택으로 한국도 한국인도 사랑하게 된 것만은 틀림없는 사실이다. 걱정
이 될 정도로, 앞으로 어느 날 한국을 떠나게 된다면 어디를 가도 이방인
이 될 터이니 살아나갈 수 있을까조차 의심스럽다. 한국을 좋아한다고
해서 한국이니 한국인이니 하고 논하고 말았으니 특히 여러분께 무엇보
다도 양해를 구하는 바이다.

이 책은 1977년 《문학사상》지에 연재된 원고를 책으로 펴낸 것이다.
《문학사상》은 유력한 문학잡지이니만큼 당시에 르브리에는 수필가로서
인정받았던 것이다. 이처럼 한국에서 교수로 방송인으로 수필가로 왕성하
게 활동하던 그는 1997년 프랑스로 귀국했는데, 프랑스에서 그를 만난 한
국 기자가 쓴 기사가 있으니 여기에 소개한다.

프랑스에서 만난 르브리에 부처

파리에서 차를 몰고 서쪽으로 4시간가량 달리면 몽생미셸이란 곳에 이른다. 노르망디 해안의 작고 한적한 마을. 드넓은 갯벌 한가운데 성이 우뚝 서 있다. 역시 몽생미셸이라는 이름으로 불리는 이 성은 둘레가 900m인 작은 바위산 위에 지어졌다. 수도원이었다가 프랑스와 영국의 백년전쟁 때는 요새로 사용됐던 곳이다. 프랑스 혁명기에는 혁명군이 감옥으로 사용하기도 했다. 성을 빠져나와 국도에 접어들면 이내 한국인 관광객의 눈길을 단번에 사로잡는 것이 있다. 국도 변, 눈에 띄는 곳에 내걸린 태극기와 기와집 모양의 안내판이다. 프랑스어로 '동양화 전시'라는 글자가 새겨져 있다. 화살표가 가리키는 건물 안으로 들어가 보니 뜻밖의 인물이 반갑게 맞는다. 한국외국어대에서 프랑스어를 가르친 프랑스인 여동찬(77) 교수와 부인 박정자(67) 화백이다. 여 교수는 이미 한국에서도 낯익은 얼굴이다. "어서 오세요." 동양인을 찾아보기 힘든 마을에서 친척이라도 만난 것처럼 반갑기 그지없다. 이 건물의 1층은 박 화백의 개인화랑. 2, 3층은 부부가 사는 공간이다. (…)

여 교수는 "마당에 자그마한 한국 정자라도 하나 지었으면 좋겠다"는 아쉬움이 있지만 아직은 작은 화랑에 만족할 수밖에 없는 상황이다. 화랑을 낸 후 박 화백은 이 지역에서 '서양 풍경을 동양화풍으로 그리는 화가'로 이름이 났다. 그는 화선지에 한국의 천연 재료로 만든 물감을 사용

부인 박정자 화백의 작업실이자 전시장의 모습

해 노르망디의 바다와 들판, 성과 사람들을 그린다. 화랑을 찾는 현지인
들은 인간이 자연의 한 부분으로 조화를 이루는 동양화의 독특한 화풍에
큰 관심을 보였다. 지역 평론가들은 "똑같은 풍경인데도 프랑스 화가들
이 보는 시각과는 다른 시각으로 사물을 본다"고 평가했다. (…) 박 화백
이 그림을 그리는 동안 여 교수는 한국 문학 작품을 프랑스어로 번역해두
곤 한다. 한국 문학 번역을 후원해 주는 한국의 단체들이 관심을 가져주
면 언제라도 출판할 만큼 번역을 해두었지만 언제 출판될지 기약은 없다.
"치매에 걸리지 않으려고 소일거리로 하는 것일 뿐"이라며 농담조로 말하
지만 한국 문학을 프랑스에 소개하지 못하는 것이 못내 아쉬운 표정이다.
이들의 집에는 한국풍 그림, 한국의 문학 작품집 말고도 약장, 반닫이, 돈
궤, 뒤주 같은 한국 전통 가구와 물건들이 그득하다. 화랑에 그림을 보러

왔다가 한국 물건들에 반해 수십 년 지기처럼 친해진 이웃도 적지 않다.

(…)

이제 몽생미셸에 정착한 후로는 박 화백이 프랑스의 자연을 더 사랑한다. 지금까지 여 교수가 '한국인'으로 살아왔듯이 이제 박 화백이 '프랑스인'으로 살게 될지도 모른다. 여 교수의 고향에는 이들 부부를 위한 묏자리가 마련돼 있다. 대리석으로 만든 묘비에는 한글과 프랑스어로 구상 시인의 시 '꽃자리'를 새겨뒀다.

'앉은 자리가

꽃자리니라

네가 시방

가시방석처럼 여기는

너의 앉은 그 자리가 바로 꽃자리니라.'

『외국인이 본 한국과 한국인』은 학술적 연구서가 아니기 때문에 여동찬 교수의 학문적 업적에 대하여는 깊이 파고들 수 없다. 그렇지만 그의 1970년 동국대 박사학위논문이 서울대 출판부에서 『고려시대 호국법회에 대한 연구』로 출간되었고, 1981년에는 파리에서 *Liberté sous Clef*가 출간되었다. 그리스도교와 불교와의 대화, 프랑스 선교사들의 한국관 등 학술적 논문들을 한국 학술지에 발표하였다. 또한 한국시인 성기조, 조병화의 시를 프랑스어로 번역하여 출간하였다. 이런 그의 업적들이 후학들에 의하여 연구되어야 할 것이다.

65

한국전쟁을 쓴 유대인 랍비작가

하임 포톡
Chaim Potok, 1929~2002

『한줌의 흙 *I am the Clay*』(1992)

나는 한국에서 하임 포톡(Chaim Potok)의
이름도 듣지 못했다. 2000년 무렵 하버드
대학에서 춘원을 연구하는 한 박사과정 대
학원생이 자기가 가장 흥미를 느끼는 작가
가 포톡이라 해서 비로소 알게 되었다. 얘
기를 듣고 보니 포톡은 유대인 랍비로 한
국전쟁 후 한국에 머물렀고, 그 경험을 토
대로 소설을 썼다는 것이었다. 나는 바로
포톡에 대해 알아보려 했고, 우리나라에도
그의 소설 『한 줌의 흙 *I am the Clay*』이 번역되었다는 사실도 알게 되었다.

2010년 7월 필라델피아에 간 김에 춘원의 따님 이정화 박사에게 부탁

필라델피아에 있는 포톡의 집(왼쪽)과 집필하는 포톡(오른쪽)

드렸더니 바로 나를 펜실베이니아대학 도서관으로 데려다주셨다. 그곳에
포톡 문서(Potok archive)가 기증되어 있는데, 아직 정리가 제대로 되어 있
지 않아 모두 볼 수는 없어 한국 관계 부분만 복사하였다.

이어서 수소문하여 미망인이 살고 있다는 포톡의 집을 알아내었다. 예
상보다 좋은 집이었는데 가보니 이사를 갔다 한다. 다행히 집주인에게 미
망인의 전화번호를 받아왔다. 돌아와 전화를 하니 친절히 새 집 위치를 알
려주며 방문해 달라고 했다. 다음 날 가서 보니 부인도 지성인이고 포톡의
유산이 제법 많은 것을 알게 되었다. 벽 한쪽에는 하회탈도 걸려 있어 한국
을 사랑하는 포톡의 마음의 알 수 있었다. 부인과 여러 얘기를 나누고 근처
에서 점심을 사드렸다. 그랬더니 이틀 후에 유대인들의 모임이 있다고 하며
초대해 주셨다. 거기에 가니 30여 명의 유대인들이 우리를 진심으로 환영해
주었다. 유대인들이 어떻게 살아가는지를 배울 수 있는 좋은 시간이었다.
한국을 사랑한 한 유대인 랍비작가를 통하여 순식간에 이렇게 친구와 이웃
이 되는 것이 신기할 정도로 감사했다. 한국문학은 세계도처에 산재해 있는
유대인과 유대문학을 이해하고 교류해야 한다고 생각되었다.

작가의 생애

하임 포톡(Chaim Potok, 원명은
Herman Harold Potok)은 1929년 2월 17
일 뉴욕의 브롱크스(Bronx)에서 출생했
다. 부모는 폴란드에서 건너온 유대인이
었다. 4자녀의 맏아들인 그의 유대식 이
름은 하임 쯔비(Chaim Tzvi)였고 정통유
대 교육을 받았다. 소년 시절에 에벌린
워(Evelyn Waugh)의 소설을 읽고 작가
가 되기로 결심했다.

미국 유대교 신학교에서 4년간 공부
하고 보수 유대교 랍비가 되었다. 캘리포니아에서 심리치료사 아데나
(Adena Sara Mosevitzsky)를 만나 1958년 6월 8일 결혼하였다. 영문학 석
사학위를 받고 1955년부터 2년간 주한 미군 군목 랍비로 재임하였다. 그
는 이 시기를 변혁기라고 불렀는데, 유대인도 없고 반유대주의(antisemitism)
도 없는 한국에서 고향의 정통 시나고그(Synagogue, 유대인의 집회장소)에
서 보던 것과 같은 신앙을 보았던 것이다.

한국생활을 마치고 미국으로 돌아와 로스앤젤레스의 라마(Ramah) 보
수 유대 캠프의 책임자가 되었다. 1년 후에 펜실베이니아대학교에서 대학
원 과정을 공부하고 유대교 활동을 하다가 1963년에는 이스라엘에서 박
사 논문을 쓰면서 소설도 쓰기 시작했다. 1964년에 뉴욕으로 와서 유대교
잡지를 편집하고 신학교에서 강의도 하였다. 이듬해 유대교출판회의 주필
이 되고 펜실베이니아대학교에서 철학박사 학위를 받았다. 1973년에 가족

과 함께 다시 이스라엘로 갔다가 1977년에 필라델피아로 돌아왔다. 『*Old Men at Midnight*(한밤의 노인들)』(2001)을 내고 뇌암 판정을 받고, 2002년 7월 23일 73세로 펜실베이니아의 메리온(Merion)에서 작고했다.

그는 작가이면서 화가이기도 했다. 작품 중 1967년의 *The Chosen*은 39주간 《뉴욕 타임스》 베스트셀러였고 영화화되었다. 여러 작품 중에서 한국을 직접 다룬 책은 『한줌의 흙 *I am the Clay*』(1992)이다.

작품 속으로

『한줌의 흙 *I am the Clay*』은 1955년에 종군 목사로 한국에 파견되었

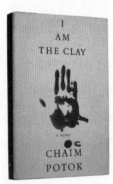

I am the Clay(1992)
초판본

던 저자가 한국전쟁을 배경으로 쓴 작품이다. 이 소설은 노부부가 피난길에 상처 입은 소년을 구출하면서 이야기가 전개된다.

한국전쟁은 우리 현대사에서 가장 큰 비극이었다. 이 전쟁에는 미국, 그리스, 남아프리카공화국, 네덜란드, 뉴질랜드, 룩셈부르크, 벨기에, 오스트레일리아, 에티오피아, 영국, 캐나다, 콜롬비아, 터키, 태국, 필리핀 등 17개국이 UN군으로 참전해 우리를 도와주었다. 한국전쟁은

역사상 가장 많은 국가가 한 개 국가를 지원한 전쟁으로 기네스북에 등재되어 있다. 그리고 이들은 우리를 위해 많은 피를 흘렸다. 당시 대한민국 국군의 사망자 수가 58,127명인데, 미군의 사망자 수가 54,246명이나 될 정도였다. 또 많은 민간인 피해자도 발생했다. 사망자는 373,599명, 부상

자는 229,625명, 납치자는 84,532명, 피난민은 240만 명, 전쟁고아는 10만 명이나 발생했다. 이 책의 주인공인 소년은 그중 한 사람인 것이다.

이 책의 역자 오호근(吳浩根, 1942~2006) 박사는 《뉴욕 타임스》에 소개된 *I am the Clay* 서평을 읽고 원서를 사서 읽고 감동받아 이 책을 번역했다. 그는 이 번역서를 남기고 기업인으로 왕성히 활동하다 안타깝게도 일찍 타계하였다.

번역자는 이 책의 맨 뒤에 「하임 포톡의 세계」라는 글을 실었는데, 이 글을 통해 하임 포톡의 작품세계를 살펴보기로 하자.

보수적인 유대인 가정에서 태어나 랍비가 될 때까지 정통 유대교 교육을 받아온 포톡이 작가로서의 꿈을 키운 것은 제임스 조이스의 『젊은 예술가의 초상』과 에벌린 워의 「다시 찾은 브라이즈헤드」 등 당시 논란의 대상이 된 작품들을 읽은 데서 비롯되었다. 따라서 가족들이나 유대교의 선생들은 포톡이 전통적인 종교교육에 전념하지 않고 문학으로의 의도를 못마땅하게 생각했으며 그의 문학성은 유대인으로서 또는 종교인이었기 때문에 겪어야 하는 상당한 갈등을 극복한 것이다. 이러한 포톡에 대한 반발과 거부감은 유대교의 가치관이 학문을 중심으로 형성되었고 따라서 상상력과 창작성을 발휘해야 하는 소설 저작은 랍비인 포톡의 품위에 문제가 된다고 생각했기 때문이다. 포톡의 뛰어난 묘사력은 천부적으로 주어진 재능이라 하겠다. 그러나 그의 작품세계의 지수는 학문과 종교 그리고 문학적 상상력의 갈등을 통해 좀 더 심도 있게 인간성의 원초적 동질성을 표출시킨 데 있다.

작가의 작품세계와 주제 등을 알아보기 위해서는 소설의 결말을 눈여겨봐야 한다. 모든 소설이 그런 것은 아니지만 대부분의 소설들이 결말에 작가가 궁극적으로 말하거나 보여주려는 것들을 담아내기 때문이다. 이 소설의 결말에는 다음과 같은 문장들이 나온다.

자리에 앉은 소년은 창밖으로 노인과 목수를 바라보았다. 그들은 플랫폼 흙바닥에서 묵묵히 쳐다보고 있었다. 소년이 손을 흔들자 그들도 손을 흔들었다.

늙고 초라한 두 늙은이! 그러나 내 앞에 펼쳐진 막막함보다는 얼마나 더 편안하고 따뜻한가? 날 좀 도와다오. 이 한 줌의 흙!

기차는 삐걱거리며 움직이기 시작했다.

이 책의 번역자는 「하임 포톡의 세계」에서 하임 포톡의 작품세계를 한 마디로 "인간성의 원초적 동질성을 표출시킨 데 있다"고 했는데, 결말을 읽어보니 이 말의 의미가 와 닿았다. 이 소설에서 전쟁의 상처를 입은 소년은 노인과 목수를 만나 치유될 수 있었다. 인간은 사랑으로 절망을 이겨내고, 소년에게 노인과 목수는 다시 살아갈 수 있는 생명력을 제공하는 한 줌의 흙 같은 존재인 것이다.

나는 필라델피아대학(UPEN) 도서관에서 본 포톡 문서 가운데 그가 한국에 머문 동안 한국을 공부하기 위하여 손수 쓰고 그린 메모지들을 인상적으로 보았다. 그래서 그때 사진으로 찍어두었던 것을 이제 여기에 처음으로 공개한다. 소로 쟁기를 가는 모습, 모심기하는 방법, 장례하는 광경 등을 자세히 관찰한 그는 그에 대한 설명까지 적고 있다. 유대인 작가, 외국인 작가가 한국을 소재로 작품을 쓰기 위해 이처럼 노력한 것이다.

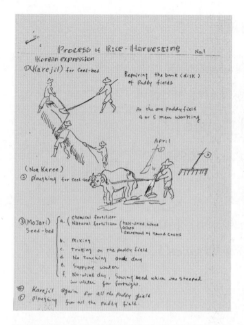

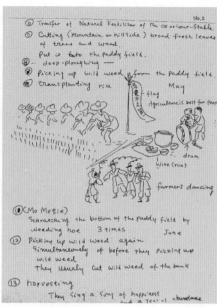

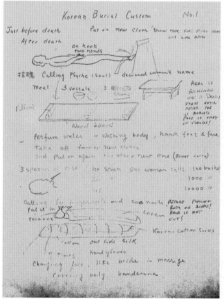

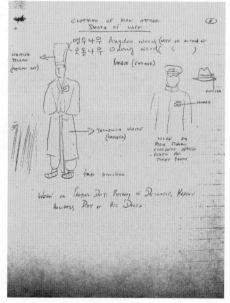

한국을 공부하기 위해 포톡이 손수 쓰고 그린 메모와 스케치

시인 김지하를 위해 투쟁한 정치학자
글렌 덜랜드 페이지
Glenn Durland Paige, 1929~2017

『*The Korea Decision*(한국의 결정)』(1968)
『비살생 정치학 *Nonkilling Global Political Science*』(2002)

글렌 덜랜드 페이지(Glenn Durland Paige)는 엄밀히 말하면 작가라기보다
는 교수요 행동가인 인물이다. 그는 젊은 시절 2년간 한국전쟁에 참전한 이
후 평생 동안 한국에 관심을 가졌고, 민주주의를 위하여 투쟁하기도 하였
다. 특히 박정희 대통령 시절 김지하의 석방을 위하여 호놀룰루의 한국 총영
사관 앞에서 1인 시위를 하루 종일 하기도 하였다. 또한 비살생(Nonkilling)
정치학을 제창하여 남북평화를 위해 노력하였다. 그는 호놀룰루의 마노아
캠퍼스에 있는 하와이대학 한국학연구소(Center for Korean Studies)를 설립
하는 데 사실상 주역으로 활동했다. 또한 그는 안청시, 정윤재 등 한국의 유
능한 정치학자들의 박사학위 지도교수로서 좋은 제자들을 양성하였다.

나는 1990년대부터 하와이에서 한국을 사랑하는 특별한 학자인 그를
알게 되었다. 그때부터 우리는 돈독한 사이가 되었는데, 나는 1990년대부

터 그의 사랑을 받은 것을 일생의 잊을 수
없는 영광과 추억으로 생각하고 있다. 생
각할수록 참으로 특이한 학자요 인물이라
고 추억된다.

작가의 생애

———

글렌 덜랜드 페이지(Glenn Durland
Paige)는 1929년 6월 28일 미국 뉴잉글랜
드 주의 브록턴(Brockton)에서 사회사업
가의 아들로 태어났다. 뉴햄프셔의 로체스
터에서 자라나 1947년에 필립스 아카데미
를 졸업했다. 1950~1952년 한국전쟁에 참
전하여 한국공군에 소속된 10연대 연락관
으로 복무하였다. 이때의 체험을 바탕으로
후일 박사 논문 「*The Korean Decision*(한국
의 결정)」을 썼다. 1950년 프린스턴대학에
서 국제정치학과 중국어, 러시아어를 공부

젊은 시절의 글렌 페이지(위)와
만년의 글렌 페이지(아래)

하고 1955년에 졸업하고, 1957년에 하버드대학에서 석사학위를 받았다.
이어서 1959년에 노스웨스턴대학에서 정치학 박사학위를 받았다. 1959년
부터 1961년까지 한국에 교환 학자로 와서 서울대학교 행정대학원에서 가
르치며 4·19를 체험하였다.

이후 미국으로 귀국해 1967년까지 프린스턴대학에서 가르치고, 1967

2012년 Jamnalal Bajaj Awards 수상식에서 메시지를 전달하고 있다.

년부터 1992년까지 하와이대학 교수로 재직하였다. 1972년에는 서대숙 교수와 함께 하와이대학에 한국학연구소(Center for Korean Studies)를 설립하는 데 주도적으로 기여하였다. 세계비살생연구소(Center for Global Nonkilling)를 창립하였다. 1973년에 북한 학자를 하와이에 초청하여 비살생과 평화에 관한 학술회의를 개최하였다. 그의 저서 『비살생 정치학 *Nonkilling Global Political Science*』은 세계 34개 언

Nonkilling Global Political Science (2002) 초판본

어로 번역되었다. 하와이 호놀룰루에 대원사를 설립하는 기초를 놓아주기도 하여, 구내에 감사비가 서 있다. 은퇴한 후에도 한국학연구소와 전기학연구소 (Center for Biographical Research)의 자문역할을 하면서 지냈고 한국도 여러 차례 방문하여 제자, 후배학자들과 교류를 지속하였다. 2017년 1월 22일 호놀룰루에서 작고하였다. 2018년 4월 27일 서울대학교에서 추모 학술심포지엄을 개최하였다.

심슨 교수댁에서(맨 왼쪽 심슨, 가운데 심슨 부인, 페이지 부부, 필자)

작품 속으로

1990년대에 나는 하와이에 반하여 자주 머물렀는데, 하와이에서 법학 외에 전기학(Biographics)에도 관심을 갖게 되었다. 동서센터(East-West Center) 옆에 전기학연구소(Center for Biographical Studies)가 있는데, 그 곳에서 매주 목요일 점심때마다 발표가 있었다. 영어를 귀 틔울 겸 매번 가 보니 전 세계의 인물을 대상으로 연구자가 한 인물씩 발표하고 있었다. 조 지 심슨(George Simson) 소장이 나에게도 발표를 부탁해 유길준에 대해 발 표하기도 하였다. 이런 과정에서 그의 친구인 글렌 페이지 교수를 알게 되 었다.

페이지 교수는 자기 집으로 한번 오라고 하셨다. 나는 그가 한국 전문

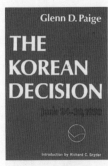

정치학자라는 것을 알고 고마우면서도 큰 걱정이 되었다. 도서관에 가서 그의 저서『The Korean Decision (한국의 결정)』(1968)을 열심히 읽었다. 이 책은 한국전쟁이 발발했던 3일간 미국 정부의 신속한 결정 과정을 자세히 연구한 것이었다. 과연 한국 전문가라 할 만하다는 생각이 들었다. 그에 대한 감사의 마음을 담아 시로 한 편 써서 졸시집『플루메리아 바람개비』에 실어 한 권 증정해 드렸더니 대단히 고마워하시며, 그때부터 나는 그에게 시인으로 각인되었다. 이런 계기로 페이지 교수와 심슨 교수, 이른바 마노아 계곡 원로들과 교류하게 되었다. 심슨 교수댁은 이들의 사랑방 같았다. 나는 이 마노아 선비골의 경험을 영원히 잊을 수 없다.

페이지 교수는 가끔 나를 무량사로 데려가셨다. 그는 학자 생활이 어려울 때 한국 설악산의 신흥사에서 기대원 스님을 만났는데, 훗날 스님은 엄청 큰 대원사를 세웠다. 그러나 문제가 생겨 대원사를 떠나 다른 절을 세웠고, 대원사는 고도제한에 걸려 6미터를 끊어내고 무량사로 개명되었다. 아무튼 이 절에는 페이지 교수의 공덕비가 서 있다. 나는 밝은 햇빛을 받고 있는 부처상 앞에서 경건히 합장하시는 페이지 교수를 따라 무릎을 꿇고 참배를 하였다. 어느 해인가는 그의 제자로 서울대 교수인 안청시 박사와 셋이서 간 적도 있다.

한국학연구소는 서대숙 교수에 이어 이정훈(Chung Lee) 교수, 슐츠 (Ed. Schultz), 김영희 교수가 소장을 맡았다. 페이지 교수는 1980년대에 한국에서 김지하 시인이「오적」이란 시 때문에 투옥되었을 때 호놀룰루의 한국총영사관 앞에서 1인 시위를 하루 종일 하기도 하였다고 도란도란 얘

한국학연구소에서(왼쪽부터 슐츠, 에스더 권, 최영호, 필자, 김영희, 페이지, 심슨)

기를 들려주셨다.

하와이는 한국인이 최초로 이민 간 곳이라 지금도 한국문화를 지켜나가는 이민자들의 문화가 숨 쉬고 있다. 나는 우연히 그곳에 오신 심소(心韶) 김천흥(1909~2007) 선생을 만나게 되어 국악과 한국 춤에 관심을 갖게 되었다. 하와이에는 일 년에 한 번씩 한국문화의 날(Korean Cultural Day)이 열린다. 이날은 나도 자원봉사자로 나갔는데, 페이지 교수도 나오시고, 할라함(Hulla-Hahm) 여사에 이어 한국 춤을 추는 메리 조-플레슬리(Mary Cho-Presley) 여사와도 알게 되었다. 여기서도 한국문화를 사랑하는 페이지 교수와 즐거운 시간을 나누었다.

2000년 2월 1일 페이지 교수댁에서 대화를 나누었을 때 북한에서 사온 두 권의 책을 선물로 주셨다. 『금강산 한시집』(리용준/오희복 역, 문예출

판사, 1989)과 『민요따라 삼천리』(최창호, 평양출판사, 1995)였는데, 『금강산 한시집』에는 한글과 한문이 섞인 친필 사인을 해주셨다. 거기서 페이지 교수의 한국명이 배례지(裴禮智)임을 알게 되었다.

『금강산 한시집』과 페이지 교수가 한글과 한문으로 쓴 친필 사인

나는 당시에 시인 등단도 하지 않았고 하와이가 좋아서 이것저것 쓰던 습작기였다. 그런데 내가 쓴 「No More Killing!」이란 졸시를 읽으시고 나를 시인으로 대우해 주시는 것이 무척 고마웠다. 서울에 돌아와 우연히 동서문학사에서 전숙희 여사를 만나 이런 얘기를 하였더니 『금강산 한시집』을 꼭 빌려달라고 하셨다. 그래서 한 달간 빌려드렸는데, 알고 보니 바로 금강산 아래서 나고 자란 추억을 떠올리고 싶으셨던 것이다. 나는 이런 얘기를 2016년 《PEN문학》 전숙희 추모특집호에 쓰기도 했다.

2009년 크리스마스에 페이지 교수는 *Nurturing Nonkilling*이란 얄팍한 책자를 서울로 보내오셨다. 펴보니 프란시스코 고메스 데 마토스(Francisco Gomes de Matos)라는 브라질의 시인 학자가 페이지의 사상을 시로 쓴 영문시집이었다. 페이지 교수가 하와이에서 80세를 맞은 것을 축하하는 시집으로 "From deep volcano formations you were majestically created in your soil and waters"라는 시적 헌사가 적혀 있었다. 그리고 서문은 조지 심슨 교수가 적었다. 이런 뜻있는 책의 속표지에 페이지 교수는 "To dear friend Prof. Choi Chongko on the behalf of Francisco. Nonkillingly with Aloha, Glenn Paige, Honolulu, December 26, 2009"이라는 글을

Nurturing Nonkilling 시집과 페이지 교수의 친필 사인

정성스레 적어서 보내주신 것이다. 이 시집에 실린 61편의 시를 읽으며 평화와 비살생에 대해 많은 것을 생각하였다. 또한 'A Poetic Plantation'이란 부제가 무엇을 의미하는지도 알게 되고, 시의 중요성을 다시 생각하게 되었다.

안타깝게도 이것이 페이지 교수와 나의 마지막 접촉이었다. 평화와 비살생을 어찌 법률과 법학으로만 감당할 수 있겠는가마는 페이지 교수는 이렇게 사려 깊은 숙제를 주고 가셨다. 그 후 나 역시 평화와 비살생을 주제로 한 시를 쓰려 하고는 있지만 아직 이렇다 할 작품을 쓰지 못하고 있다. 페이지 교수를 생각할 때마다 큰 숙제를 느낀다. 고인이 되신 그와의 잊을 수 없는 추억과 함께 한반도의 비살생과 평화를 다시 진지하게 기원한다.

한국에서 태어난 친한 소설가

가지야마 도시유키

梶山季之, 1930~1975

『族譜 (족보)』(1961)

『李朝残影 (이조잔영)』(1963)

나는 2000년 무렵에 하와이대학 한국학연구소에 교환 교수로 1년간 가 있었는데, 그때 *The Clan Records: Five Stories of Korea*(Kajiyama Toshiyuki, translated by Yoshiko Dykstra, University of Hawaii Press, 1995)라는 책이 자주 눈에 띄었다. 당시에는 '한 일본인이 어찌 한국에 대해 썼을까' 정도로만 생각하고 지나치곤 했다.

그 후 뒤늦게 가지야마 도시유키(梶山季之)라는 일본인 작가에 대해 알게 되었고, 솔직히 이런 일본인이 있었다는 사실에 놀라고 말았다. 예나 지금이나 한일관계는 물과 기름 같아서 서로에 대한 소설을 쓰기가 만만치 않다. 그만큼 한일관계는 복잡한 것이다. 아무리 문학은 정치 경제와 다르다 해도 어렵기는 마찬가지일 것이다. 아무튼 한국을 사랑한 일본 작가 가지야마는 큰 용기를 내어 작품을 쓴 것 같다. 가지야마의 『이조잔영』과

『족보』는 한국에서 영화화되기도 했다. 여기에는 극작가 한운사(1923~2009) 선생의 노력이 컸다는 사실도 알게 되었다. 나는 두 작품 다 유튜브를 통해 보았는데 매우 인상적이고 감명적이다.

작가의 생애

가지야마 도시유키(梶山季之)는 1930년 1월 2일 조선 서울에서 태어났다. 아버지는 총독부 관리였다. 경성중학(서울고등학교의 전신)에서 공부하다가 일본이 패전하자 고향 히로시마로 돌아갔다. 히로시마사범학교를 졸업하고 1958년부터 《주간 묘조》, 《주간 신초》 등 주간지의 기자가 되어 르포와 소설들을 발표하였다.

1961년에는 결핵으로 3개월 입원하였다. 그 후 발표되는 작품들이 성공하여 영화화되기도 하였다. 그러나 1973년에 다시 결핵이 재발되어 시골에 머물며 일본 펜(PEN) 활동을 정리하기도 하였다. 1963년에는 『李朝殘影(이조잔영)』으로 나오키상을 수상하였다. 1965년에는 창가학회를 다루는 소설을 쓰다가 신도들의 습격으로 피신해야 했다.

1975년 5월 11일 홍콩 여행 중 호텔에서 간경화로 45세로 사망했다. 사후에 그의 장서는 하와이대학에 기증되었는데, 그것은 그가 하와이 한인들에 관심을 갖고 1천 종이 넘는 자료를 모았기 때문이다. 그의 소설 『族譜(족보)』는 1961년에 일본에서 처음 출간되었는데, 1995년 하와이대학출판부에서 *The Clan Records: Five Stories of Korea*라는 번역본으로 출간되었다.

작품 속으로

가지야마 도시유키의 『李朝殘影(이조잔영)』(1963)은 1967년에 한국영
화로 제작되기도 하였다. 당시 이 소설의 저자인 도시유키는 일본 문단에
서 최고의 지식인으로 통했는데, 한일관계가 좋지 않아서 그의 소설은 국
내에 번역되지는 않았다. 그러다 1965년에 한일협정이 체결되고, 이후 첫
한일 합작영화로 제작이 추진되면서 신상옥 감독의 33번째 영화로 제작될
수 있었다.

이 소설의 줄거리는 다음과 같다. 어느 날 조선의 여학교 미술 교사였
던 노구치는 일본 경찰에게 쫓기는 독립투사를 구해 준다. 그것을 계기로
궁중무용을 계승한 김영순을 소개받게 되고, 영순의 춤을 보고 매력을 느

한국을 사랑한 세계작가들 2

낀다. 노구치는 그녀의
춤추는 모습을 화폭에 담
아 「이조잔영」이란 제목
을 붙여 국전에 출품한
다. 노구치와 김영순은
서로 사랑하게 되지만 운
명은 그들의 편을 들어주
지 않는다. 김영순은 노
구치의 아버지가 바로
3·1 독립운동 당시 자신

『李朝残影
(이조잔영)』(1963)
초판본

신상옥 감독의 영화
〈이조잔영(李朝残影)〉
시나리오. 각 페이지
마다 공보부 검필
도장이 찍혀 있다.

의 아버지를 죽인 일본군이라는 사실을 알고 노
구치를 멀리한다. 노구치는 용서를 빌기 위해 그
녀의 집을 찾아가지만 끝내 문을 열어주지 않는
다. 노구치는 머리에 총을 겨누고 스스로 목숨
을 끊는다.

또 다른 소설『族譜 (족보)』(1961)는 1978년
에 한운사 각본으로 임권택 감독이 한국영화로

『族譜(족보)』표지

제작했다. 이 작품은 제17회 대종상 최우수작품상 후보로 올랐지만 원작
자가 일본인이라는 이유로 우수작품상으로 밀려났다. 분명 작품성이 뛰어
났는데도 뿌리 깊은 한일관계 때문에 최우수작품상을 놓친 것이다. 그래도
해외에서 작품성을 인정받아 제8회 뮌헨영화제와 제11회, 제3대륙영화제
에 출품되었다.

이 소설의 줄거리는 다음과 같다. 일제강점기에 경기도청 총력1과에 근
무하는 일본인 직원 다니는 조선인의 성과 이름을 일본식으로 개명하도록

하는 창씨개명 작업을 수행한다. 어느 날 다니는 순창(淳昌) 설씨(薛氏) 집안이 모여 사는 곳에 찾아가고, 그곳에서 문중의 종손 설진영과 만난다. 다니는 족보를 소중히 지켜내려는 설진영에게 감동받고, 그의 딸 옥순의 아름다움에 끌리게 된다.

설진영은 창씨개명을 완곡히 거부하지만 일제의 강압을 이겨낼 수는 없었다. 더 이상 피할 수 없는 상황이 되자 그는 면사무소에 가서 가족 모두의 창씨개명에 서명하는 대신 자신의 이름만은 끝내 바꾸지 않았다. 그는 족보의 마지막 장에 자신의 후손들이 왜 창씨개명을 해야 했는지 그 이유를 쓰고 자결한다.

가지야마가 한국에 대해 쓴 책들은 아쉽게도 번역되지 않았지만 그의 다른 책들이 한국어로 번역되었다. 관심 있는 분들은『고서 수집가의 기이한 책 이야기 せどり男爵數奇譚』(2017) 등을 읽어보기 바란다.

한국을 수필로 사랑한

에드워드 포이트라스

Edward Poitras, 박대인, 1931~

『감과 겨울과 한국인』(1972)

『한국의 가을』(1976)

에드워드 포이트라스(Edward Poitras)는
1960~1970년대에 박대인(朴大仁)이란
이름으로 신문과 잡지 그리고 라디오와
텔레비전에도 자주 등장하여 친근한 이
름이었다. 나는 그 무렵 대학을 다니면
서 그의 글과 한국말을 자주 접하였다.
지금은 한국에 외국인들이 많이 살고 있
지만 그때만 하더라도 다소 기이한 존재
로 여겨져 많은 관심을 받았다. 마침 이
어령의『흙 속에 저 바람 속에』(1963)도
나오고 한국과 한국인을 바로 알자는 문화적 자극이 일던 때이기도 했다.

에드워드 포이트라스 / 목사

박대인 목사는 한국에서 일어나는 인권을 짓밟고 언론을 통재하는 독재정권의 현실을 《뉴욕타임스》에 기고문을 발표하는 등 어떻게든 세계에 알리려 노력했다.

'한국학'(Korean Studies)이라는 학문이 비로소 정착된 때였다. 나는 크리스천 아카데미에서 열리는 〈한국인과 한국문화〉 타궁(Tagung)에 참석하여 박대인 등 적지 않은 외국인들을 만날 수 있었다. 그때 한국 사회는 전통 사회에서 현대 대중 사회로 바뀌면서 우리 자신의 정체성(identity)을 찾으려고 정신적 모색을 기울이던 시기였다. 이들에게 지금도 고마움을 느낀다. 박대인 교수는 그때 상당히 지성적이며 약간 시니컬한 분 같다는 인상을 받았다. 그는 미국으로 돌아갔는데, 이후의 삶에 대해 아는 바가 없다. 주변에 있던 분들에게 물어도 근황을 아는 사람이 없다.

작가의 생애

에드워드 포이트라스(Edward Poitras)는 1932년 2월 1일 미국 매사추세츠 주 보스턴 근처의 작은 항구도시 베벌리(Beverly)에서 태어났다. 1953년에 예일대학교 사학과를 졸업하고 1959년에 예일대학교 신학부를 졸업하였다. 1966년 드루대학교에서 철학박사 학위를 받았다. 1953년 한국전쟁의 상흔이 미처 가시지 않을 때 감리교 선교사로 내한하여 줄곧 머물렀다. 감리교 신학대학 교수로 있으면서 교회사를 강의하였고 문필가로 활동하였다. 연세대학교에서도 강의하였다. 박두진(1916~1998)의 시집 『내일의 바다』를 영어로 번역하여 *Sea of Tommorow*(1971)로 내었다. 1969년에 연세대 오화섭 교수의 권유로 조선일보에 「一事一言」을 10개월 동안 연재하였고, 《주간조선》에도 「박대인 컬럼」을 1년간 연재하였다. 제넬(Genell Y. Poitras)과 결혼해 아들딸로 피터(Peter), 케더린(Catherine)을 두었다. 1980년대에 미국으로 돌아가서는 한국에 오지 않아 궁금해하는 사람들이 많다.

Sea of Tomorrow (1971)
초판본

『감과 겨울과
한국인』(1972) 초판본

작품 속으로

포이트라스는 번역가요 수필가였다. 한국
문학을 영어로 번역하기도 했고, 한글로 수필을
쓰기도 했다. 번역가로서 그는 박두진의 시집
『내일의 바다』를 *Sea of Tomorrow*로 번역 출간
하였고, 박두진의 시선집을 *River of Life, River
of Hope*로 번역 출간하였다.

포이트라스라는 이름으로 출간한 『감과 겨
울과 한국인』은 1972년에 범서출판사에서 펴낸
273쪽의 수필집이다. 이 책은 7부로 구성되었는
데, I부에는 '거리의 거북이, 대한문과 광화문, 플
라스틱 바가지, 쥐, 수레의 그림자, 임시변통, 아
니라는 네, 간판 정글, 부모 팔에 안겨서, "선생
님 혼자 왔니?", 고속도로의 마라톤, 엿장수, 생
활 속의 주사, 컴퓨터화 될 우마차, 로코코 시
대', II부에는 '쌍화탕과 나, 한국의 디즈니랜드, 11월의 인사. 전화 노이로
제, 트랜지스터 산, 한국스타일의 교통안전, 카레라이스, 돈 내기 경주, 이
동영어회화 연구소, 혼자 있을 때', III부에는 '논, 원두막, 온돌, 감과 겨울
과 한국인, 초가집, 한국인과 소, 고향, 엿 이야기', IV부에는 '멋, 비닐우산,
사슴저택, 지휘봉에 매달린 나비, 샌드 달라(Sand Dollar), 인사, 연, 겨울
거리에서, 소녀의 기도, 아메리칸 타임, 이미지 메이커, 여유, 주름살 지도',
V부에는 '수영 이야기, 지하철의 카우보이, 길, 휴가가 필요한 휴가, 현대
의 말 장사, 99전, 인간과 인간 사이, Thank You, 피터와 스크루치, 슈퍼

스타, 대도시와 멀어지는 자연, 7시 15분 열차, 래시(Lassie), 신성한 소, 영원한 친구', Ⅵ부에는 '한국인과 미국인', Ⅶ부에는 '한국예술의 가능성 탐구'가 수록되었다.

제목들에서 엿볼 수 있듯이 수필 한 편 한 편을 읽을 때마다 감칠맛이 있는데, 제목으로 삼은 「감과 겨울과 한국인」 수필을 인용한다.

매년 이맘때가 되면 내가 보아온 한국 시골생활의 추억 중에 항상 기억되는 아름다운 풍경이 있다. 그것은 잎이 다 떨어진 감나무에 무겁고 피곤하게 달려 있는 감이다. 한국엔 여러 가지 과일이 많이 있지만 그중에서 가장 한국적이고 오랫동안 한국인의 사랑을 받아온 것이 감이다. 내가 오래 있었던 시골은 감이 많은 곳이었다. 시골 겨울은 감과 함께 오는 것 같다. 초가지붕 위로 빨갛게 매달린 감 사이로 느껴지는 찬 겨울의 감각을 잊을 수 없다. 그 시골사람들은 겨울 준비의 하나로 곶감을 만들어 놓기도 하고 커다란 독에다 짚을 깔고 홍시를 여러 층을 쌓아놓았다가 흰 눈이 내리는 겨울날 수정과도 만들고 떡과 함께 먹기도 한다.

감이 익어가는 모양은 한국인의 모습과 비슷하다. 딴 과일과 달라서 요란한 꽃을 피우거나 인공적인 간섭을 받기 싫어한다.

봄이나 여름, 사람이 관심하지 않는 사이에 조용히 꽃을 피우고 열매를 맺는다. 또 오래 기다려 다른 과일들이 모두 선보여진 다음에야 감은 익어간다. 그랬다가 감은 잎이 다 떨어지고 겨울이 오기 시작할 때까지 기다린다. 이것은 끈기를 말해주는 것이다. 그렇기 때문에 감은 한국인의 사랑을 독차지하고 있는지도 모른다. 감나무가 있는 곳이 뒤뜰이나 장독담 밑이라는 것을 보아도 알 수 있다.

미국에 있게 되었을 때 나는 감을 구경하기가 몹시 힘들었다. 그러나 어느 날 식료품 가게에서 감을 발견하게 되었을 때 나는 너무 기뻐서 모두 사버렸다. 그날 저녁 아는 한국인 친구들을 불러놓고 맛있게 먹었다. 나는 그들이 감을 먹으면서 한국을, 한국 시골을, 아름다운 고향을 열심히 이야기하는 모습을 감명 깊게 보았다.

오늘도 나는 식료품 가게에 멋없이 쌓여 있는 많은 감을 본다. 그러나 이것은 부지런히 일해서 터진 시골 여인의 손과도 같은 가지에 매달려 있는 감과는 틀리다는 것을 발견한다.

나는 지금 모든 것이 편리해지고 복잡해가는 도시생활을 떠나 그 시골 사람들과 빨간 감 그리고 이와 함께 오는 겨울을 느끼고 싶다.

이 책에 실린 박두진 시인의 머리말도 살펴보자.

에드워드 W. 포이트라스 박사가 한국에 대해서 기울이는 애정과 관심은 어느 한국사람 못지않게 성실하고 진지하다. 한국의 역사와 문화, 한국의 현실과 장래에 대한 그의 깊은 조예와 남다른 관심은 흔히 볼 수 있는 단순한 지적 욕구나 일시적인 과제의식을 훨씬 초월하고 있다. 한국을 깊이 이해하려 하고 진지하게 걱정하는 그의 정신적 바탕에는 그렇게 하지 않고는 못 견디는 투철한 소명감과 그렇지 않을 수 없는 숙명적이고 기질적인 것이 있는 듯이 보인다.

이러한 그의 바탕과 자세는 한국의 정치와 사회, 문화와 생활 각 분야에 대한 그의 구체적인 관심으로 나타나 그때그때의 어떤 문제들에 대한 매우 진지하고 예리한 비평적인 반응을 보여주고 있다. 그 단적인 실적의 하나가 그의 문필활동 특히 수필의 형식으로 표현된 에세이들이다.

이 수필집에 수록된 글들의 내용은 한결같이 그가 지니고 있는 높은 지성과 비판력, 예리한 관찰과 깊은 사색의 결정들로 나타났다. 모든 문맥과 표현의 세부에까지 그의 성실한 인간성과 풍부한 감성, 그 독특한 페이소스와 섬세한 감각으로 우리의 공감을 획득하고 있다. 기지와 유머 어떤 종류의 풍자성들이 수필이 가지는 본래의 매력을 풍겨주고 있다.

『한국의 가을』(1976)
초판본

한국인이 아니면서 한국의 언어를 종횡무진으로 구사하여 훌륭한 문채(文彩)의 에세이집을 낸다는 일은 그가 한국인이 아니면서 한국인 못지않게 한국을 아끼고 걱정하는 일 이상으로 더욱 새삼스럽고 놀라운 일이 아닐 수 없다.

포이트라스가 '박대인'이라는 한국명으로 출간한 『한국의 가을』은 1976년에 범우사에서 출간된 아담한 수필집이다. 서두에 박두진의 「박대인 론」이 실려 있고, 그 다음으로 저자의 수필들이 실려 있다. 이 책에는 '거리의 거북이, 감과 겨울과 한국인, 수레의 그림자, 원두막, 비닐우산, 쌍화탕과 나, 대한문과 광화문, 부모 팔에 안겨서, 로코코(Rococo) 시대, 논, 고향, 은행나무, 번데기, 한국의 가을, 난초, 빨간 집 파란 집 노란 집, 참새 한 마리, 까치와 개, 인간의 정의, 기운 바가지, 바위에 붙은 나무, 미국의 전 대통령, 닉슨 병, 필요악(必要惡), "……습니다 Talk", 맞춤법, 맞춤법, 맞춤법……?, '지금 산입'(?), 존칭의 어려움, 수출되는 한국어' 등의 수필이 실려 있다. 박두진은 「박대인 론」에서 이렇게 적었다.

이 책은 그가 한국에서 한글로 쓴 책이다. 어떻게 그게 가능하냐고 문는다면 그는 나보다 한국에서 오래 살았다. 1953년에 6·25전쟁이 끝나고부터 전쟁 후의 아픔과 함께 한국의 모습을 담은 수필이다. 이 책은 역사책은 아니지만 한국의 역사를 순수하게 한 명의 사람으로서 바라봤다. 단지 그 시대가 변하는 과정을 지켜보는 한 사람의 이야기이다. 물론 그가 외국인이라는 점에서 더 흥미가 가는 점도 있다. 원두막을 좋아하지만 그것이 점점 사라져가는 것에 대해 한국 문화 및 예술을 걱정하기도 하고, 감을 좋아할 수밖에 없는 한국인의 성향을 이야기하며 홍시가 제일 맛있는 과일이라고 좋아하기도 한다.

각각의 차례 항목은 짧은 단문들이다. 한 가지 주제를 놓고 그에 대한 그의 이야기나 생각을 써놓은 읽기 쉬운 수필이다. 그가 얼마나 한국적인 것을 사랑하는지 알 수 있으며 한국 사회에 무엇이 필요한지 끝없이 생각한다. 마치 옛날로 여행을 한번 다녀온 기분이다. 이 책을 읽으면서 가장 기분이 좋은 때는 내가 몰랐던 옛날이야기들, 그에 대한 감성들을 이야기할 때이다. 외국인의 입장에서 말한 감성이 아니다. 그에게는 이미 한국인 정서가 깃들어져 있었으며 그와 동시에 서양의 오픈 마인드로 순수하게 자신이 느낀 것을 이야기했다.

69

한국에 함께 산 노벨문학상 수상자

장-마리 귀스타브 르 클레지오

Jean-Marie Gustave le Clézio, 1940~

『폭풍우 *Tempête*』(2016)

『빛나 *Bitna*』(2017)

나는 장-마리 귀스타브 르 클레지오(Jean-Marie Gustave Le Clézio)를 단 한 번 만났다. 그가 서울에 살고 이화여자대학교에서 강의도 한다는 얘기를 들었지만 만나기는 쉽지 않았다. 2015년 9월 15~18일 국제 PEN한국본부에서 주최하는 세계한글작가대회에 그가 주제 강사로 참석하여 만날 수 있었지만 참석자가 많아 개인적으로 대화는 나누지 못했다. 그의 주제 강연은 매우 인상적이었다. 세계에 사라지는 언어들이 많은데 한글은 우수해서 점점 빛난다고 말했고, 윤동주의 시를 영어로 읽으면서 매우 좋은 시라고 칭찬하였다. 정말로 한국을 좋아하는 노

노벨상 수상식 장면(2008)

벨문학상 수상자라고 생각했다.

그 후 드디어(?) 한국에 관한 소설을 출간했다. 언론에서도 화제가 되었다. 노벨상 작가가 한국에 대하여 본격적인 장편소설을 쓴다는 것은 펄 벅 이후 처음이라서 비상한 관심이 쏠렸다. 그러나 그는 한국만이 아니라 세계의 여러 나라를 자기 집처럼 돌아다니는 작가이다. 그것은 결코 나쁜 일이 아니며 그의 개성이자 작가로서의 특징이라 하겠다. 그가 한국에 대하여 많이 아는 만큼 다른 나라에 대하여도 많이 알고 작품을 쓴 것이다. 그가 한국뿐만 아니라 세계인의 사랑을 받는 작가라고 생각하면 될 것이다.

작가의 생애

———

장-마리 귀스타브 르 클레지오(Jean-Marie Gustave Le Clézio)는 1940년 4월 13일 프랑스 남부의 니스에서 영국계 아버지와 프랑스인 어머니 사이에서 태어났다. 어린 시절에 영국군 외과의사로 일한 아버지를 따라 아프리카의 나이지리아에서 자랐다. 1958년부터 영국의 브리스틀대학교에서 공부하였고, 프랑스 니스의 문학전문학교에서 학사 학위를 받고 미국에서 잠시 교사 생활을 했다. 1964년 엑상프로방스대학교에서 석사학위를,

1983년 페르피냥대학교에서 멕시코 고대사에 관한 논문으로 박사학위를 받았다. 그의 집안은 수 세대에 걸쳐 인도와 아프리카, 유럽의 문화가 공존하는 모리셔스에서 생활했기 때문에 그는 스스로를 망명자라고 생각했다. 때문에 그는 프랑스에 있으면 언제나 아웃사이더처럼 느껴지지 않는다고 생각하며 자신의 진정한 조국은 오직 '프랑스'뿐이라고 얘기한다.

1963년 23세에 첫 소설 『조서 *Le Procès Verbal*』를 발표하여 콩코드상 후보에 오르고, 르노도상을 수상하는 등 문단의 주목을 끌었다. 1965년 단편집 『열병 *La Fièvre*』, 1967년 장편소설 『홍수 *Le Déluge*』를 발표하였다.

1966년부터 2년간 태국 방콕에서 군 복무를 하며 불교와 선(禪)을 체험하였다. 그 뒤 수년 동안 멕시코와 파나마에서 인디언 원주민들과 지내며 완전히 다른 생활방식을 체험하였고, 1975년에는 모로코 원주민 출신의 여성과 결혼하였다. 이러한 체험은 그의 문학에 많은 영향을 미쳤다.

1980년 『사막 *Désert*』을 발표하여 프랑스 아카데미가 수여하는 문학대상을 받았고, 1994년 《리르 *Lire*》지의 설문조사에서 '살아 있는 가장 위대한 프랑스 작가'로 선정되었다. 2008년 "새로운 시작과 시적 모험, 관능적 환희, 주류 문명을 넘어 인간성 탐구에 몰두한 작가"라는 평가와 함께 노벨문학상 수상자로 선정되었다.

『*La guerre*(전쟁)』(1970), 『*Les géants*(거인들)』(1973), 『어린 여행자 몽도 *Mondo et autres histoires*』(1978), 『황금 물고기 *Poisson d'or*』(1997), 『혁명 *Révolutions*』(2003), 『*Ourania*(우

69. 장-마리 귀스타브 르 클레지오

서울국제문학포럼에서 『폭풍우』를 낭독하고 있다. (2017)

라니아)』(2006) 등 30여 권을 집필하였다. 그의 작품들은 다른 해외 작가들에 비해 국내에 많이 번역되어 있다. 어린이 동화책이나 평전, 여러 작가의 글을 함께 모은 책까지 포함하면 20종이 넘는다.

그는 "여행을 하지 않는다면 더 이상 글을 쓰지 않을 것"이라고 말하며 지금도 라틴 아메리카와 사하라 사막, 아프리카 등지를 여행하며 열정적인 글쓰기를 계속하고 있다.

작품 속으로

르 클레지오는 2001년 대산문화재단에 의해 한국에 초청되어 전라남도 화순군의 운주사(雲住寺)를 방문한 뒤 감흥을 받아 「운주사, 가을비」라는 시를 발표하였다. 그 후 여러 차례 한국을 찾
았으며, 2007년 가을학기부터 1년 동안 이화여
자대학교 통역번역대학원에서 프랑스 문학비평
과 프랑스 시를 강의하는 등 대표적 '지한파(知
韓派)' 작가로 알려졌다.

그는 2016년 제주도 해녀들을 주제로 하여 *Tempête*(2016) 초판본
『폭풍우 *Tempête*』라는 중편소설을 썼다.

불턱에서 옷을 갈아입은 해녀들이 잠수한
후 일으키는 소리인 숨비소리는 가슴을 에는 듯한 외침, 함성, 낯설고 원시
적인 일종의 바다언어였다. 해녀들은 숨을 모으기 위해 각각 다른 숨비소
리를 낸다. 이 소설에는 다음과 같은 인물이 등장한다. 월남 종군기자로
성폭행 장면을 목격했지만 방치해 간접 강간죄로 6년을 복역한 후 출감한
필립 키요, 줄리아의 딸로 미군의 생물학적 딸이지만 혼혈이라는 놀림을 당
하는 소녀 준, 필립 키요에게 새로운 삶의 희망을 준 연인이었지만 필립 키
요의 과거를 알고 바다에서 자살하는 메리 송, 준의 어머니로 대학시절 임
신해서 막일을 하며 결국 해녀가 된 줄리아, 일본군의 사생아로 해녀들의
리더로 역할하는 칸도 할머니 등이 등장한다. 키요는 30년 전에 제주 우도
를 방문했고, 사랑하는 메리 송을 잃고 인생을 마감하러 다시 우도를 찾
았다가 13살 소녀인 준을 만나 많은 대화를 하면서 함께 시간을 보낸다.
하지만 준이 그에게 여기에 온 이유를 묻지만 끝내 대답하지 않는다.

아저씨 아디서 죽고 싶어요? 나는 요 바다에서 죽고 싶어요. 하지만 물
에 빠져 죽는 것은 싫어요. 그냥 바다에서 사라지고 싶어요. 절대로 돌
아오지 않은 채로 말이죠. 파도가 나를 먼 곳으로 데려갔으면 좋겠어요.

(…)

나에게 섬은 희망이 보이지 않는 막다른 골목이다. 지나갈 수 없는 곳, 그 너머에는 더 이상 아무것도 없는 곳, 망망대해, 그것은 망각이다.

(70~75쪽)

이러한 대화를 나누면서 준은 어른이 되고 키요는 소년이 되어 영혼이 무르익어간다. 그러던 중 약국여자와 키요의 육체 관계를 목격하고 준은 바다로 들어가고, 다행히 칸도 할머니에게 발견되어 생명을 건지지만 키요에게서 멀어진다. 키요는 "내가 이곳, 이 섬에 온 것은 죽기 위해서였다. 섬이란 죽기에는 더할 나위 없이 좋은 곳이다"라며 죽음으로 향하는 길을 찾기 위해 이곳에 왔는데 약국 아주머니와의 정사 후 강력한 삶에 대한 욕망을 느끼며 삶에 희망을 갖게 되었고, 준 또한 어머니를 이해하며 새로운 희망을 찾아 떠난다.

르 클레지오는 한국에 처음 왔을 때 제주도에 가서 굉장히 감동을 받았다. "일 모리셔스 섬이 제 고향이기 때문에 더욱 감동받았는지도 모릅니다. 이 소설은 제주도에 부는 폭풍우를 소재로 했습니다. 해녀들은 나이가 들어서까지 바다 수십 미터까지 내려가 불가사리 등을 따서 생계를 꾸려가는 용기 있는 여성들입니다. 나는 이 소설을 해녀들에게 바칩니다."

클레지오는 또한 서울이라는 도시에 흥미와 애정을 느껴 서울을 배경으로 한 『빛나 Bitna』라는 장편소설을 썼다. 외국 작가가 썼다는 이질감이 전혀 느껴지지 않을 정도로 서울, 서울사람, 서울풍경을 친숙하게 그려냈다. 이 소설이

J.M.G. LE CLÉZIO
Bitna,
sous le ciel
de Séoul
Stock
roman

Bitna(2017) 초판본

담아낸 서울은 최선과 최악이 공존하는 곳이다. 최악은 최첨단 시설과 고층건물이고, 최선은 번화가 뒤에 숨은 좁은 뒷골목과 한적한 언덕길, 단아한 북악산과 나지막한 야산들, 북한산과 그 산자락에 자리한 작은 카페들이다.

『빛나』는 전 세계에서 가장 먼저 한글과 영어로 출간되어 화제를 모았다. 불어판은 프랑스의 중견 출판사인 에디시옹 스톡(Editions Stock)을 통해 출간되었다. 르 클레지오는 소설 속에서 얼굴 없는 스토커를 통해 주인공 '빛나'가 느끼는 일상의 공포와 도시에서의 삶을 이야기했다. 또 한국전쟁으로 북에 있는 고향을 떠난 조 씨와 비둘기 이야기, 버려진 아이 나오미와 그녀를 품고 살아가는 한나가 삶과 죽음을 마주하는 이야기를 담았다. 이처럼 그는 서울에서 살아가는 다양한 인간들과 서울의 도시 풍경을 묘사하면서 우리 안에 존재하는 따뜻한 인간애를 아름답고 서정적으로 묘사했다. 책 속의 몇몇 문장들을 인용해 본다.

비둘기가 지나간 곳의 이름을 말하자 살로메의 얼굴이 붉게 상기되었다. 그녀는 지그시 눈을 감고, 한 쌍의 비둘기와 함께 하늘로 날아갔다. 이 길에서 저 길로 돌아다녔고, 한강에서 부는 바람을 느꼈으며, 자동차와 트럭과 버스가 뒤섞인 소리도 들었다. 끼-익 소리를 내며 신촌역 역사로 미끄러져 들어오는 기차의 쇠바퀴 소리도 들었다. (38쪽)

각각의 이야기는 서로서로 연결된다. 지하철 같은 칸에 탔던 사람들이 언젠가는 서울이라는 대도시 어디에선가 다시 만날 운명이라는 사실은 의심의 여지가 없는 것처럼 말이다. (190쪽)

나는 서울의 하늘 밑을 걷는다. 구름은 천천히 흐른다. 강남에는 비가 내리고, 인천 쪽에는 태양이 빛난다. 비를 뚫고 북한산이 북쪽에서 거인 처럼 떠오른다. 이 도시에서 나는 혼자다. 내 삶은 이제부터 시작될 것이다. (237쪽)

르 클레지오는 광화문 교보빌딩에서 열린 '2016 교보 인문학 석강'의 강연자로 참석해 한국에 대한 애정을 드러냈다. "시를 사랑하는 나라에 와서 행복합니다. 한국 소설을 읽으면서 한국 문화에 대해 알게 된 것 같습니다. 다양한 한국 소설이 불어로 번역됐으면 좋겠어요."

오늘날 왕성하게 활동하는 르 클레지오는 보면서 나는 새삼 100여 년 전에 한국을 알리는 책을 쓰느라 고생했던 서양인들을 생각하게 된다. 세상이 바뀌고 여행이 편해져서 이제는 맘만 먹으면 한국의 서울뿐만 아니라 제주도에서도 생활할 수 있게 되었다.

그렇지만 한국에서 생활한다고 해서 모두 문학작품을 창작할 수 있는 것은 아니다. 한국과 한국인의 삶 속에서 전 세계 인류가 보편적으로 느낄 수 있는 것들, 이를테면 인간성과 사랑을 발견해내야 한다. 국내작가가 하든 외국작가가 하든 이것이 최대의 과제이다.

르클레지오는 폭력과 전쟁에 대한 고발과 식민제도의 거부를 바탕으로 자연주의적 삶과 죽음의 새로운 만남을 아름다운 예찬으로 표현하고 있다. 앞으로도 한국에 관한 작품을 낼지, 어떤 작품을 낼지 계속 기대된다.

금강산과 분단한국을 껴안은
테사 모리스-스즈키
Tessa Morris-Suzuki, 1951~

『북한행 엑서더스 *Exodus to North Korea*』(2007)
『길 위에서 만난 북한 근현대사 *To the Diamond Mountains*』(2010)

부끄럽지만 나는 이 책을 쓰기 전
에는 테사 모리스-스즈키(Tessa
Morris-Suzuki)란 이름조차도 몰
랐다. 그러나 세계가 연결되고
인터넷을 통하여 정보가 공유되
니 자연스레 그 이름을 알게 되었
다. 알고 보니 그녀는 동아시아
연구 분야에서 세계적인 권위자
이고, 특히 북한 문제에 대해 균형 잡힌 관점을 갖춘 것으로 유명하다. 또
그녀는 2014년에 한국의 성공회대학에서 강연하기도 했다.

나는 『한국을 사랑한 세계작가들 1』에서 구한말 조선을 여행한 영국

여성화가 에밀리 조지아나 켐프(Emily Georgiana Kemp)를 소개했다. 그녀는 100여 년 전에 만주를 거쳐 조선을 여행하고 『The Face of Manchuria, Korea and Russian Turkestan(만주, 조선, 러시아 투르키스탄의 얼굴)』(1911)을 출간했다. 그런데 이 책이 출간되고 100년이 흐른 후 테사 모리스-스즈키란 영국 출신 여교수가 2010년에 하얼빈에서 단둥을 거쳐 신의주, 평양, 개성, 금강산 등지를 둘러보고 다시 중국을 거쳐 남한으로 들어와 임진각, 서울, 부산 등을 둘러보는 긴 여행을 하였다. 이 여행 경로는 100년 전에 에밀리 조지아나 켐프가 걸었던 경로와 같은 것이었다. 뿐만 아니라 테사 모리스-스즈키는 이 여행을 마치고 『길 위에서 만난 북한 근현대사 To the Diamond Mountains』를 출간했다. 얼마나 멋진 일인가! 역사는 이렇게 '반복적 창조'로 풍부해지고 발전하는 것이다.

작가의 생애

테사 모리스-스즈키(Tessa Morris-Suzuki)는 1951년 10월 29일 영국에서 태어났다. 브리스틀대학교에서 역사학을 공부하고 러시아사로 학사학위를 받고, 바스대학교에서 일본경제사로 석사, 박사학위를 받았다. 1981

년 호주로 이민하기 전에는 일본에서 살았다. 일본인 작가 스즈키 히로시와 결혼하였기 때문이다. 그녀는 호주국립대학교의 아시아태평양학과에서 일본과 북한 담당 교수로 재직하여왔다. 2013년에 후쿠오카 아시아문화상을 수상하였다.

그녀는 아시아 각국 현지를 여행하면서 사람들과 직접 대화하고 그 지역 고유의 자료와 사료를 발굴해낸 학자로 유명하다. 지은 책으로 *Exodus to North Korea: Shadows from Japan's Cold War*(2007), *To the Diamond Mountains: A Hundred Year Journey Through China and Korea*(2010), *Borderline Japan: Foreigners and Frontier Controls in the Post-war Era*(2010) 등이 있다.

2014년 한국에 방문하여 9월 29일 성공회대학교에서 〈잘못 기억된 전쟁〉이란 강연을 하였다. 이 강연에서 그녀는 한국전쟁 당시에 일본은 방관자였다는 것, 즉 전쟁으로부터 부수적 혜택을 받았지만 이웃인 한반도에서 발생한 폭력을 방관했다는 것을 지적했다.

작품 속으로

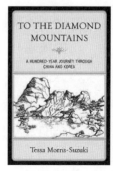

To the Diamond Mountains: A Hundred Year Journey through China and Korea(2010)는 국내에서는 『길 위에서 만난 북한 근현대사』(2015, 서미석 역)라는 번역본으로 출간되었다. 12장으로 구성되었는데, 「압록강 노동절의 풍경」이란 프롤로그에 이어 '1. 여정을 시작하며: 하얼빈과 후난을 향해, 2. 만주의

To the Diamond Mountains(2010) 초판본

유령: 창춘과 선양, 3. 성스러운 산: 랴오양과 첸산, 4. 국경지대: 선양에서 단둥까지, 5. 다리를 건너: 신의주와 그 너머로, 6. 시간의 흐름 뒤바꾸기, 7. 새로운 예루살렘: 평양, 8. 분단의 슬픈 현실: 개성, 도라산, 그리고 휴전선, 9. 시해당한 왕비의 궁전에서: 서울, 10. 역사의 상처가 새겨진 섬들: 부산까지, 11. 금강산 가는 길: 원산 남쪽, 12. 희망으로 나아가기'가 실려 있다.

이 책의 원서 제목에서 알 수 있듯이, 저자는 영국의 여성화가 에밀리 켐프가 1910년 8월에 조선을 방문하고 쓴 기행문을 회상하면서 그녀의 여행 경로를 따라 한국을 여행했다. 또 저자는 화가는 아니지만 동생인 화가 샌디 모리스를 데리고 에밀리 켐프의 발자취를 따라 여행한 기록을 이 책에 담았다. 그리고 군데군데 동생의 그림들을 수록해 놓았고, 에밀리 켐프의 그림과 함께 독일인 신부 노르베르트 베버가 그린 금강산 그림도 실었다.

나는 베버의 저작에서 정말로 많은 것들을 배웠다. 그 안개가 잠시 걷혔다가 한반도의 분단, 한국전쟁이라는 잔혹한 전쟁, 심화하는 조선민주주의인민공화국의 고립으로 금강산에 다시 장막이 내려앉고 안개가 짙어지는 것을 지켜본 한국, 일본, 유럽, 미국의 다른 작가와 화가들이 남긴 기록에서도 많은 것을 배웠다. 그러나 최종적으로 내가 선택한 안내인은 랭커셔 섬유 가문 출신의 억척스러운 영국인으로서 나보다 거의 100년 전에 금강산을 찾은 한 여인이었다. 화가이자 작가이고 박식한 여행가인 에밀리 조지아나 캠프(Emily Georgiana Kemp)는 동북아지역이 자기 일생에서 가장 끔찍한 비극이 일어난 현장이자 진원지였다는 사실에도 불구하고 이 지역에 대한 열정적인 사랑을 평생 키워갔다. (34쪽)

10년이 지나면 강산도 바뀐다는데, 100년이 지나면 오죽하겠는가. 이 책은 시종일관 100년 전에 에밀리 켐프가 한국을 여행했던 당시의 역사를 반추하면서 오랜 세월이 흘러 달라진 한국의 모습을 말하고 있다. 역사는 과거와 현재를 잇는 다리인데, 이 책에서 저자는 한국의 근대와 현대를 이어준 것이다.

캠프와 맥두걸은 여신도들의 성경공부반이 막 시작하고 있을 때 중앙교회에 도착했는데, 캠프는 여신도들을 보고 마음을 빼앗겼다. 남성의 눈길을 피하려고 커다란 모자를 쓴 평양여성들도 있었고, 마치 '즐거운 나비떼'처럼 보였던 어린아이들도 있었다. (캠프는 기록하기를) "앞으로는 허리춤에 싼 책을 매달고, 뒤로는 갖가지 색동옷을 입은 어린아이들을 업은 흰옷 차림의 여인들 수백 명의 모습보다 더 근사한 광경은 어디에서도 찾아볼 수 없을 것이다" 이 묘사는 좀 더 살펴볼 필요가 있다. 평양 중앙교회 집회에 참석했던 흰옷 차림의 여인들 가운데 장로교 장로 강동욱의 딸인 강반석이라는 젊은 여신도가 있었을까? 1910년 강반석은 18살이었을 것이다. 2년 후 그녀는 조선민주주의인민공화국의 영원한 통치자가 될 첫아들 김성주(성인 된 후 김일성으로 개명)를 낳는다. 이미 없어진 감리교회와 가톨릭교회 터 근처에 있는 거대한 김일성 동상을 의무적으로 순례한 뒤, 나비 같은 어린 아기를 등에 업고 기도하던 20대 초반 흰옷 차림의 젊은 여인의 이미지를 그 거대한 동상에 포개고 싶은 생각을 억누를 수 없었다.

김일성의 생모가 자란 평양 외곽 마을인 칠골은 나중에 수령이 된 아들이 어머니를 추모하여 헌정한 야외기념관인 '칠골혁명사적지'로 바뀌었다. 주체사상에 사로잡힌 나라의 혁명유적지치고는 좀 의외로, 칠골에는

1992년에 작은 교회가 있는데 강반석이 다녔다는 교회의 모형이라 전해진다. 아마도 강반석이 다녔던 원래 교회는 평양교회 출신 신자가 넘쳐나는 신도들을 수용하기 위해 세운 수십 개의 작은 장로교회 가운데 하나였을 것이다.

칠골교회는 평양에 있는 개신교회 가운데 하나이다. 시내 중심에 좀 더 가까이 있는 봉수교회는 칠골교회와 마찬가지로 수수한 양식으로 지어졌고 국수공장의 부속건물인데, 이곳에서는 해외 기독교 구호단체들이 보내준 밀가루로 학생들이 먹을 음식을 만들고 있다. 적어도 특별한 행사 때에는 김일성대학 학생들로 이루어진 성가대가 예배에서 찬송가를 부른다. 평양은 또한 가톨릭교회와 러시아정교회. 이란 대사원이 있던 자리에 모스크도 있다고 자랑한다. 공공연한 무신론 국가의 심장부에 종교선물이라는 이 기묘한 존재는, 도저히 대답을 기대할 수 없을 것 같은 온갖 질문들을 자아낸다. 분명히 평범한 북한 사람들은 자기 종교를 선택할 자유가 없다. 성경을 불법으로 소지하고 있다 걸리면 참수형을 면치 못할 것이다. 그렇다면 도대체 칠골교회, 보우교회, 가톨릭교회에 다니는 북한사람은 누구란 말인가? 왜 김일성은 혁명사적지 한가운데서 어머니의 교회를 기꺼이 열성적으로 재건한 것일까? 김일성대학 학생들은 기독교 찬송가를 부르는 동안 무슨 생각을 할까? 북한을 여행하면 할수록 우리가 '신앙'이라고 부른 묘하고도 쉽게 정의하기 어려운 현상에 나는 점점 더 흥미를 느끼면서도 당혹스러워졌다. (210쪽)

이 책은 북한뿐만 아니라 남한이 어떻게 달라졌는지에 대해서도 말하고 있는데, 서울 용산 전쟁기념관의 풍경을 이야기하고 있다.

미군기지 옆에는 용산 전쟁기념관이 서 있다. 이 기념관은 북한의 전쟁 박물관만큼이나 거대하지만 마치『이상한 나라의 엘리스』에 나오는 거울 나라를 막 지나오기라도 한 것처럼 세부내용이 완전히 뒤집어진 이야기를 전하고 있다. 기념관 앞뜰에는 한글과 영어로 "자유는 거저 주어지는 것이 아니다(한글보다는 영어로 Freedom is not Free라고 써야 뜻이 잘 통하는 경구)라고 새겨진 대리석 기념물이 있고, 바로 옆에는 가장 인기 있는 전시물 가운데 하나인 미국의 B-52폭격기가 큼직하게 자리를 차지하고 있다.

기념관 안은 비 오는 토요일 오후 시간을 즐기는 아이들로 북적거렸는데, (내가 처음 생각한 대로) 한국전쟁의 가슴 아픈 기억을 되새기는 것 같지는 않았다. 알고 보니 아이들은 기념관 지하실에서 열리고 있는 행사인 '토마스와 친구들의 신나는 놀이세상'에 대부분 정신이 팔려 있었다. 그곳에서 아이들은 즐겁게 바닥을 기어 다니고, 소도어 섬의 구불구불한 목재 철로 위로 나이 많은 기관차 핸델 경(Sir Handel)과 항구의 디젤엔진 기관차 솔티(Salty the Dockside Diesel)를 밀며 즐거운 환호성을 질렀다. 나는 조국해방전쟁승리기념관에서 우리를 안내했던 가이드가 저 광경을 본다면 어떤 생각이 들지 문득 궁금해졌다. (246쪽)

테사 모리스-스즈키의 또 다른 책인 *Exodus to North Korea*(2007)는 국내에서는『북한행 엑서더스』(2008)로 한철호 역으로 출간되었다. 이 책은 5부로 구성되었고 '1. 조일 1959년, 2. 꿈의 도시, 제네바, 3. 동해를 건너서, 4. 무동이왓 마을, 5. 내면의 경계, 6. 숨은 외무성, 7. 빙산의 일각, 8. 평양 회담, 9. 특별 사

Exodus to North Korea(2007) 초판본

절의 극동 역방, 10. 최초의 '귀국', 11. 결의 제20, 12. 대동강가에 있는 꿈의 집, 13. 외교관의 일지, 14. 제네바에서 캘커타로, 15. '침묵'의 파트너, 16. 귀환 안내, 17. 약속의 땅으로, 18. 끝나지 않은 여행, 19. 니가타의 버드나무'의 순서로 되어 있다.

저자는 1959년부터 일본적십자사와 조총련이 비밀리에 진행한 재일교포 북송(귀국)사업의 배경에 대해 기밀 해제된 문서를 기초로 자세히 서술하고 있다. 저자는 한국어판 서문에서 이렇게 적고 있다.

우리는 기밀 해제된 공식문서를 통해 1959년 말경 이승만정부가 일본에서 한국으로의 대규모 귀국사업을 추진할지를 놓고 심사숙고했다는 사실도 알게 되었다. 그러나 일본이 귀국자에 대한 재정지원을 거부했기 때문에 이 계획은 결국 실패하고 말았다. 이승만 정권이 재일조선인을 한국으로 귀국시키는 데 실패한 것은 북한으로부터의 대규모 '귀국'을 이끈 복잡한 요소들과 관련이 있다. 이승만 정권은 정치적 반대자를 지나치게 억압했기 때문에 수많은 재일조선인들이 사실상의 정치적 망명자가 되었다. (…) 북한 사람들은—'귀국자들'과 그 밖의 북한 사람들을 포함해서—국가 건설을 위해 장기간 매우 고되게 일했으며, 최근까지도 근근이 살아가고 있다. 그들이 오늘날 직면한 어려움과 고통은 매우 우울한 것이지만 그들이 이러한 난관을 용기 있게 헤쳐 나가는 모습은 매우 우울한 것이지만, 그들이 이러한 난관을 용기 있게 헤쳐 나가는 모습은 고무적이기도 하다. 한반도의 화해를 위한 노력이 불확실한 답보상황에 놓여 있기 때문에 수많은 북한사람들은 또다시 굶주림에 허덕이게 될지도 모른다. 북한의 위기는 평화적으로 풀어야 한다. 이 위기가 해결되더라도 일본에서 온 이전의 '귀국자'를 포함한 탈북자의 행렬은 수십 년까지는 아니더라도 수년간 계속될 것이 틀림없다. 진정한 이해와 인도주의로 이들을 대하는 것이 오늘날 한국 그리고 동아시아 지역 전체가 직면한 가장 중요한 도전 가운데 하나다. 이 책에 묘사된 고통에 찬 여정은 아직 끝나지 않았다. 이것은 단지 시작에 불과하다. 하지만 이 여정의 출발점을 되짚어봄으로써 우리가 북한 탈출자들이 처한 곤경을 이해하고 더 잘 대처할 수 있기를 나는 바란다. (8쪽)

테사 모리스-스즈키는 2010년 5월 28일 서울대학교 일본학연구소 초청 연설에서 「Exodus to North Korea Revisited」라는 제목으로 강연을 했는데, 이 강연 내용을 기록한 책이 출간되기도 하였다. 이 책은 박정진 역으로 96쪽 분량이고, 『봉인된 디아스포라』(2011)라는 책으로 출간되었다.

한국을 사랑한 세계작가들 2

세계의 책 속에 피어난 한국 근현대

초판 인쇄 2019년 10월 17일
초판 발행 2019년 10월 24일

지은이 최종고
펴낸이 조동욱
책임편집 김종필

펴낸곳 와이겔리
등록 제2003-000094호
주소 03057 서울시 종로구 계동2길 17-13(계동)
전화 (02) 744-8846
팩스 (02) 744-8847
이메일 aurmi@hanmail.net
블로그 http://ybooks.blog.me

ISBN 978-89-94140-36-0   03300

＊책값은 뒤표지에 있습니다.
＊잘못 만들어진 책은 바꿔 드립니다.